Hubert Treiber   Heinz Steinert

Die Fabrikation des zuverlässigen Menschen

Über die »Wahlverwandtschaft« von Kloster- und Fabrikdisziplin

Mit einem Vorwort von Adolf Holl, Wien

Heinz Moos Verlag München

Zu den Autoren
Dr. Hubert Treiber, geboren 1942, ist Professor für Verwaltungswissenschaften an der Universität in Hannover.
Dr. Heinz Steinert, geboren 1942, ist Professor für Soziologie an der Johann-Wolfgang-Goethe-Universität in Frankfurt und Leiter des Ludwig-Boltzmann-Instituts für Kriminalsoziologie in Wien.
Adolf Holl, geboren 1913 in Wien, Doktorate der Theologie und Philosophie, Universitätsdozent für Religionswissenschaft. Von 1953 bis 1972 Kaplan und Religionslehrer. 1973 kirchliches Lehrverbot, 1976 als Priester suspendiert. Lebt als freier Schriftsteller in Wien.

Dirk Blasius (Essen), Stefan Breuer (Hannover), Adolf Holl (Wien), Fritz Sack (Hannover), Hannes Siegrist (Marburg), Ernst Wittig (Freiburg) und Heide Wunder (Hamburg/Kassel) haben eine erste Fassung der vorliegenden Arbeit kritisch durchgelesen. Ihnen allen sei an dieser Stelle dafür gedankt. Der fachliche Rat von Günther Kokkelink (Hannover) hat uns ebenfalls weitergeholfen.
Für die Beschaffung von Dokumenten und schwer zugänglichen Unterlagen sei der Schwester Archivarin vom Mutterhaus der Barmherzigen Schwestern im Untermarchtal und dem Archivar des Kreises Göppingen, Walter Ziegler, herzlich gedankt, der auch das Bildmaterial zum Arbeiterquartier in Kuchen zur Verfügung gestellt hat.
Unser Dank an dieser Stellen soll Schwächen und Mängel der vorliegenden Arbeit nicht umverteilen.

Zur Abbildung auf Umschlagseite 1:
Montage aus: Julius Lekai, Geschichte und Wirken der Weissen Mönche. Der Orden der Cistercienser, Köln 1958 (Wienand-Verlag), Seite 143 (Tagesablauf) und eines Details von der Stiftungstafel des Cistercienserklosters Maulbronn aus dem Jahre 1450.

Zu den Abbildungen auf Umschlagseite 3:
Zisterzienserabtei Fontenay. Modell im Musée des Monuments Français, Paris. Zisterzienserchor. Vom Stephanusschrein der Kirche in Aubarine. Mönch als Bildhauer in seiner Werkstatt. Vom Chorgestühl der Kirche in Pöhlde, Ende 13. Jahrhundert. Hannover, Landesmuseum.

Zur Abbildung auf Umschlagseite 4:
Die Fabrikordnung des Staubschen Unternehmens in Altenstadt (Geislingen) aus dem Jahre 1853 wurde für das später gegründete Werk in Kuchen unverändert übernommen.

Gegenüber dem Innentitel:
Maulbronn, ehemaliges Zisterzienser-Kloster, Stiftungstafel, Ausschnitt: Mönche beim Klosterbau. Tafelgemälde, 1450.

CIP-Kurztitelaufnahme in der Deutschen Bibliothek

Treiber, Hubert
Die Fabrikation des zuverlässigen Menschen: über d. »Wahlverwandtschaft« von Kloster- u. Fabrikdisziplin/Hubert Treiber; Heinz Steinert. Mit e. Vorw. von Adolf Holl. – München: Moos, 1980.
ISBN 3-7879-0193-0

NE: Steinert, Heinz:

© 1980 by Heinz Moos Verlag München
Printed in the Federal Republic of Germany

ISBN 3-7879-0193-0

Inhalt

»Die Regel des Ordens verlangte eine strenge Disziplin, der Tagesablauf war genau vorgeschrieben, und ein Abweichen von der Regel wurde bestraft. All dies erinnert in einem gewissen Sinne an die Arbeitsvorschriften, die Henry Ford für seine Fließbandarbeiter erließ«.

Jean Gimpel über die Cistercienser

All jenen zugeeignet, die uns die Kunst der »methodischen Lebensführung« vermitteln wollten. Aber auch jenen sanften Wesen, die uns halfen, mit den von der Disziplin erzeugten Ich-Panzerungen umzugehen.

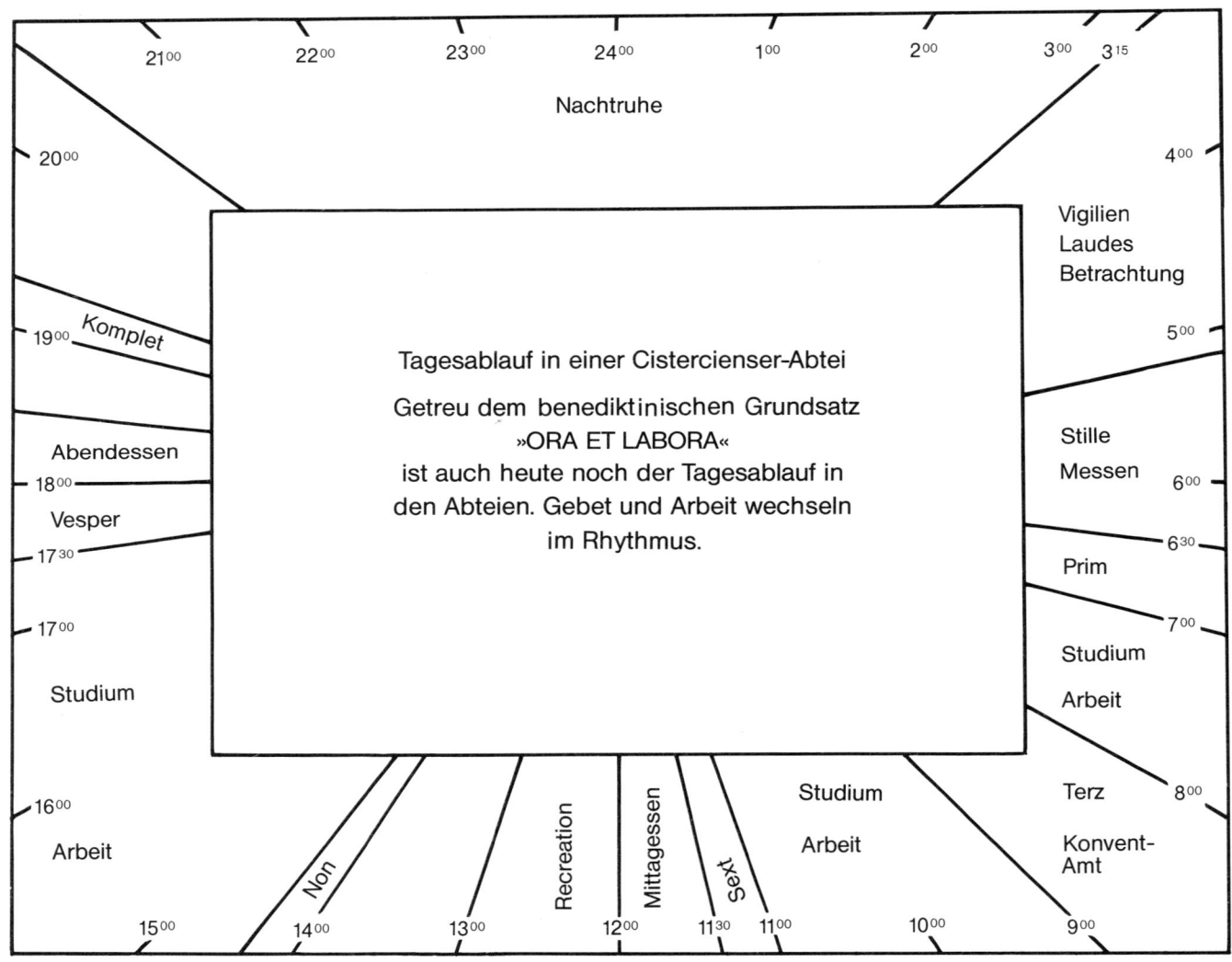

Tagesablauf in einer Cistercienser-Abtei

Getreu dem benediktinischen Grundsatz
»ORA ET LABORA«
ist auch heute noch der Tagesablauf in
den Abteien. Gebet und Arbeit wechseln
im Rhythmus.

21⁰⁰ 22⁰⁰ 23⁰⁰ 24⁰⁰ 1⁰⁰ 2⁰⁰ 3⁰⁰ 3¹⁵

Nachtruhe

20⁰⁰

4⁰⁰

Vigilien
Laudes
Betrachtung

19⁰⁰ Komplet

5⁰⁰

Abendessen

Stille

18⁰⁰

Messen 6⁰⁰

Vesper

6³⁰

17³⁰

Prim

17⁰⁰

7⁰⁰

Studium

Studium

16⁰⁰

Arbeit

Arbeit

Terz 8⁰⁰

Konvent-
Amt

Studium

Non

Recreation

Mittagessen

Sext

Arbeit

9⁰⁰

15⁰⁰ 14⁰⁰ 13⁰⁰ 12⁰⁰ 11³⁰ 11⁰⁰ 10⁰⁰

Vorwort Adolf Holl

Die Bedenklichkeit des Anstaltenwesens kann, als Gegenstand akademischer Forschung und kritischer Analyse, listig gegen jene sich kehren, die an ihrer Veröffentlichung arbeiten – durch die unversehene Reproduktion der Zwänge, von denen sich der Kritiker zu befreien sucht und denen er doch, gefangen im Betrieb gehobener und füglich streng disziplinierter Sprache, unterliegt.

Daß Denken veranstaltbar ist, wissen wir – und müssen unseren Protest gegen die Verbannung der Lust aus dem Geist mit Wörtern ausdrücken, die wir eigentlich hassen müßten.

Weshalb ich mich veranlaßt fühle, mich für die unakademische Art entschuldigen zu sollen, die dem Thema der Analysen dieses Buches angemessen erscheint. Ich will nach dem Grund der Freiwilligkeit derer fragen, die – so wie ich selbst – aus eigenen Stücken und im Lebensalter der Adoleszenz in eine geschlossene Anstalt sich begeben. In meinem Fall war dies das erzbischöfliche Priesterseminar in Wien, woselbst ich von 1948 bis 1953 institutionalisiert gewesen bin.

Der Anlaß für diese Frage liegt in der Vermutung, daß die Betreiber geschlossener Anstalten, all die Äbte, Gefängnisdirektoren, Irrenärzte, Militärs ihre Karrieren als junge Männer begonnen haben, die ihr Glück hinter Mauern suchten, in der Regelhaftigkeit und Pedanterie einer aparten Welt.

Die Tagebücher, aus denen ich zitieren möchte, sind meine eigenen. Der 18jährige Skrupulant, mit fallweise auftretenden traurigen Verstimmungen, wie er nach so langer Zeit zu mir spricht, kommt mir wie ein Fremder vor. Ich frage mich, ob er, mit einem um zehn Jahre früher angesetzten Geburtsdatum, nicht ein geeigneter Kandidat für die SS gewesen wäre.

»Im Kino: Sindbad der Seefahrer. Gab mir wertvolle Erfahrungen: Daß meine Phantasie sehr reizbar ist – nicht nur und nicht einmal stark in Bezug auf Sexus, aber überhaupt: Die Welt. Torheit des Kreuzes – und doch Notwendigkeit des Kreuzes. Obwohl ich verstandesmäßig klar erkannte, daß im Film Gutes und Böses eng verquickt waren – so wie in der 'Welt' eben – ließ sich die Phantasie nicht eindämmen. Vielleicht ist das auch die Quelle meiner Beunruhigung zu Weihnachten gewesen: Zuviel Eindrücke!«

Die Klage über ein Zuviel an Sinneswahrnehmungen (kurz: Sinnlichkeit) entringt sich dem Zögling während der Weihnachtsferien. Es sind dies die ersten nach seinem Eintritt ins Priesterseminar drei Monate vorher; am Tag ihres Beginns hatte er, nach fünf-

tägigen Exerzitien, den schwarzen Talar überreicht bekommen, der fortan seine Uniform sein sollte. Die Ferien, die er bei seiner Mutter verbringt, verwirren ihn. Keine Glocke weckt ihn zur Morgenbetrachtung und Messe, und anstelle des abendlichen Silentiums geht er mit einem Freund ins Kino, wo der üppige Orient seine Phantasie reizt.

»Heute nachmittag wieder eingerückt. Recht gut wieder hier. Wie klein muß ich werden und wie groß die Gnade in mir, daß ich nicht angekränkelt werde von der Welt und doch in ihr stehe, ganz! Ich habe Christus auf mich genommen und seinen großen Ruf. Gott hat das Vertrauen in mir gefestigt – Ihm sei Dank. Maria hilf.«

Die Ordnung hat ihn wieder, und er ist dankbar dafür. Die Gefahr der Ankränkelung bleibt draußen vor den Mauern. Wann immer er sie verlassen muß, etwa gelegentlich der täglichen Gänge zur nahen Universität, schützt ihn das schwarze Kleid. Seine Ausflüge in die Außenwelt geschehen zudem immer in Begleitung eines anderen Zöglings, so verlangen es die Statuten.

Ein gewisses Problem für seinen Gefühlshaushalt stellen die Sonntage dar. Die Besuche, die er dann empfangen darf, am Nachmittag, stimmen ihn im Nachhinein traurig, sie sind wie eine Störung, auf die er sich gleichwohl gefreut hat, nicht nur wegen der kleinen Leckerbissen, die seine Mutter ihm bei diesen Gelegenheiten bringt. »Nachmittag Paul, Poldl, Otto da. Dann Mama. Wie schwer doch das Sprechen mit denen 'draußen' ist!«

Aber er verfügt über mächtige Verbündete. »Nicht schwächen lassen vom Teufel! Ich gehöre nicht mehr mir, sondern Maria und damit Gott. Ganz!« Unmittelbar nach dieser Totalisierung vertraut der Zögling seinem Tagebuch einen Zwischenfall an, dessen Details er für so gefährlich hält, daß er sie nicht niederschreiben mag, sondern hinter einer unbeholfenen Literarisierung versteckt: »Friseurfräulein – das sage ich Ihnen ein anderes Mal – nicht gleich alles erzählen.« Ist er beim Haareschneiden von einem Mädchen bedient worden? Hat sie ihn gefragt, warum er Priester werden will?

Ich weiß genau, daß der Zögling niemals onaniert hat. »Waschung (unter dem Nabel – aber nicht nachgegeben). Beicht: Keine freiwilligen Sünden.« Also hat ihm der Beichtvater gesagt, daß die unwillkürliche Erregung seiner Männlichkeit bei der Reinigung des Fortpflanzungsorgans solang keine Sünde darstellt, als der Lust nicht »nachgegeben« wird.

Der Trockenlegung der Körpersäfte entspricht die unerbittliche Forderung nach Ausnützung der Zeit, immer wieder. »Werde mir meine Zeit gut einteilen müssen. Ich muß ja so viel lernen.« – »Begonnen einen genauen Stundenplan aufzustellen. Jede Minute ausnützen. Billard und Ping-Pong sind große Versuchungen.« – »Einteilung muß noch besser werden.« – »Von schlechter Zeiteinteilung kommt sehr viel Unruhe. Wenn man aber die Zeit gut ausnützt, ist man, wenigstens in diesem Belang, ruhig.« Solche Methodik hat ihn bereits als Vierzehnjährigen mächtig fasziniert. Damals begann er mit der Führung seiner Tagebücher, als Rechenschaftslegung seiner Fortschritte und Rückschläge im Streben nach Selbstdisziplin. Er notiert den Titel des Buches, das ihm den Weg methodischer Lebensführung gewiesen hat: »Charakter« von Tihamér Tóth. (1889–1939, kath. Priester, Jugenderzieher, Schriftsteller, Rundfunkprediger, zuletzt Bischof von Veszprem in Ungarn; seine Bücher wurden in viele Sprachen übersetzt; Einleitung des Seligsprechungsverfahrens 1948). Der Mittelschüler zitiert aus Tóths Buch: »Ich will Herr meiner Sinne und Gefühle werden. Ordnung schaffen unter meinen Gedanken. Zuerst denken und dann reden. Erst überlegen und dann handeln.« Er fügt hinzu: »Diese Zeilen sind das Wichtigste in diesem Buche. Sie sollen mein Leitspruch werden.«

Vier Monate später (immer noch der Vierzehnjährige): »Ich habe schon Siege über die Trägheit zu verzeichnen! Hoffentlich überwinde ich sie bald! Wenn ich meine Arbeit mit Freude verrichte, dann geht es viel besser! Der Leib, das Fleisch ist es ja, das träg ist. Jedoch der Geist soll herrschen über den Leib. Ein hehres Ziel.«

Ein ständiger Gegenstand von Selbstvorwürfen in meinen Tagebüchern, lang vor dem Eintritt ins Priesterseminar, sind die vertrödelten Stunden. Die Kriminalromane von Edgar Wallace stellen einen nicht zu unterschätzenden Gegner dar, dessen Siege über die guten Vorsätze traurig vermerkt werden müssen und der seinen Einfluß auch dann noch geltend macht, als sein Leser bereits zum Zögling geworden ist. Während der Weihnachtsferien notiert der Zögling: »Heute vormittag zu Haus, Fundamentaltheologie. Nachmittag Reinhard, abends Poldl da, Einladung für Kino, wollte nicht abschlagen, um ihm nicht wehzutun. Wallace-Kriminalroman.« Am folgenden Tag hat er den Krimi bereits beendet, er gesteht, daß er nur wenig studiert und auch das Rosenkranzgebet eher flüchtig verrichtet hat, zu später Stunde.

Niemals kann der Zögling mit sich zufrieden sein. Er liest die »Heiligengestalten« von Ernest Hello (1828–1885, Schriftsteller des Renouveau catholique), er kämpft gegen die Versuchung, ein großer Heiliger werden zu wollen, beharrt aber auf der Pflicht zur Nachahmung: »Der Heilige, den Gott aus mir machen will!« Während der Exerzitien vor Weihnachten glaubt er, sein »Grundübel«

erkannt zu haben: »Geltungsdrang«. Er konzipiert einen »Vorsatzzettel«: »Die Hausordnung vollständig halten!«
»Arbeit: Jede Minute ausnützen!«
»Talar: Ein Zeichen der Verleugnung meiner selbst.«
»Pünktlichkeit!«
»Geltungsdrang herabschrauben, im Gespräch nicht hervortreten, Demütigungen gern ertragen.«
Nach dieser Punktation ist er zufrieden wie ein Buchhalter: »Jetzt habe ich scheint's alles verarbeitet.«

Die Klarheit der disziplinierenden Kommandostimme im Kopf des Zöglings wird gelegentlich durch ein dunkles Rauschen gestört. »Wie verworren und sonderbar wir sind und welche Tiefen unsere Seele aufweist.« – »Ich bin bald so weit, daß ich mit Vernunftgründen nicht mehr viel gegen die Traurigkeit an kann.« – »Stimmungsmäßig etwas ruhiger, obwohl die große Unsicherheit wieder hie und da im Hintergrund auftaucht. Ja, der Verstand und der Wille sagt Ja zum Beruf. Ein innerer Widerstand sagt immer wieder: Es könnte ... Und wenn ... Scheußlich!«

Die schlimmsten Tage hat der Zögling nach seinem Eintritt ins Priesterseminar erlebt: »Nachmittag ins Alumnat. Alles dunkel. Nicht einmal die Berufung steht mehr fest.« Am folgenden Tag: »Zweifel am Beruf, ein wenig gemildert.« Dann (ein Mittwoch): »Stärkere und schwächere Jammeraugenblicke.« Donnerstag: »Viel Kämpfe, jedoch auch Trost. Stürmische Tage. Christus hilf. Maria!« Freitag: »Viel besser alles. Habe ich alles hinter mir gelassen?« Samstag: »Ich will Christus nachfolgen.« Sonntag: »Nachmittag Mama da, nachher traurig. O Gott.« Montag (eine Woche ist er jetzt drinnen): »Früh traurig. Dann wieder besser, schlechter, abends besser. Schwierigkeiten: Glauben, Berufung. Verlassene Freude (Mutter!). Gott suchen.«

Man wird inzwischen bemerkt haben, welche zentrale Rolle die Mutter im Leben des Zöglings spielt. (Er ist ohne Vater aufgewachsen.) Man sollte sich die Mutter nicht als bigotte Person vorstellen; die Absicht ihres Sohnes, ins Priesterseminar einzutreten, war ihr eher unangenehm gewesen; erst nach und nach fügt sie sich ins sozusagen Unvermeidliche, geht häufiger zur Kirche. In ihrem Leben hat es, außer der eher kurzen Beziehung zum Erzeuger ihres Kindes, keine Männer gegeben.

Warum hat der Zögling sie verlassen, um einem Männerbund anzugehören?

Die (tiefen)psychologischen Auskünfte, die sich in diesem Zusammenhang anbieten, greifen deshalb zu kurz, weil sie die Frage nicht beantworten können, warum ausgerechnet Persönlichkeiten von der Art des Zöglings den Sieg des okzidentalen Anstaltenwesens bewerkstelligen konnten, während jenes Prozesses, der von Antonius dem Einsiedler in die Schulungszentren von IBM führt.

Im Jahr 1965, der Zögling hat längst die höheren Weihen empfangen und arbeitet als Pfarrpriester und Religionslehrer, hat sich für Religionswissenschaft habilitiert und wiederholt sein Keuschheitsgelübde gebrochen, verfaßt er einen Text von zwei Seiten, als nicht zur Veröffentlichung bestimmten Entwurf. Darin beschreibt er die Eigenschaften eines Agenten: »Sag ihm, daß er viel reden und dabei nichts sagen soll. Daß er zu allen Menschen freundlich sein, aber niemanden lieben soll.« Dann: »Nimm einen unzufriedenen Agenten und weih ihn zum Priester. Du brauchst ihn nicht ins Ausland zu schicken, denn fremd ist er ohnehin überall. Das Schwierigste darf aber nicht verschwiegen werden. Dein Mann soll lieben lernen, ohne sich nach Liebkosungen zu sehnen. Warne ihn vor der Gefahr, sich selbst zu bemitleiden.«

Der Zögling hat am Ideal des harten Mannes festgehalten. Eine Frau schreibt ihm: »Ich glaube nicht, daß Dein Beruf zwischen uns gestanden ist, oder meine Ehe, sondern ich glaube, daß Du nicht fähig bist, eine Frau zu lieben.«

Gern würde ich mich jetzt von dem Zögling, der ich selber gewesen bin, verabschieden, für immer. Aber die Ichpanzerungen, die er mir vermacht hat, erweisen sich als erstaunlich haltbar. Deren Gewährleistung hat mich ins Priesterseminar gebracht, wo ich zum Soldaten Christi modelliert wurde. Ich muß mich zu den panzerungsbedürftigen Männern zählen, deren erfolgreiche Unternehmungen die Kollegen Treiber und Steinert untersucht haben. Die Kritik, die wir am Anstaltswesen üben, erweist sich als Selbstheilungsversuch beschädigter Männer, und was wir dabei brauchen, sind möglichst genaue Details.

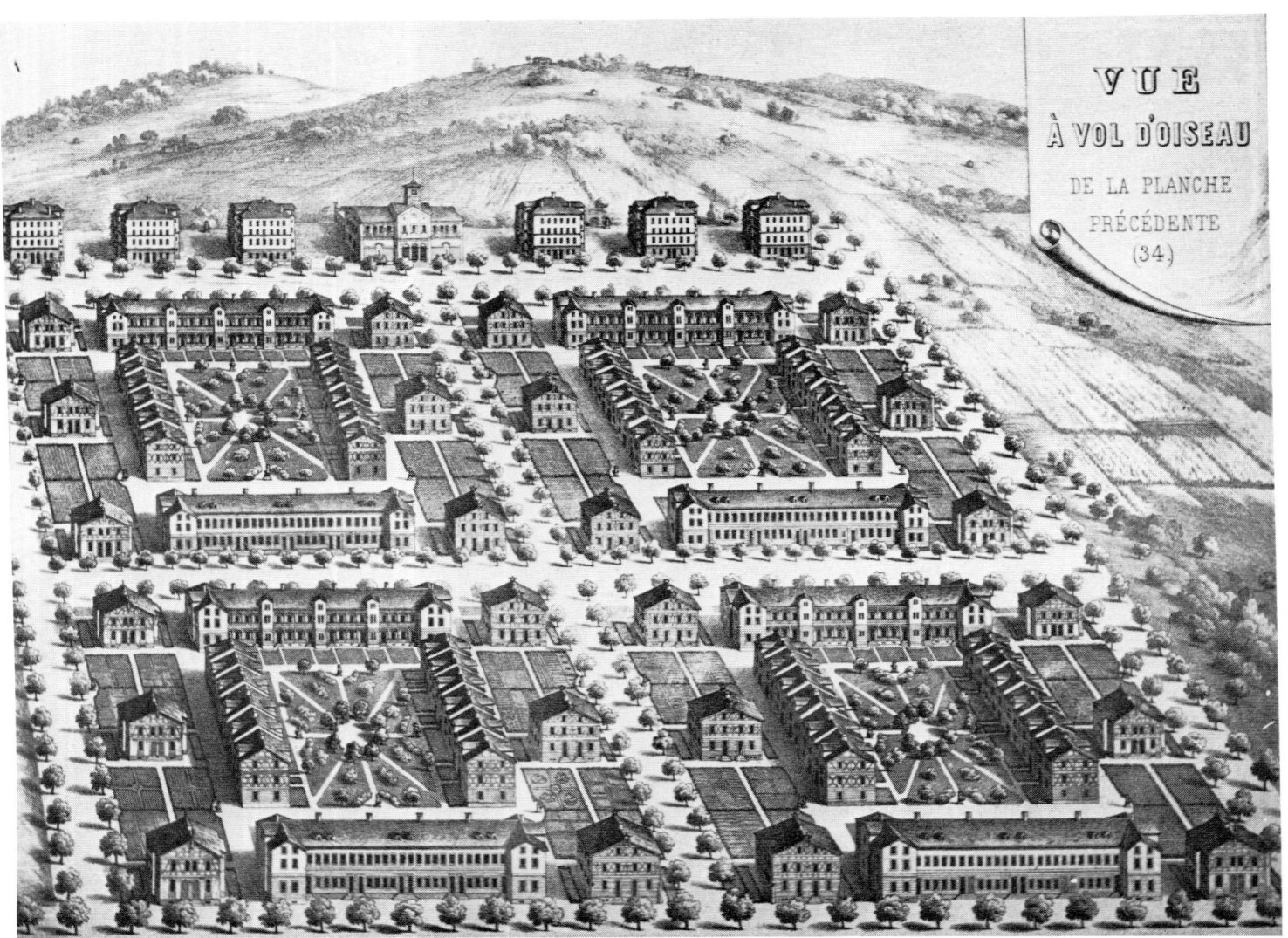

Die Ordnung der Geometrie. Gesamtansicht der von Arnold Staub geplanten, dann so aber nicht verwirklichten Arbeitersiedlung Kuchen.

In diesen Zeiten der Spezialisierung notwendige methodische Vorbemerkung zweier Freizeit-Historiker

1. Einleitung

Wenn im folgenden der Versuch gemacht wird, verallgemeinerungsfähige Aussagen über die Fabrikation des zuverlässigen Menschen zu erzielen, wobei unterstellt wird, daß jene Techniken beziehungsweise Methoden, mit deren Hilfe diese Fabrikation bewerkstelligt wird, zugleich auch Auskunft geben über die Funktionsweise der »Disziplinargesellschaft« (Foucault), so bedeutet dies zunächst für die hier einzuschlagende Vorgehensweise, jene Techniken und Methoden der Disziplinierung in ausgewählten Situationen des (Arbeits-) Alltags aufzuspüren. Die Wahl fiel auf einen Bereich, der sich dadurch auszeichnet, daß er – bei überschaubaren Dimensionen – einerseits einen direkten Einblick gewährt in die »Arbeit« der Sozialdisziplinierung, andererseits die Arrangements zur Sozialdisziplinierung auf subtile Weise kaschiert durch eine spezifische Legende.

Als ein solches »Labor« zur Untersuchung der Methoden der Disziplinierung dient eine Arbeitersiedlung – die von dem Textilunternehmer Arnold Staub in den 60er Jahren des 19. Jahrhunderts gegründete Arbeiterkolonie Kuchen in Württemberg.[1] Das institutionelle Arrangement der Arbeitersiedlung diente eindeutig der Sozialdisziplinierung, das heißt der Herstellung und Garantie einer »methodischen Lebensführung«, die ihrerseits Voraussetzung war zur »Bewältigung« der ungewohnten monotonen Fabrikarbeit, deren Rhythmus von den Maschinen selbst diktiert wurde. Da die Arbeitersiedlung eine nicht zu bestreitende sozialpolitische Tat ersten Ranges darstellt, gibt sie den Stoff ab zum Weben der Legende von der »guten Tat«, wie sie für den patriarchalisch[2] geführten »Großhaushalt« der Arbeiterkolonie – als solcher erschien dem Fabrikherrn sein Lebenswerk – typisch ist. Dieser selbstverständlichen Betrachtungsweise ist der Gedanke, Sozialpolitik als ein Mittel zur »sanften Kontrolle« zu begreifen, fremd. Doch nicht allein der Fabrikherr pflegte die Legende von der verdienstvollen sozialpolitischen Tat, wie dies die Selbstdarstellung seines Lebenswerks, eine zur Weltausstellung 1867 in Paris verfaßte »Beschreibung des Arbeiterquartiers und der damit zusammenhängenden Institutionen«[3] deutlich verrät, auch die Zunft der Heimatgeschichtsschreiber, unter denen bezeichnenderweise die Volksschullehrer überrepräsentiert sind, arbeitet an dieser Legende von der »guten Tat« lokaler Größen. Aus diesem Grund ist dem Abschnitt über die Disziplinaranstalt der Arbeitersiedlung ein Kapitel vorangestellt, das sich mit dem Volksschullehrer als Klischeeproduzenten beschäftigt. In diesem Kapitel wird danach gefragt, inwieweit die Berufsrolle und die damit verbundenen Werthaltungen des Volksschullehrers eine Neigung präjudizieren, die das Vorbildliche und Verbindliche der »guten Tat« in der überschaubaren Region der Heimat aufstöbert und dabei immer wieder bei den »großen Männern« der Heimat, den »Helden« lokaler Geschichtsschreibung landet, um an ihnen lobens- und damit nachahmenswerte Tugenden und Charaktereigenschaften sichtbar zu machen.

Die hier eingeschlagene Vorgehensweise – die Beschreibung und Analyse der Methoden zur Fabrikation des zuverlässigen Menschen im institutionellen Rahmen einer konkret benennbaren Arbeitersiedlung (»Geschichte als Labor«) – impliziert die weitere Frage, wo die bei der Arbeitersiedlung identifizierten Methoden der Sozialdisziplinierung – historisch gesehen – zuerst in systematischer Weise entwickelt worden sind. Die Beantwortung dieser Frage verweist auf das Kloster und sieht in diesem die Erfindungsstätte und das Arsenal der gängigsten Disziplinierungsmethoden; insoweit erfährt das Kloster eine ausführliche Würdigung, wobei die diesbezüglichen Befunde benutzt werden, um Foucault's »Mikrophysik der Macht«, die an Benthams gedanklicher Konstruktion des Panopticums aufgehängt ist, eine realhistorische Dimension zu verleihen, ohne dabei jedoch die von Foucault herausgearbeiteten Wirkungen der Macht (Disziplin) auf Raum und Zeit aufgeben zu wollen. Über die Auseinandersetzung mit Foucault wird der Versuch unternommen, mit dem Konzept der Selbstdisziplin/Fremddisziplinierung die am Theorem der »Wahlverwandtschaft« orientierte Betrachtungsweise zu erweitern in der Absicht, die realhistorische Entwicklung der abendländischen Disziplin analytisch zu erfassen.

Um den Plausibiliäsgrad der Behauptung zu steigern, die in der Arbeitersiedlung (unter dem Etikett sozialpolitischer Maßnahmen) praktizierten »Techniken« zur Erzeugung einer »methodischen Lebensführung« (»Fabrikdisziplin«) seien mehr oder

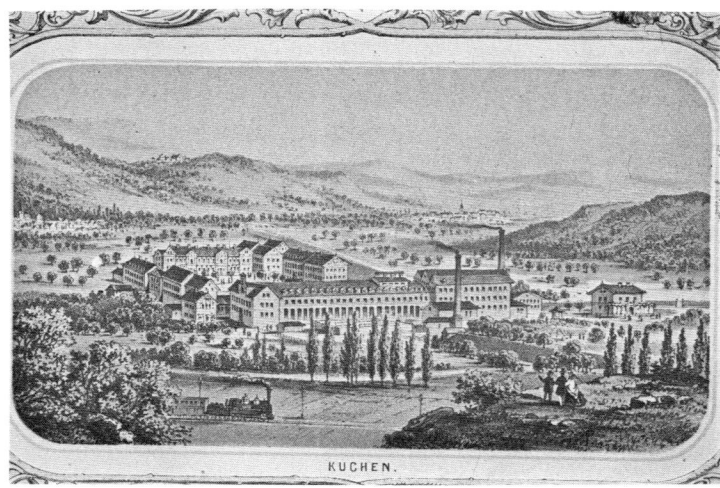

Werbung für die gute Tat: Die Beschreibung des Arbeiterquartiers für die Weltausstellung 1867 in Paris.

ÉCOLE.

SALLE D'ASILE.

SALLE DE LECTURE.

MUSIQUE ET CHANT.

weniger identisch mit jenen vom Kloster entwickelten und zur Anwendung gebrachten »Techniken« zur Herstellung einer »methodischen Lebensführung« (»Klosterdisziplin«), liegt es nahe, nach solchen historischen »Grenzfällen« Ausschau zu halten, die sich dadurch auszeichnen, daß die Erziehungsarbeit eindeutig verweltlicht ist, die zur weltlichen Erziehungsarbeit herangezogenen Disziplinierungstechniken jedoch eine unmittelbar einsichtige »Nähe« zum klösterlichen Vorbild der Auslese und Züchtung zuverlässiger Menschen besitzen. Wir haben zwei solcher Institutionen mit »Nahtstellencharakter« herausgegriffen: das Jesuitenkolleg und die von A. H. Francke in Halle gegründete Waisenanstalt. Beide Einrichtungen leisten weltliche Erziehungsarbeit und besitzen einen mehr oder weniger direkten Bezug zum Kloster, insofern nämlich, als die weltliche Erziehungsarbeit vom »Geist« einer spirituellen Aristokratie – hier der Jesuiten, dort der Pietisten – durchdrungen ist.

Um die Multifunktionalität der auf klösterlichem »Bausatz« beruhenden »methodischen Lebensführung« zu demonstrieren, wird ein weiteres Beispiel gegeben: die »Entdeckung des Asyls« in der nachkolonialen Epoche Amerikas. Dieses Beispiel verdient auch deshalb Beachtung, weil es äußerst anschaulich die Wirkungsweise des von Max Weber wiederholt hervorgehobenen Prinzips der Paradoxie der Wirkung gegenüber dem Wollen demonstriert: Die Entdecker des Asyls in Amerika, die bei der Errichtung dieser Institution vom klösterlichen Vorbild absolut nichts wissen wollten, sahen sich unversehens mit der Tatsache konfrontiert, daß in den von ihnen geschaffenen Asylen jene Techniken zur Herstellung einer »methodischen Lebensführung« praktiziert wurden, die das Kloster ebenfalls kennt, wenn sich auch im Asyl die bei den beiden »Grenzfällen« (des Waisenhauses und Jesuitenkollegs) noch präsente religiöse Motivation vollends verflüchtigt hat.

Den »empirischen Nachweis« der von uns behaupteten »Wahlverwandtschaft« von Kloster- und Fabrikdisziplin – der von Max Weber (1968, 31, 284) entliehene Terminus deutet an, daß der hier unternommene Versuch der Rekonstruktion von Gemeinsamkeiten bei auf den ersten Blick völlig unterschiedlichen Institutionen Analyse im Modus der Möglichkeit bedeutet – liefert schließlich das 1872 von dem Textilfabrikanten F. Gröber in Neufra (bei Riedlingen) gegründete Fabrikinternat für junge Arbeiterinnen, das unter der Leitung katholischer Ordensschwestern stand, die die im Kloster erlernte »methodische Lebensführung« an die Fabrikarbeiterinnen weiterzugeben hatten, um sie auf diese Weise an »regelmäßige Arbeit und Ordnung zu gewöhnen«.

Um möglichen Mißverständnissen vorzubeugen, sei bereits an dieser Stelle darauf hingewiesen, daß es sich bei der vorliegenden Analyse weder um eine ins Detail gehende Rekonstruktion realhistorischer Prozesse, noch um den Nachweis eines kausalen Zusammenhangs handelt, sondern – wie der Terminus »Wahlverwandtschaft« signalisiert – in erster Linie um den Versuch, zwischen zwei Institutionen, die auf den ersten Blick nichts miteinander zu tun zu haben scheinen, spezifische strukturelle Ähnlichkeiten zu identifizieren. Diese Ähnlichkeiten basieren, grob skizziert, auf folgendem Mechanismus: Das Kloster beruht auf dem freiwilligen Zusammenschluß religiös Qualifizierter, die – zunächst antirational und antiökonomisch eingestellt – bei dem Verlangen, Gottes Wohlgefallen durch ein christliches Leben auf Erden zu erlangen, trotz dieser offensichtlichen Jenseitsorientierung, im Diesseits geradezu »ungewollt« eine Ordnung in der Lebensführung und einen höchst rationalen Umgang mit der Zeit bei ausschließlicher Konzentration auf die aufgegebenen Aufgaben ('Berufspflichten') erzeugten, das heißt Bedingungen schufen, wie sie von kontinuierlicher Fabrikarbeit ebenfalls vorausgesetzt werden. Oder anders formuliert: Das, was das Kloster bei der Verfolgung jener religiösen Zielsetzung, für die es geschaffen worden war, an »unbeabsichtigten« Wirkungen hervorbrachte, erwies sich als »nützlich« und brauchbar, wenn es (in einem völlig anderen Kontext) um die höchst weltliche Aufgabe der »Züchtung« von Berufsmenschen ging, eine Aufgabe, wie sie der Intention nach (nachzulesen in der von A. Staub verfaßten Beschreibung seines Arbeiterquartiers), aber auch von den »objektiven« Bedingungen der regelmäßigen Maschinenarbeit vorgegeben, innerhalb der kollektiven Lebens- und Arbeitsform des von uns ausgesuchten und untersuchten Arbeiterquartiers zu lösen versucht wurde. Mumford hat den Gesichtspunkt, auf den es uns hier besonders ankommt, noch allgemeiner formuliert: Im Kloster »wurden auch Zurückhaltung, Ordnung, Regelmäßigkeit, Ehrlichkeit und innere Zucht zu praktischen Werten erhoben, ehe man diese Eigenschaften der mittelalterlichen Stadt und noch später dem Kapitalismus in Gestalt von Erfindungen und Geschäftsbräuchen übermittelte: die Uhr, das Hauptbuch und der geordnete Tagesablauf« (Mumford 1979, 289).

Auch das folgende sei zur Vermeidung möglicher Mißverständnisse ausdrücklich angemerkt. Das Kuchener Arbeiterquartier mit der von seinem Gründer A. Staub konzipierten Erziehungsutopie übernimmt für uns die Funktion des »reinen Typus«, der – ungeachtet der tatsächlichen Verbreitung des Arbeiterquartiers vom Typ »Kuchen« – die Chance eröffnet, die vom Erkenntnisinteresse der Arbeit focussierten strukturellen Bedingungen und Funktionsweisen der Disziplin »brennspiegelhaft« zu erfassen und in ihrer »Reinheit« herauszuarbeiten[4]. Da das Erkenntnisinteresse der Untersuchung letztlich auf die Frage nach der »Wahlverwandtschaft« von Kloster- und Fabrikdisziplin gerichtet ist, geraten spezifische Unterschiede von Kloster und Arbeiterquartier in gewisser Weise aus dem Blickfeld, was jedoch insofern unproblematisch sein dürfte, als das Staubsche Arbeiterquartier von seinem Gründer als kollektive Lebens-, Arbeits- und Wohnform konzipiert war und gerade in dieser Hinsicht dem Kloster als einer kollektiven Lebensgemeinschaft nicht unähnlich ist.

2. Nachrichten aus der Provinz: Das Klischee vom »wagemutigen Unternehmer und verdienstvollen Sozialpolitiker« oder der Volksschullehrer als Klischeeproduzent

Die lokale Geschichtsschreibung der Freizeit-Historiker und deren Produkte (zum Beispiel Heimatbücher) verdienten allein schon deshalb größere Beachtung, weil sie in der Regel »Alltagstheorien« – und zwar in reinster Form – tradieren, die bei der professionellen Geschichtsschreibung längst umstritten, wenn nicht gar bereits aufgegeben sind. Deutlich zeigt sich dieser Zug lokaler Geschichtsschreibung in ihrer Vorliebe für die Beschreibung der Taten »großer Männer«, abgehandelt unter der Rubrik: »Lebensbilder«. Die Komplexität auch der lokalen Ereignisse wird durch die vorgenommene Personifizierung reduziert und über eine bezeichnende Erkenntniskaskade begreifbar gemacht: Große Männer sind ihren Zeitgenossen dadurch immer ein Stück voraus, daß sie im Gegensatz zu diesen die Zeichen der Zeit begreifen, die ihre Epoche bestimmenden Ideen zu erfassen vermögen, die sie dann in Taten umsetzen. Diese lassen sich von den Spezialisten der Erziehung, die in ihrer Freizeit Heimatgeschichte betreiben, leicht zu anekdotischen Geschichtchen aufbereiten, aus denen dann die »zurückgebliebenen« Zeitgenossen lernen können. An den »großen Männern« faszinieren die außeralltäglichen Fähigkeiten, eine Betrachtungsweise, die sich durch eine generelle Strukturblindheit auszeichnet. Die herausragende Stellung der »großen Männer« macht sie anfällig für eine Instrumentalisierung zu pädagogischen Zwecken und stattet sie aus mit dem Prestige der Vorbildlichkeit[5]: macht sie zu »Helden« lokaler Geschichte und lokaler Geschichtsschreibung. Nicht nur, weil der Volksschullehrer Sprache und Schrift beherrscht, wurde er zum Chronisten lokaler Geschichte und ihrer Helden, als Pädagoge war er immer auch fasziniert von der erzieherischen Funktion der »guten Tat«. Der »guten Tat« haftet per se die Qualität des »Vorbildlichen und Verbindlichen« an, sie ist aus diesem Grund die zentrale Kategorie der »Pädagogik der Nachahmung«. Die »Pädagogik der Nachahmung« hat auch ihren eigenen Wortschatz, zu dem, und dies betrifft unser Beispiel, auch der topos vom »wagemutigen Unternehmer und verdienstvollen Sozialpolitiker« gehört. Allerdings geht der topos von der »wagemutigen Unternehmerpersönlichkeit« schon deshalb auf Stelzen, weil die lokale Geschichtsschreibung en passant genügend Details vermittelt, die beispielsweise zeigen, welchen strukturellen Bedingungen der »wagemutige Unternehmer« seinen Aufstieg beziehungsweise Erfolg verdankt; diese strukturellen Bedingungen werden nur im Falle seines Scheiterns vollzählig benannt und erhalten Exkulpationscharakter: sie sollen das offensichtliche Versagen der Unternehmerpersönlichkeit entschuldigen. Exemplarisch für diese erzieherische Funktion lokaler Geschichtsschreibung sind die Ausführungen des Volksschulrektors Adolf Killinger über Staub und sein Arbeiterquartier in Kuchen, dem in dieser Abhandlung vor allem unser Interesse gilt:

»Arnold Staub richtete bei der Gründung der Fabrikkolonie seinen Sinn nicht nur auf musterhafte Fabriksäle, gute Maschinen, unabhängige und wohlfeile Triebkräfte, auf einen Stamm von tüchtigen Arbeitern, um eine gute Verzinsung des in das Unternehmen hineingesteckten Geldes zu erzielen. In gleicher, ja noch in hervorragenderer Weise sorgte er nicht nur durch gute Entlohnung für den Magen der Arbeiter und ihrer Familien, sondern auch durch Wohlfahrtseinrichtungen, die in jener Zeit bei uns unbekannt waren und der Zeit weit voraus eilten, für ihr geistiges und seelisches Wohl. Er suchte ihnen das Glück der Heimat und des Eigentumbesitzes zu geben, ihr Fortkommen bei Alter und Arbeitsunfähigkeit zu heben und ihre Anhänglichkeit und das Interesse für den Betrieb zu erhalten und zu fördern und den nomadenhaften Wandertrieb der Fabrikarbeiter *auszumerzen*. Zu diesen Wohlfahrtseinrichtungen sind zu zählen:

Das Arbeiterquartier, musterhafte Wohnungen, kostenlose Abgabe und Sorge für Wohnungseinrichtungen, Fabrikersparniskasse, Pensionskasse, Lesezimmer mit großer Büchersammlung, Versammlungszimmer für ledige Arbeiterinnen, Fabrikschule, Kinderschule je mit Christbaum und reichen Gaben auf Kosten der Fabrik, alljährlicher Schulausflug auf Fabrikkosten, Schülersparkasse mit Zuschüssen von der Fabrik, Lernmittelfreiheit, Gesangverein und Musikverein auf Fabrikkosten, Turnverein, Kaufladen mit niederen Preisen, Bäckerei, Metzgerei, Fabrikwirtschaft, Fabrikarzt, Apotheke, Bauführer, Wasch- und Badeanstalt, längere Zeit auch ein Fortbildungsverein, eine Schießstätte, ein Gärtner und ein Jagdaufseher für persönliche Dienste des Fabrikgründers, später auch einen Sekretär für den Verein Süddeutscher Baumwoll-Industrieller, dessen Vorsitzender Staub war, eine Fabrikbriefpost, eine Kastanienanlage inmitten des Arbeiterquartiers mit Ruhebänken unter dem Laube schattiger Bäume, Sänger- und Musik-Gartenhaus, Sonntags- und Abendkonzerte, Spielplatz für Kinder. Ursprünglich war die Anlage in Beete geteilt und mit Sträuchern bepflanzt ...

Die Galerie der wagemutigen Unternehmer und verdienstvollen Sozialpolitiker

Johann Heinrich Staub (1781–1854), Gründer der Süddeutschen Baumwolle-Industrie, Vater Arnold Staubs.

Industriepionier Daniel Straub (1815–1889), der mit der Gründung der Maschinenfabrik Geislingen (MAG) und der Württembergischen Metallwarenfabrik (WMF) die Industrialisierung Geislingens eingeleitet hat.

Arnold Staub (1820–1882) ließ das Arbeiterquartier in Kuchen errichten.

Im Jahre 1867 erhielt Staub auf der Pariser-Welt-Ausstellung als Anerkennung der Verdienste um die sittliche und geistige Hebung und Ausbildung des Arbeiterstandes den ausgesetzten höchsten Preis von 10000 F. und die goldene Medaille kraft Spruchs einer Spezialjury zuerkannt und zugleich das Ritterkreuz der Ehrenlegion, das Napoleon III Staub persönlich überreichte …

Es kann aber, ohne sich den Vorwurf der Lobhudelei zuzuziehen, gesagt werden, daß … die Firma Staub und Cie … bemüht war …, die Grundlagen für die Hebung der sozialen und wirtschaftlichen Lage der Arbeiter zu schaffen und einen Ausgleich der Klassengegensätze, einen Ausgleich zwischen Kapital und Arbeit zu finden, Arbeitsfreude und Arbeitswillen zu schaffen und im Arbeiter die Persönlichkeit zu würdigen. Ohne daß das Eigentumsrecht im Grundbuch verbrieft ist, fühlt sich jeder Beamte, jeder Arbeiter in seiner Wohnung auf der Fabrik daheim und in seinem Garten und auf seinem Land auf seinem Grundbesitz. Mögen auch fernerhin die Fabrikbewohner als eine große Gemeinde sich betrachten, wo jeder für das Ganze sich verantwortlich und nicht als totes Rad im Mechanismus sich fühlt, bei gutem Geschäftsgang sich mitfreut, bei schlechtem Geschäftsgang mitleidet und mittrauert. Ein Haus, wo die Bewohner wie ein Sack Erbsen kalt nebeneinanderstehen, ja sich reiben und nicht für –, sondern gegeneinanderwirken, kann nicht bestehen. An eine Aufhebung der sozialen Klassen auf dieser unvollkommenen Erde mit der ungleichen Veranlagung der Menschen ist nicht zu denken. Aber die Äußerungen ihrer Gegensätzlichkeit können veredelt werden im Sinn des Apostelworts: »Dienet einander, ein jeder mit der Gabe, die er empfangen hat, als die guten Haushalter der mancherlei Gnade Gottes« (1 Petri 4, 10)« (Killinger 1927, 8, 9, 15, 20, 21).

Die von Meyer (1976, insbesondere Kapitel III und IV) vorgelegte Arbeit, die für Preußen (1848 – 1900) in vergleichbarer Weise, wie dies Blessing (1974) für den bayerischen Vormärz getan hat, der spannenden Frage nachgeht, inwieweit die Berufsrolle des Volksschullehrers (mit dem Pflichten- und Tugendkatalog der Frömmigkeit, der bescheidenen Unterordnung, der Vaterlandsliebe etc.) als »mentale Leitfigur« für die Mehrheit der Bevölkerung konzipiert[6] und bezeichnenderweise in der »kasernierten Vergesellschaftung« des Lehrerseminars[7] eingeübt wurde, erlaubt die Formulierung plausibler Hypothesen, die einen Zusammenhang zwischen dem »gelebten« Leitbild und der Vorliebe für spezifische historische Themen aus dem Arsenal der Heimatgeschichte behaupten. In der Wahl der Themen wie in der spezifischen Art und Weise ihrer Bearbeitung durch die Freizeithistoriker (unter den Pädagogen), spiegeln sich jene Wertvorstellungen wider, wie sie im »mentalen Leitbild«[8] des Volksschullehrers ver-

dichtet sind, das seinerseits als adäquater Ausdruck der patriarchalischen Strukturen der Gesellschaft des 19. Jahrhunderts (im politischen, wirtschaftlichen und familiären Leben herrschten Macht- und Autoritätsstrukturen vor, die einander ähnelten) zu begreifen ist. So kann es nicht verwundern, daß auch der industrielle Betrieb als »hausväterlich« geleitete Produktionsgemeinschaft gedeutet und auch die Arbeiterkolonie als ein patriarchalisch konstituiertes Sozialgefüge beschrieben wurde: Der Fabrikherr und seine Arbeiter bilden eine große Hausgemeinschaft – in der Sprache Killingers: »eine große Gemeinde« –, deren Mitglieder die Freud- und Leidereignisse miteinander teilen. Nicht von ungefähr beschreibt ein Zeitgenosse Staubs, Ludwig Walesrode, in der Zeitschrift »Über Land und Meer« (1868, Nr. 35, 36, 44, 45) ausführlich eine Christbaumfeier, um die »Arbeiter-Heimstätte« seinem Lesepublikum vorzustellen.

»Und besser könne sich wohl das soziale Verhalten der Arbeiter zueinander und zum Fabrikchef nicht ausdrücken, als in der zwanglosen heiteren Unterhaltung, die sich an allen Tischen entwickelte und die durch die Anwesenheit des Herrn Staub, seiner Damen und Gäste nirgends sich genirt zeigte, aber auch nirgends die Grenzen anständiger Lust roh überschritt. … Mir war es, als ob die ideale Verklärung der Arbeitsgenossenschaft, wie sie Goethe in seinem Wilhelm Meister gedichtet, hier auf dem Wege zur Wahrheit sich befände. Ich zweifelte nicht länger, daß die Schöpfung des Herrn Staub, wie ich sie bereits kannte und kennen lernen sollte, auch eine Seele habe und ein Gemüth« (Walesrode 1868, 556).

Die Veranstaltung der Christbaumfeier selbst wie die Präsentation des Arbeiterquartiers über die ausführliche Beschreibung der Weihnachtsfeier haben System: Beide vermitteln eine anschauliche Vorstellung von jener wiederholt beschworenen Hausgemeinschaft mit ihrer einzigartigen Binnenmoral[9], die nicht zu vereinbarende Interessen zusammenschmilzt zum Dienst an der gemeinsamen Sache (zur Funktion von Firmenfesten, vergleiche Schomerus 1977, 204ff.). Die mit der gemeinsamen Christbaumfeier verbundene Funktion der Stabilisierung des patriarchalischen Familienideals hat Weber-Kellermann herausgestellt:

»Das Entzünden des Weihnachtsbaumes hinter verschlossener Tür im Kreise der Kleinfamilie nun entsprach dem Bedürfnis nach Intimität und Abschließung nach außen, das kennzeichnend war für das bürgerliche Familienleben des 19. Jahrhunderts. Um diesen zeremoniellen Mittelpunkt rankte sich ein fast liturgisch anmutendes festliches Programm, das in vielen Familien bis in die Gegenwart gültig geblieben ist: Unter Benutzung zahlreicher traditioneller Requisiten (grüner Zweig und Licht, gemeinsamer Gesang und Spiel, Geschenke, gemeinsames Mahl, gemeinsamer Trunk) gestalten die Eltern als Frucht langer Vorbereitungen einen Abend familiärer, verinnerlichter Harmonie, mit der sie alle Konflikte beschwichtigen und für einige Stunden die Utopie einer heilen Welt hervorzaubern möchten. So wurde der Heilige Abend der bürgerlichen Familie unter dem Weihnachtsbaum zu einer Art von Institution mit geheiligten, kultivierten und tabuierten Verhaltensnormen im Dienste der Stabilisierung eines patriarchalischen Familienideals.« (Weber-Kellermann 1974, 226)

Auch die Heimatbücher von heute produzieren »Vergangenheit nach Maß und von der Stange« (Berger), allein schon deshalb, weil sie die idealisierten Darstellungen ihrer Vorgänger unverändert übernehmen. So weiß das Heimatbuch der Stadt Geislingen (Band 2) zu berichten: »Doch Arnold Staub war nicht nur ein kühner Unternehmer, sondern zugleich ein Sozialpolitiker, der seinen Zeitgenossen weit voraus war. Er sagte mit Recht, daß Zufriedenheit die Arbeitsleistung steigere, und daß die Arbeiter zur Seßhaftigkeit angeregt würden, wenn sie sich in ihrem privaten Leben wohlfühlten ... (Staubs) soziale Tat, die über die Grenzen Deutschlands hinaus bei den Zeitgenossen Bewunderung und Anerkennung fand, bedeutete für die frühindustrielle Epoche einen außerordentlichen Fortschritt. Dafür erhielt Staub zu Recht Auszeichnungen von höchsten Stellen« (Bauer ohne Jahresangabe, 317, 357).

Ganz ähnlich auch die Festschrift der Gemeinde Kuchen (aus Anlaß ihrer 750-Jahr-Feier):
»Neben dem Ausbau seiner Fabrik vergaß Arnold Staub nicht, sich um das Wohl seiner Arbeiter zu kümmern. Mit seiner Sozialpolitik wurde er zum Pionier sozialer Betriebsführung ... Arnold Staub versuchte durch viele erzieherische Maßnahmen seine Arbeiter und deren Familien in wirtschaftlich und gesellschaftlich geordnete Verhältnisse zu bringen. ... Dieser Mann, eine große Persönlichkeit, die für die Industrie und einen allgemeinen Wohlstand in Kuchen verantwortlich zeichnete, erlag am 7. Dezember 1882 seinen Verletzungen. Er hatte sich große Verdienste um seine Mitmenschen, seine Arbeiter und die Gemeinden erworben und war überall beliebt und geschätzt gewesen« (Britzelmayer 1978, 202, 206).

Es ist nicht nur die Poetik des Nekrologs, die zur Idealisierung der Unternehmerpersönlichkeit verleitet, auch noch im Jahre 1978. Gerade dann, wenn es den Typ des Unternehmers nicht mehr gibt, nicht mehr geben kann, wie Schumpeter gezeigt hat, scheint ein Bedürfnis zu bestehen, ihn durch Mythenbildung weiterleben zu lassen.

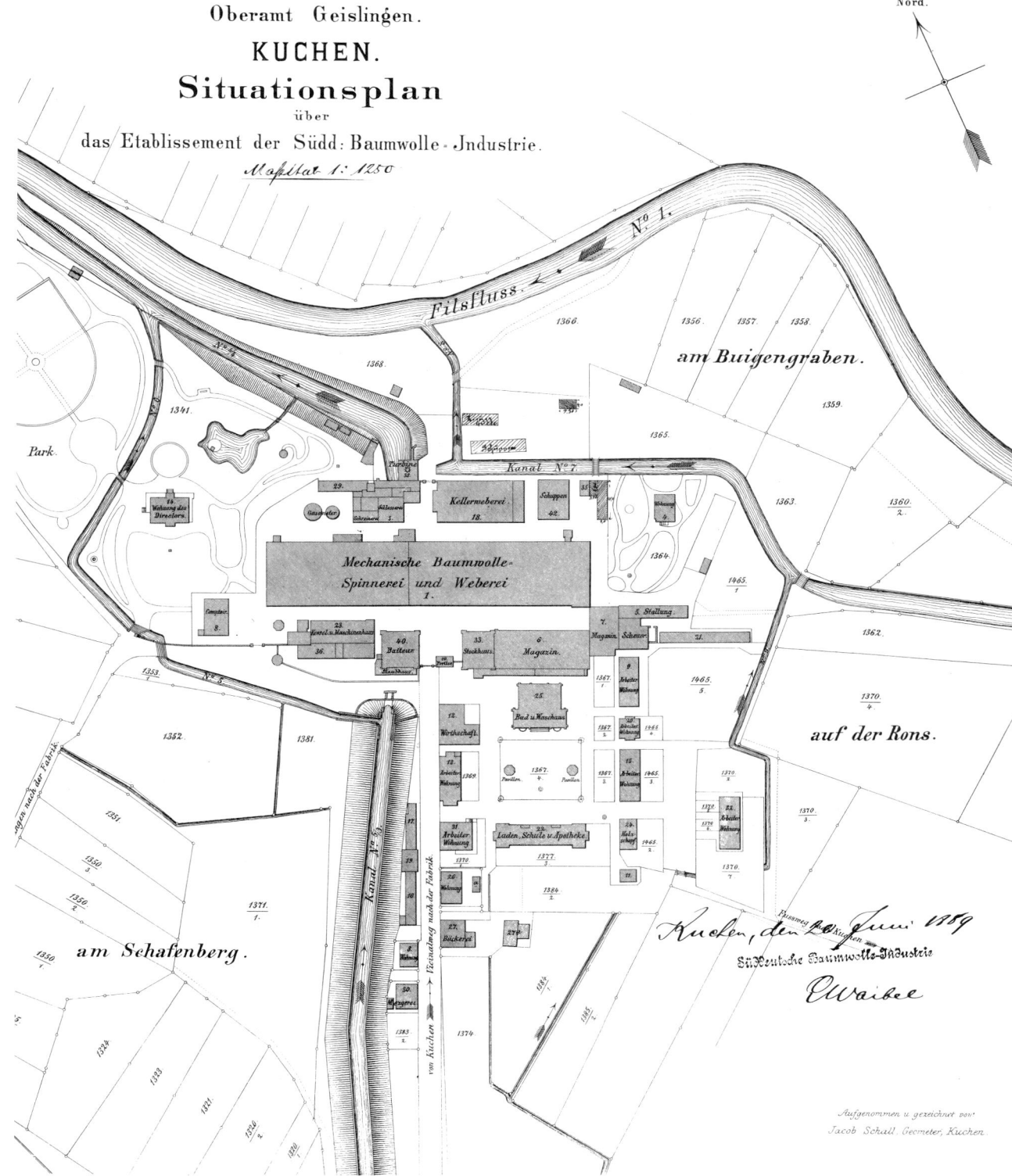

Oberamt Geislingen.

KUCHEN.

Situationsplan

über

das Etablissement der Südd. Baumwolle-Industrie.

Maßstab 1:1250

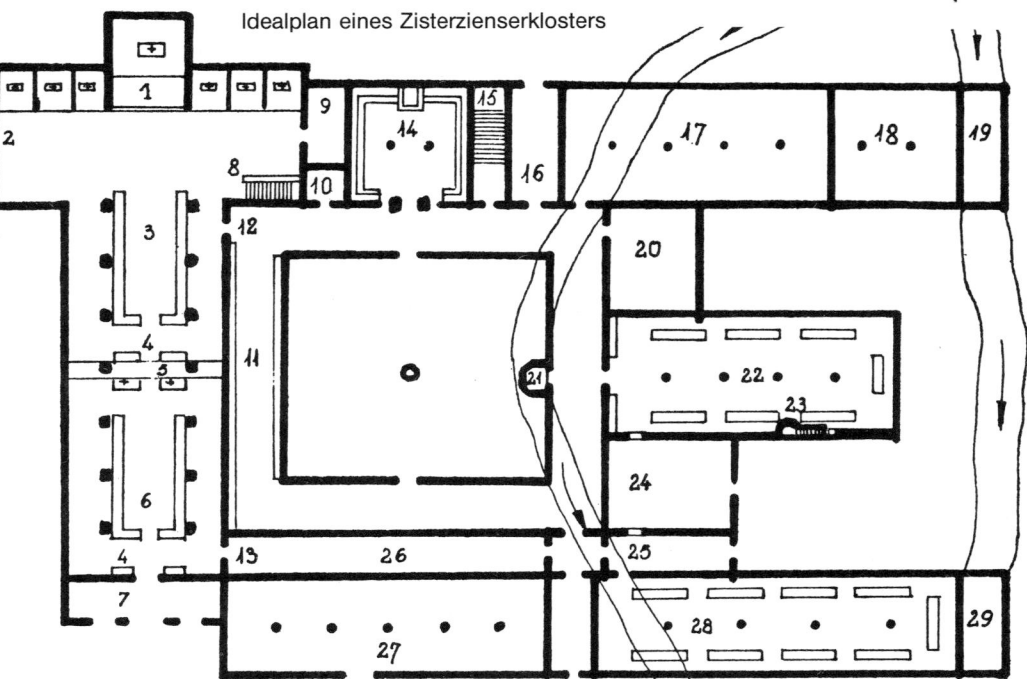

Idealplan eines Zisterzienserklosters

1 Sanktuarium 2 Totenpforte 3 Mönchschor 4 Krankenbänke 5 Lettner 6 Konversen-
chor 7 Narthex 8 Dormitoriumstreppe 9 Sakristei 10 Armarium 11 Mandatum – Stein-
bänke zum Lesen und zur Fußwaschung 12 Mönchspforte 13 Konversenpforte 14 Kapitel-
saal 15 Dormitoriumstreppe 16 Auditorium 17 Mönchssaal 18 Noviziat 19 Mönchslatrine
20 Wärmeraum 21 Brunnen 22 Mönchsrefektorium 23 Lesekanzel 24 Küche 25 Sprech-
raum des Cellerars 26 Konversengasse 27 Vorratshaus 28 Konversenrefektorium 29 Kon-
versenlatrine

Die Raumordnung des zwingenden Blicks

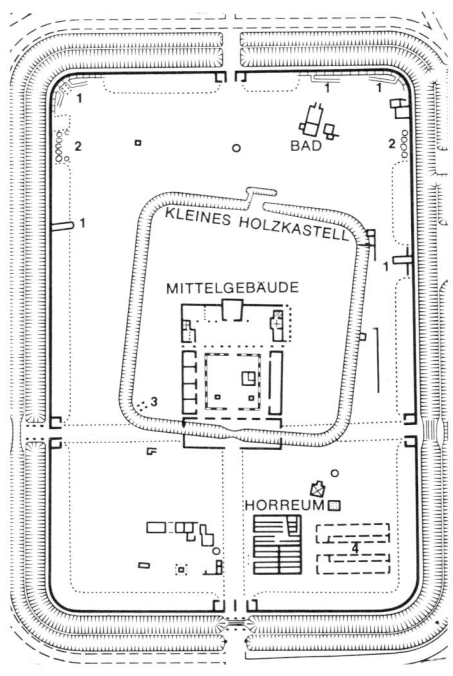

Römisches Militärlager: Kastell Saalburg am Limes, 2. Jahrhundert nach Christus.

Jesuitenniederlassung in Paraguay, nach 1549.

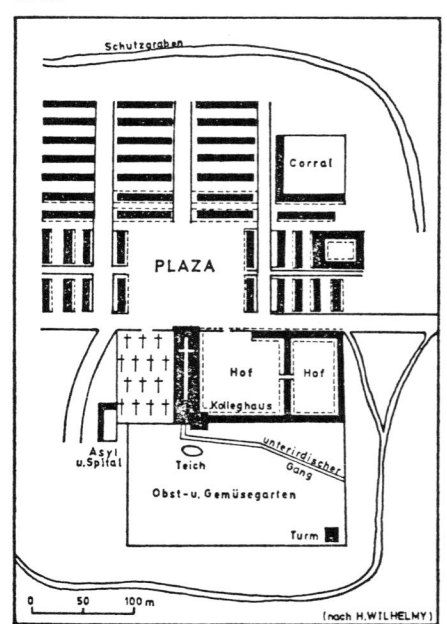

Arbeitersiedlung Kuchen.

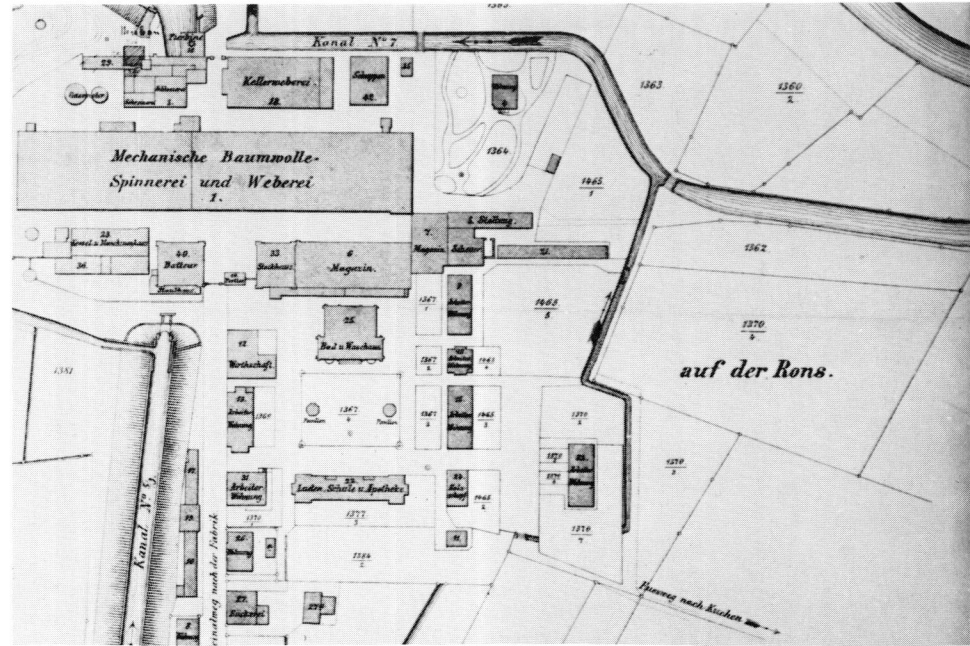

I. Strukturelle Bedingungen
und Wirkungsweisen der Fabrikdisziplin

1. Was der Lageplan dem Auge verrät: Die Raumordnung des »zwingenden Blicks«

Die in den Heimatbüchern mitgeteilte stolze Bilanz an sozialen Einrichtungen übersieht den von Simmel am Beispiel der organisierten Unterstützung von Armen beziehungsweise Bedürftigen gegebenen Hinweis, daß »der Arme als soziologische Kategorie nicht durch ein bestimmtes Maß von Mangel und Entbehrung (entsteht), sondern dadurch, daß er Unterstützung erhält oder sie nach sozialen Normen erhalten sollte« (Simmel 1906, 27; derselbe 1958, 374). So entgeht der lokalen Geschichtsschreibung damals wie heute, daß das *organisierte* Helfen immer auch die Chance der sozialen Kontrolle über die zu Unterstützenden eröffnet (für die öffentliche Wohlfahrtspolitik haben dies Piven/ Cloward (1977) demonstriert), daß also organisiertes Helfen leicht zur »sanften Kontrolle« genutzt werden kann. Insofern stellen die aufgeführten sozialen Einrichtungen des Arbeiterquartiers zugleich auch die Voraussetzungen dar zur »sanften Kontrolle« des Wohn- und Freizeitbereichs und der sozialen Kontakte der in der Arbeitersiedlung lebenden Menschen. Der (abgebildete) Lageplan[1] der Kuchener Arbeitersiedlung, deren »genaue rechtwinklige Planmäßigkeit« (Killinger 1927, 19) bereits dem Volksschullehrer Killinger auffiel, enthält die direktesten Hinweise auf die mit der geschlossenen Anlage der Arbeitersiedlung intendierte Funktion der Sozialdisziplinierung, die die Freizeit-Historiker unerwähnt lassen, wenn auch die von ihnen benutzte Sprache bisweilen die direktesten Hinweise enthält, insofern nämlich, wenn zum Beispiel die Rede davon ist, »den nomadenhaften Wandertrieb der Fabrikarbeiter *auszumerzen*«.

Der Lageplan der Arbeitersiedlung kopiert das Gliederungsprinzip des Militärlagers. Es ist das Gliederungsprinzip des quadratischen (resp. rechteckigen) Plans, der mit der gewählten Anordnung der Reihen und Linien eine Raumaufteilung schafft, die Überblick und Überwachung gewährt (Foucault 1977, 221f.) und die These bestätigt, daß Disziplinierungsversuche dort am vollkommensten gelingen, wo sie in geschlossenen Anlagen, als »totale Institutionen« (Goffman), baulich ihren Ausdruck finden:

als Kloster-, Kasernen-, Zuchthausanlagen, aber auch als geschlossene Fabrikanlage in der Form des Industriedorfes. Doch selbst dieser augenscheinliche Beweis, der von der Anlage als einer »Einrichtung des zwingenden Blicks« (Foucault) ausgeht, wird von der zeitgenössischen »Hofberichterstattung« des Ludwig Walesrode nicht wahrgenommen: Ihm gelingt es, die augenfällige Geometrie der »linearen, rechtwinkeligen Planmäßigkeit«, die normalerweise Assoziationen an »Uniformität und Kasernenstyl« weckt, in die Gemütlichkeit einer Idylle[2] umzuinterpretieren:

»(Das Arbeiterquartier) liegt in unmittelbarer Nähe der Fabrik, in einer weiten, von wellenförmigen Höhenzügen begrenzten Thalebene so offen und übersichtlich dar, in scharf und sauber gezogenen Linien und verständlicher Disposition des Terrains, als hätte man eine auf Papier sorgfältig ausgeführte Planzeichnung vor sich. Man sieht es gleich, daß hier ein sozial-industrielles System sich verkörpert habe. Aber trotz dieser linearen rechtwinkeligen Planmäßigkeit, welche sonst mehr dem geometrischen Ordnungssinne als dem ästhetischen Geschmacke zu genügen pflegt, macht das Ganze doch auf den ersten Blick einen überaus freundlichen Totaleindruck durch das luftige und lichte Verhältniß der Baulichkeiten zu dem großen, mit Gartenanlagen bepflanzten freien Platze (Square) und durch die trauliche Gruppierung der wiederum mit kleinen Gärten umgebenen Wohnhäuser zueinander, wozu noch die heitere, landschaftliche Umgebung das Ihrige thut. Dieser Eindruck steigert sich zu einem wahrhaft wohlthuenden, wenn das Auge vom Allgemeinen prüfend auf das Detail übergeht.

Die Architektur der in Bricken und Fachwerk aufgeführten Arbeiterhäuser macht sich in wechselnden, zierlichen Stylarten geltend, wenn auch an allen der behäbige bürgerliche Charakter vorherrschend ist. Da ist nichts Uniformirtes, über einen Leisten Geschlagenes. Jedes Haus macht schon äußerlich, in zweifacher Beziehung den Eindruck des Eigenen. Auch die Gebäude, die unter einem Dache mehrere gesonderte Wohnhäuser umfassen, haben durchaus nichts vom Kasernenstyle an sich«.

Daß es der geometrische (bei Foucault: der quadratische) Plan ist, der »das Netz der einander kontrollierenden Blicke... knüpft«

(Foucault) – unabhängig von den Zwecken, denen die Anlage dient – demonstriert auf anschauliche Weise die Anlage der Jesuitenreduktionen in Paraguay.

»Die Reduktionen waren alle nach einem bestimmten Plane, mit größter Regelmäßigkeit angelegt …« (Schmidt 1913, 31).

»In der Mitte der Ortschaft war ein großer, meist quadratischer freier Platz, der durchschnittlich 150 Ellen (128 m) im Geviert maß. An den vier Ecken der oft von Bäumen überschatteten Plaza standen hohe Holzkreuze. Schnurgerade, breite, oft gepflasterte Hauptstraßen gingen rechtwinkelig sich schneidend von der Plaza aus, die ringsum von Gebäuden eingeschlossen war. An der einen Seite lagen die Kirche, rechts und links davon der Friedhof und das Kolleg der Patres; in einiger Entfernung das Haus der Witwen und das der Büßerinnen (Casa de Recogidas). Hinter diesem, in einer Linie liegenden Gebäudekomplex breitete sich der Garten der Missionare aus, der etwa 3 ha maß. An den übrigen drei Seiten der Plaza zogen sich die Häuserreihen hin. Je sechs bis sieben Häuser waren zu einer Gruppe – Menzana – zusammengefaßt, die durch eine Querstraße von der folgenden getrennt wurde … Die Querstraßen waren wegen der Gleichartigkeit der Häusergruppen 'nach der Schnur gezogen' und liefen parallel und rechtwinklig zur Plaza … Die stadtartige Anlage der Reduktionen, die aber 'alle Winkelgassen und jene engen, dunklen Schlupfwinkel vermied, die eine Ortschaft so häßlich und unbequem machen', ermöglichte eine große Übersichtlichkeit und bequeme Verbindung …« (Faßbinder 1926, 27f.)[3]

Der quadratische Plan des Lagers beherrscht die räumliche Aufteilung in der Arbeitersiedlung wie in der Reduktion – Kirche und Fabrikhalle sind austauschbar. (Bei Paul Lafargue (1922, 157) findet sich auch ein Hinweis auf die Multifunktionalität des quadratischen Planes: die Arbeitersiedlung Villeneuvette in den Cevennen wird mit dem System der Reduktionen verglichen.) Es sind in beiden (und anderen vergleichbaren) Fällen »die Techniken des Sehens« (Foucault), die die Raumordnung bestimmen und mit deren Hilfe Machteffekte (im Sinne der Erhöhung von Kontrollchancen) erzielt werden.

Die Raumaufteilung nach dem quadratischen Plan hat offensichtlich ihr Vorbild in der Anlage des römischen Militärlagers, genauer: in der Anlage des polybianischen Lagers aus der Zeit der Republik (Fröhlich 1891, 221f.; Domaszewski 1972, 234ff; das hygienische Lager der Kaiserzeit hatte einen rechteckigen Grundriß). Delbrück (1900, 249) zufolge war das römische Militärlager »viereckig, hatte vier Thore, in der Mitte war das Feldherrenzelt, in bestimmten Linien liefen die Lagergassen, und bestimmte Zeichen wiesen die Richtungen. In Folge dessen vollzog sich der Ein- und Ausmarsch in einer natürlichen Ordnung, ohne Unruhe und auch bei plötzlichen Alarmierungen kannte jeder Soldat sofort seinen Platz.« Die Reihen und Linien der Lagergassen dienten also sowohl der Herstellung einer schnellen Gefechtsbereitschaft wie der Kontrolle des Lagers, worauf auch der Umstand hindeutet, daß sich das Feldherrnzelt (so ausdrücklich Polybius) auf einem erhöhten Platz befand, von wo sich das Lager gut überblicken ließ (Fröhlich 1891, 226).

Das römische Militärlager ist jedoch nicht als eine Bekehrungsbeziehungsweise Erziehungsapparatur, die eine »methodische Lebensführung« hervorbringen möchte, konzipiert, sondern als eine (abrufbereite) Schlachtformation in Wartestellung (Watson 1969, insbesondere 66ff.).

Insofern erinnert das Arbeiterquartier, obwohl es den quadratischen Plan des Militärlagers kopiert, weniger an dieses militärische Vorbild – die vor allem im Bergbau[4] verbreitete soldatische Auffassung vom Arbeits- und Betriebsleben, wie sie im Saarbergbau deutlich nachweisbar ist, hat zunächst andere Ursachen: im preußischen Staatsbergbau, der von den privaten Unternehmen kopiert wurde, »war die gesamte Gefolgschaft, altem Bergmannsbrauch entsprechend, wie in militärischer Rangordnung gegliedert« (Hellwig 1962, 130f.)[5] – sondern an die antike Sklavenplantage[6] (Weber 1922, 647). Nur dann, wenn wie in Sparta die militärische Erziehung gesteigert ist zu einer internats- beziehungsweise kadettenartigen Erziehung schon der Kinder (auf Kosten der Familienerziehung), das heißt, wenn Auslese und Züchtung einer Kriegerkaste mit spezifischer Moral (Wertkodex) und spezifischem Lebensstil (der sich zum Beispiel wie in Sparta in der Kasinogemeinschaft der »Syssitien« oder »Hetairien« äußern kann), und nicht ausschließlich die Dressur des Kämpfers (Soldaten) auf die taktischen Erfordernisse der Schlacht (in Sparta: die Dressur des Hopliten) die Ziele der internatsmäßig betriebenen Vorkehrungen darstellen (Weber 1924b, 112f.; Marrou 1977, insbesondere 60ff.), nur dann ist eine Vergleichbarkeit der dort angewandten Disziplinierungstechniken mit jenen im Arbeiterquartier praktizierten gegeben. Allerdings ist diese Vergleichbarkeit – und dies ist besonders hervorzuheben – nicht gegeben auf der Ebene realhistorischer Prozesse (es gibt keine direkte historische Übergänge von der militärischen Erziehung Spartas zur antiken Sklavenplantage bis hin zur Fabrik; vergleiche Weber 1922, 647), sondern ausschließlich auf der Ebene der zur Disziplinierung in den genannten Einrichtungen jeweils eingesetzten Techniken, die ihrerseits auf vergleichbaren Strukturen aufsitzen.

Der Lageplan des Kuchener-Arbeiterquartiers bildet wichtige Strukturprinzipien der »totalen Institution« ab: die Ausweitung der Kontrollspanne durch die (idealiter: totale) Isolierung der Bewohner von ihrer Umwelt (Überwachung der Außenkontakte), die (idealiter: totale) Überwachung der üblicherweise getrennt

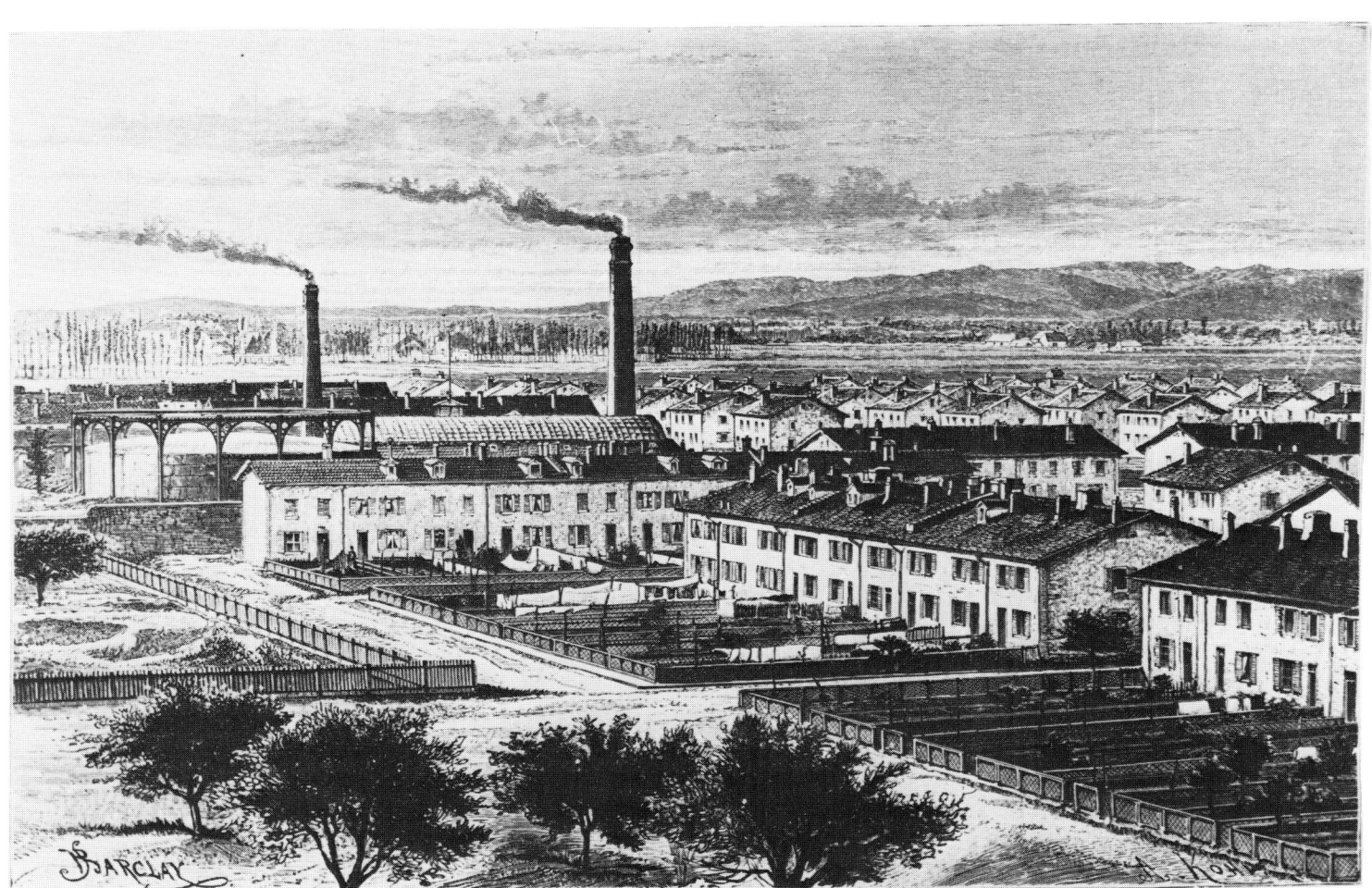

Die cité ouvrière von Mülhausen im Elsaß – das Vorbild für das Kuchener Arbeiterquartier.

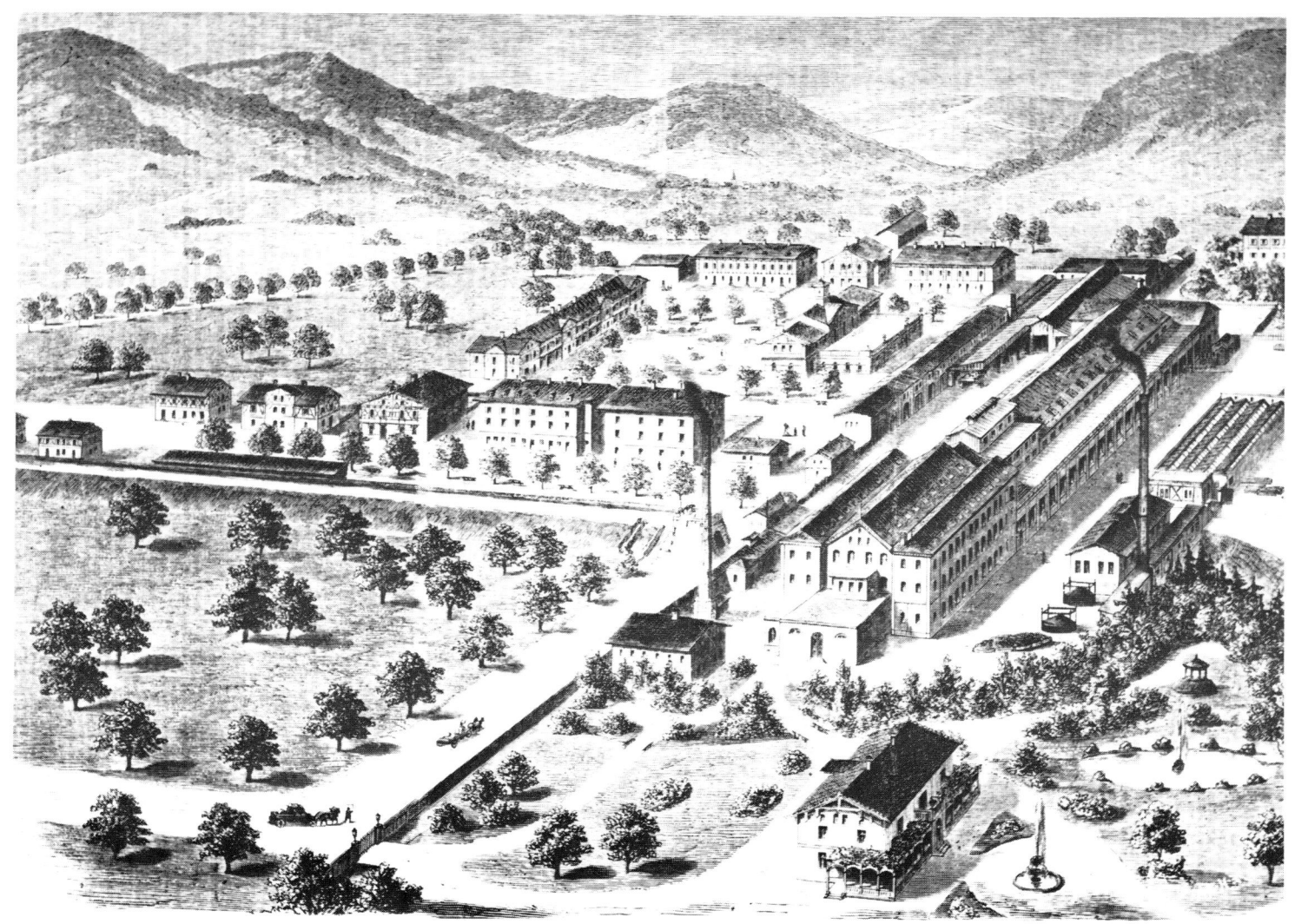

Baumwollspinnerei und Weberei Kuchen mit Arbeitersiedlung. Im Vordergrund der Park mit der Villa des Gründers im »englischen Stil«, 1868.

Das Arbeiterquartier Kuchen in seiner rechtwinkligen Anordnung, 1978.

Schaffe, schaffe, Häusle baue

Gesamtansicht von Kuchen, 1978.

gehaltenen Funktionsbereiche des Wohnens, des Arbeitens, des Schlafens und des Müßiggangs (Überwachung der Binnenkontakte). Abgeschirmt und isoliert wird dieses »Arbeitslager« von der Außenwelt durch ein ringsum angelegtes System von größeren und kleineren Kanälen, die einerseits zum Betrieb der Fabrikanlage erforderlich sind, andererseits jedoch die Kontrolle des Zu- und Abgangs erleichtern. (Bezeichnenderweise lautet der § 11 der Fabrikordnung für das Kuchener-Werk, das die Arbeitersiedlung nach der rückwärtigen Seite hin abschließt: »Der Arbeiter, welcher durch einen anderen Weg als den gewöhnlichen Eingang in die Fabrik kommt, oder sie verläßt, wird als verdächtig angesehen und bestraft«.) Dieses künstlich geschaffene »Inselreich« macht sich vollends autonom durch die Hereinnahme jener Institutionen, die zur Befriedigung der notwendigsten (Reproduktions-) Bedürfnisse erforderlich sind. Der Bäcker, der Metzger, der Arzt etc. auf der Insel erspart den »Inselbewohnern« den Gang ins benachbarte Dorf und reduziert die sozialen Kontakte zur Außenwelt auf ein Minimum. (Sprach- und kulturelle Barrieren traten anfänglich hinzu: In der Gründungszeit der Arbeitersiedlung wurde diese vornehmlich von aus England und in der Schweiz rekrutierten Fabrikwebern bewohnt, die die einheimischen Handwerker anlernen sollten; Killinger 1927, 6.) Etwas abseits von der Arbeitersiedlung steht die »Villa«[7] des Fabrikherrn, der, obwohl Arbeiterfreund, sich auf subtile Weise durch den Grüngürtel einer Parkanlage Distanz zur Unterschicht der Arbeiter verschafft (Bentmann/Müller 1970, 121). »Die Verwendung von Grün und Grünstreifen zur Abschirmung beruht auf seiner Doppelfunktion: Grün spielt eine Rolle als Gestaltungsfaktor, kann aber zugleich auch zur Markierung von Grenzen benutzt werden. So werden beispielsweise 'Lungenkranke wie auch Geisteskranke in Anstalten gesteckt, die gewöhnlich von Parks umgeben sind; doch sind diese schattigen Grünanlagen nicht allein zur Freude der Kranken gedacht, sondern zur Abschirmung von den Gesunden außerhalb der Anstalt. Das Grün schafft Distanz zwischen verschiedenen Bezirken' (Treiber 1973, 37 mit explizitem Bezug auf Berndt 1968, 77).

Dieses »Inselreich« konstituiert sich vollends zur autonomen »Inselrepublik«, indem es sich eine eigene Verfassung in der Form der Fabrikordnung (abgedruckt in: Borscheid 1978, 545ff.) gibt. Das Heimatgeschichtsbuch der Stadt Geislingen weiß über die damals geltenden Fabrikordnungen zu berichten:
»Die Staub'sche Fabrikordnung, die auch für den 1858 in Kuchen eröffneten Betrieb galt, stellte im wesentlichen eine Sammlung von Verboten und Pflichten für den Arbeiter sowie von Rechten des Fabrikanten dar. Die wichtigsten Bestimmungen betrafen die Kündigungsverhältnisse und die betrieblichen Geldstrafen ... Die Strafandrohungen waren als *Erziehungsmittel schlechthin*

gedacht und erstreckten sich in ungewöhnlichem Maße auch auf *das Verhalten der Arbeiter außerhalb der Fabrik*. Möglichkeiten der Bestrafung waren Lohnabzug, Kündigung und fristlose Entlassung. Geldstrafen bis zur Höhe eines Tagesverdienstes wurden für Verstöße gegen bestimmte Ordnungsvorschriften verhängt, zum Beispiel Zuspätkommen, Essenholen während der Arbeitszeit sowie bei Verstößen gegen die guten Sitten und bei Tätlichkeiten gegen Mitarbeiter« (Bauer ohne Jahresangabe, 347/348; eigene Hervorhebung). Überhaupt fällt auf, daß die Fabrikordnung bemüht ist, eine »Diktatur der Pünktlichkeit« zu errichten.

Beim Studium der Staub'schen Fabrikordnungen kommt man nicht umhin anzunehmen, daß die sozialpolitischen Maßnahmen – deren Verdienst hier nicht bestritten werden soll – vor allem im Dienst des Aufbaus einer Fabrikdisziplin standen, die sich vor allem in einer strikten Zeitplanung, in einer »Diktatur der Pünktlichkeit«, manifestierte.

2. Zur Errichtung einer »Diktatur der Pünktlichkeit«

»Durch eine Glocke oder durch ein anderes zur Kenntniss gebrachtes Zeichen wird die Ein- und Ausgangszeit der Arbeiter angekündigt und nach Belieben der Fabrikvorsteher noch durch einen besonderen Anschlagzettel bekanntgemacht, zu welcher Zeit sich jeder Arbeiter an seinem Arbeitsplatze einzufinden hat. – Es ist jedem Arbeiter verboten, seinen Platz zu verlassen, bevor zum Ausgang und zur Schliessung des Fabrikgebäudes das Zeichen gegeben wird.« (§ 2 der Fabrikordnung)
»Ferner werden bestraft ...: 5. Verspätung und Versäumnisse, besonders der Unfug des Blauen Montags und das Herbeiholen von Speisen und Getränke, außerhalb der für die Mahlzeiten festgesetzten Stunden.« (§ 9 der Fabrikordnung, vergleiche Borscheid 1978, 545f.)
Die Zeitplanung ist die einfachste und deshalb wohl verbreiteste Technik zur Herstellung einer »methodischen Lebensführung« (Thompson 1973, insbesondere 96f.). Nichts demonstriert den mit einer genauen Zeitplanung verbundenen Disziplinierungswillen anschaulicher als jener – für sich genommen – unbedeutende Vorfall bei einem der zahlreichen Angriffe der Maschinenstürmer in England: Noch vor der Zerstörung der mechanischen Webstühle zertrümmerte eine Arbeiterin als erstes die Fabrikuhr, das verhaßte Symbol einer »Diktatur der Pünktlichkeit« (Pearson 1977, 289), die den »Blauen Montag« und andere verbreitete soziale Gewohnheiten des »Müßiggangs« und der Ablenkung austreiben sollte (Pollard 1967, 162). (Vielfach wurde der »Blaue Montag« aber auch dazu genutzt, um landwirtschaftliche Arbeiten, die durch die Tätigkeit in der Fabrik nunmehr den Stellenwert

Badhaus – heutiger Zustand. Auf dem Situationsplan (siehe Seite 21) Nr. 25.

Die »Diktatur der Pünktlichkeit«: Glockenschlag und weithin sichtbare Uhr.

Rund ums Badhaus.

einer Nebenerwerbstätigkeit erhielten, zu verrichten.) Wo die Menschen ihren Arbeitsrhythmus selbst bestimmen konnten, wie dies weitgehend beim Handwerk und der Landwirtschaft noch der Fall war (Gurjewitsch 1978, 98ff.), hatte sich ein Wechsel von höchster Arbeitsintensität und Müßiggang herausgebildet; dem Regelmäßigkeit und Monotonie fordernden Maschinengehorsam waren jedoch solche und ähnliche soziale Gewohnheiten mehr als hinderlich. »Unter vorindustriellen Produktionsbedingungen waren die Leute viel stärker von den Rhythmen ihrer eigenen Lebensführung kontrolliert gewesen. Man soll diese Zustände nicht romantisieren – so als ob damals jeder ein unabhängiger, unentfremdeter und freier Mensch gewesen wäre –, aber man sollte sich trotzdem klarmachen, was dieser Wechsel der Produktionssysteme bedeutete. Vor der Einführung der Fabrik hatten die Arbeiter zum Beispiel den 'heiligen Montag' als arbeitsfreien Tag[8] gehabt, oft auch noch den Dienstag dazu freigenommen und erst dann die Arbeit der ganzen Woche nachgeholt. Die Disziplin und Zeiteinteilung in der Fabrik machte dergleichen unmöglich.« (Pearson 1977, 284)[9]

Wie in den bekannteren Disziplinierungsanstalten, dem Zucht- und Arbeitshaus und der Kaserne, so waren auch in der »Proto-Fabrik« (Freudenberger) die Techniken des Teilens, des Überwachens, des Strafens, aber auch des Belohnens, Glocken- und Uhrenzeichen (vergleiche McKendrick 1961, 40f.) sowie eine Propaganda des Zeitsparens die gebräuchlichsten Kniffe zur Fabrikation von zuverlässigen Menschen. Diese gelang in der »Fabrik« schließlich deshalb am wirksamsten, weil es dort die Maschinen selbst waren, die die Arbeiter zwangen, die Disziplin der Fabrik, den Maschinengehorsam, zu akzeptieren (Pollard 1967, 165).

Pollard (1963/64; 1967) hat am Beispiel der englischen Verhältnisse in der frühindustriellen Epoche die gebräuchlichsten Methoden beschrieben, mit deren Hilfe die Fabrik ihre Aufgabe als »Erziehungsanstalt« zu erfüllen versuchte. Als solche Methoden waren gebräuchlich: »Die sprichwörtliche 'Peitsche', das sprichwörtliche 'Zuckerbrot' und drittens der Versuch, ein neues Ethos der Arbeitsordnung und des Gehorsams zu schaffen« (Pollard 1967, 169).[10] Steht »Peitsche« für die übliche Palette negativer Sanktionen (in der Form von relativ hohen Geldstrafen bis hin zur Entlassung), so stellt »Zuckerbrot« das Kürzel dar für positive Sanktionen in der Form von materiellen und immateriellen Gratifikationen (verbreitet waren zum Beispiel Prämien beziehungsweise Prämiensysteme). Die dritte Methode läuft unter anderem auf die Einpflanzung des Katalogs jener bürgerlichen Sekundärtugenden hinaus (wie Ordentlichkeit, Pünktlichkeit, Sauberkeit, Fleiß etc.) und macht sich die Einsicht zunutze, daß eine ausschließlich auf äußerem Zwang basierende Verhaltens-

steuerung auf die Dauer »unökonomisch« ist, wenn es nicht gelingt, bei den Zwangsunterworfenen eine »innere Bereitschaft« zum (freiwilligen) Mitmachen zu wecken, die ihrerseits dann auch für stimuli in der Form von Belohnungen empfänglicher ist.

Auch Staub bediente sich der von Pollard und Scherer (1968) identifizierten Methoden zur Sozialdisziplinierung, wie dies die verschiedenen Statuten des Arbeiterquartiers erkennen lassen. Im Vergleich zur »Zuckerbrot-Methode« dominiert die »Peitschen-Methode« so sehr, daß sich die zeitgenössische Kritik (aus dem Lager der Arbeiterbewegung) herausgefordert sah: »Wenn man die verschiedenen Statuten des Etablissments (von Staub) liest, so glaubt man, die Gesetzbücher Mosis vor sich zu haben; wie dort das stereotype 'Der soll des Todes sterben', findet sich hier bei jedem Anlaß: 'Der soll gestraft werden'. Wie ein rother Faden zieht sich's von Anfang bis zu Ende mit Strafen und Prämien, um der Korruption Thür und Thor zu öffnen. Kommt ein Arbeiter morgens fünf Uhr (viele haben 3/4 bis 1 Stunde wegs in die Fabrik) 12 Minuten zu spät, so bezahlt er 12 Kreuzer, kommt er erst nach sieben Uhr, so bezahlt er 30 Kreuzer Strafe; ebenso hart und übermäßig sind die Strafen für etwaige Fehler an der Arbeit, welche, namentlich bei schlechtem Garn, oft von den geschicktesten Arbeitern nicht vermieden werden können« (Der Volksstaat vom 28.2.1872). Die Geldstrafen fallen laut § 13 der Fabrikordnung der Krankenkasse zu. 1867 erhielt ein erwachsener Arbeiter als Tageslohn 56-112 Kreuzer, als Stundenlohn 4-8 Kreuzer (eine erwachsene Arbeiterin erhielt als Tageslohn 35-70 Kreuzer, als Stundenlohn 2,5-5 Kreuzer). Der durchschnittliche Monatslohn eines Familienvaters betrug 30 Gulden. Die Kaufkraft dieses Einkommens kann abgeschätzt werden zum Beispiel anhand der Monatsabrechnung für eine 7-köpfige Familie; eine solche Monatsabrechnung hat Staub exemplarisch in seiner Anleitung zum Führen eines Haushaltsbuches zusammengestellt (vergleiche Bauer ohne Jahresangabe, 351f.).

Die dritte Methode (der Schaffung eines neuen Ethos der Arbeitsordnung) steht überhaupt hinter der Konzeption des Arbeiterquartiers, das als geschlossene Erziehungsanstalt nicht nur zur Arbeitswilligkeit, sondern auch zu einem »neuen Geist« (Arbeitsfleiß, Erwerbsgeist) erziehen wollte über das Einüben einer »methodischen Lebensführung« (im Sinne einer steten Selbstkontrolle), die ein Nachgeben gegenüber spontanen Impulsen allmählich immer unwahrscheinlicher werden lassen sollte. (Wie noch zu zeigen sein wird, basiert der Versuch, Ordnung in die Lebensführung zu bringen, auf den Prinzipien der Buchführung – vergleiche Staub's Anleitung zum Führen von Haushaltsbüchern – die auf die gesamte Lebensführung übertragen wurden – eine Entdeckung, wie sie zunächst von religiösen Bewegungen im Sinne einer »Buchhaltung der Seele« genutzt wurde.)

Nicht zuletzt sollten innerhalb des institutionellen Rahmens der Arbeitersiedlung neue Formen der Herrschaftsausübung und des Gehorchens vermittelt werden, da die sozialen Beziehungen zwischen Fabrikherr und Arbeitern zunehmend auf formalisierten, das heißt unpersönlichen Regeln basierten, selbst wenn diese weitgehend noch in einen »patriarchalischen Kontext« eingebunden waren.

3. Exkurs: Die Sozialdisziplinierung im monarchischen Absolutismus

Die Aufgabe, die sich dem Fabrikherrn in der Industrialisierungsphase jedesmal von neuem stellte, wenn er sein Bedienungspersonal zu rekrutieren hatte, das in der Lage sein sollte, sich auf den von Maschinen diktierten Arbeitsrhythmus von noch nie dagewesener Regelmäßigkeit einzustellen, ist weitgehend identisch mit jener Aufgabe der Sozialdisziplinierung, die zu erfüllen sich eine ganze Epoche: der monarchische Absolutismus, vorgenommen hatte (Oestreich 1969d, 188; Foucault 1961, 73, 74). Die systematischen Anstrengungen des monarchischen Absolutismus auf dem Gebiet der »Sozialdisziplinierung« – unter anderem eine Folge der zunehmenden »Entzauberung« der Welt (vergleiche Oestreich 1969d, 190) – erlauben insofern die Identifizierung der mit der Sozialdisziplinierung verbundenen Intentionen, als sich diese in reinster Form in den totalen Institutionen, den Keimzellen der Disziplinargesellschaft, abbilden. Die totalen Institutionen in der Form der Kaserne, des Zucht- und Arbeitshauses, des Waisenhauses, aber auch des Lehrerseminars, stellen die »Brückenköpfe« dar, von denen aus die Formierung der Disziplinargesellschaft betrieben wurde (ähnliche Funktionen, wenn auch in einem gänzlich anderen »Milieu«, erfüllte zu einem späteren Zeitpunkt der protestantische »Pastorenhaushalt«). Verkörpert das Zucht- und Arbeitshaus mit dem »Zuchtmeister« an der Spitze der Disziplinierungsfront das »Dampfmaschinenzeitalter« der Sozialdisziplinierung, so zeichnen sich die totalen Institutionen der folgenden Generationen durch zunehmende Perfektionierung und Technisierung sowie durch eine zunehmende Professionalisierung des Personals aus, ein Trend, der mit einem Prozeß der zunehmenden Verwissenschaftlichung der Sozialdisziplinierung einhergeht (worauf Thomas Szasz und Michel Foucault in ihren Arbeiten hingewiesen haben). Oestreich verdanken wir eine anschauliche Beschreibung der mit dem Prozeß der Sozialdisziplinierung verbundenen Intentionen:
»Der Mensch wurde in seinem Wollen und seiner Äußerung diszipliniert. Er suchte die Selbstbeherrschung als höchstes Ziel zu erreichen. Und er disziplinierte sogar die Natur in den kunstvoll beschnittenen Hecken und Bäumen der barocken Schloß-

parkanlagen und Gärten. Der soziale Prozeß fand in den Stadt-, Landes- und Reichspolizeiordnungen seinen Niederschlag ... Diese Landes- und Polizeiordnungen sind uns ein Mittel zum Verständnis des *Disziplinierungswillens.* Zunächst scheinbar nur mit dem Zweck, die alte christliche Zucht und Ehrbarkeit zu wahren oder wieder herzustellen, griffen sie dann tief in das Privatleben ein und brachten Vorschriften und Erziehungsanweisungen auf jedem nur denkbaren Gebiet. Der Gedanke der gemeinen Wohlfahrt und guten Polizei verband sich eng mit der Idee der Disziplin.
Im europäischen Polizei- und Ordnungsstaat seit dem 16. Jahrhundert wurde die Bevölkerung insbesondere der unteren Schichten zu einem disziplinierten Leben erzogen ... Die Erziehung zu Arbeitsamkeit und Fleiß weitete sich zur Erziehung zu sauber geordneter Arbeit. Man denke an diese moralisch- pädagogische und ökonomische Doppelrolle der aus bürgerlichem Geist erwachsenen, vom Frühabsolutismus erweiterten Zucht- und Arbeitshäuser« (Oestreich 1969d, 193; eigene Hervorhebung, die den intentionalen Charakter dieses Fundamentalvorganges unterstreichen soll). Die noch den »Leidenschaften« und dem »Müßiggang« verfallenen Menschen sollten dort durch Arbeit zur Arbeit, das heißt zu reibungslos funktionierenden »Erwerbsmaschinen« und gehorsamen Untertanen erzogen werden. Weitere Disziplinierungsarenen waren die Schule, das Militär, die Bürokratie und die Universität, die mit der Verbreitung der »Klugheitslehre« der prudentia civilis (Oestreich 1976, insbesondere 17ff.) eine »innerweltliche neustoische Askese und Kampfmoral« schuf, die auf »den sittlich-militanten Geist der Träger des neuzeitlichen Machtstaates, auf Heer und Beamtentum« (Oestreich 1969, 64) einwirkte.
Der Disziplinierungswille des monarchischen Absolutismus manifestiert sich nicht nur in den herrschaftlichen Polizeiordnungen, sondern vor allem auch im höfischen Zeremoniell. »Während die höfische Etikette vornehmlich am Hofe der Sicherung der bestehenden Gesellschafts- und Herrschaftsverhältnisse diente, nahmen diese Funktion im außerhöfischen Bereich die Polizei- und Landesordnungen wahr« (Plodeck 1976, 95; 121f: »Indem man den jeweiligen Gesellschaftsschichten einen unterschiedlichen Spielraum im Repräsentationsverhalten gewährte, hatte man ein wirksames Regulativ zur Ausbalancierung der gesellschaftlichen Spannungen und zur Behauptung des herrschaftlichen Machtanspruchs außerhalb des Hofes. Somit erfüllten die Polizeiordnungen in zunehmendem Maße außerhalb des Hofes die gleiche Funktion, die die Etikette innerhalb der höfischen Gesellschaft wahrnahm«). Die Rolle des höfischen Zeremoniells besteht zunächst darin, in der für jedermann sichtbaren Regelung der Rangfolge am Hofe den Herrschaftsanspruch des abso-

Ansicht des Schlosses Nymphenburg in München. Stich nach Canaletto, 1761.

Die Capriole. Radierung von Johann Elias Ridinger (1698–1767) aus seiner »Neuen Reit-Schul«.

Taxusallee im Harrachschen Garten, Wien. Stich von Salomon Kleiner, um 1738.

Disziplinierung der Natur

Der Ball. Kupferstich von Abraham Bosse (1602–1676).

Innerer Halt durch äußere Zwänge:
»Höfisches Modell«

»A little tighter«. Karikatur auf das Schnüren. Von Thomas Rowlandson, 1791.

lutistischen Monarchen im Alltag wirksam werden zu lassen und den gesellschaftlichen Status der einzelnen Ranggruppen deutlich zu machen. Darüber hinaus verkörpert das Zeremoniell am Hof den »gesellschaftlichen Zwang zum Selbstzwang« (Elias) und übernimmt insofern die Funktion einer Stütze, eines Korsetts, mit dessen Hilfe die Affekte geschnürt und gemeistert werden sollten zur Bewältigung des individuellen Lebens wie zur politischen Unterordnung. »Auch der Tagesablauf Ludwigs XIV war streng geregelt vom Moment des Erwachens bis zum Zubettgehen. Kein diszipliniererer Dienst als der am Hofe, eingezwängt in die Zeremonien, in die strengen Formen, die aber moralphilosophisch als notwendig begründet und empfunden wurden, um dem schwachen, haltlosen Menschen eine Stütze im täglichen Leben zu sein. In allen sozialen Beziehungen herrschte die Härte strenger Ordnungen, die nicht als Sklaverei begriffen, sondern als eine sittliche Verstärkung aufgefaßt wurden, ohne welche der Mensch fallen würde« (Oestreich 1969d, 192).[11]

Was der absolutistische Staat – dessen Bild weitgehend noch personalistisch blieb - auf seine Bedürfnisse zugeschnitten an »geistig-moralische(r) und psychologische(r) Strukturveränderung des politischen, militärischen, wirtschaftlichen Menschen« (Oestreich) herbeiführte (über den Fundamentalvorgang der Sozialdisziplinierung), war zugleich Vorarbeit für die neuartigen Verkehrs- und Umgangsformen der sich ankündigenden »Marktvergesellschaftung« (Weber), die insofern an die praktische Lebensführung neuartige Ansprüche stellt, als sie die für die traditionelle Gesellschaft typische »Durchtränkung der wichtigsten Lebensbeziehungen mit streng persönlichen Banden« (Weber) zunehmend ersetzt durch ein Orientierungsmuster, bei dem nicht-personale Formen der Vergesellschaftung (im Sinne marktmäßiger, »sachlich-geschäftlicher« Beziehungen) den Ausschlag geben (vergleiche Breuer 1978, 427ff.). Elias hat diese neuartigen Verhaltensanforderungen der »Marktvergesellschaftung« mit den beiden Topoi »Zwang zum Selbstzwang« und »Zwang zur Langsicht« charakterisiert, die er – und das ist das Neue an seiner Betrachtungsweise – mit der Errichtung des staatlichen Gewaltmonopols in Verbindung bringt (Elias 1976, Band 2, insbesondere 321ff.).[12]

Die allmähliche Errichtung des staatlichen Gewaltmonopols – so Elias – verdrängt die Omnipräsenz der unmittelbaren Gewaltsamkeit zunehmend aus den sozialen Beziehungen der Gesellschaftsmitglieder untereinander und führt zu einer völligen Umorganisation dieser sozialen Beziehungen. Da die Lebensbewältigung unter anderem die Reflexion immer längerer Handlungsketten (Zwang zur Langsicht) erforderlich macht, deren Berechenbarkeit mit der Berechenbarkeit der von den Gesellschaftsmitgliedern erwartbaren Verhaltensweisen steigt, führt die

»Notwendigkeit« zur Erhöhung der Voraussehbarkeit des sozialen Verhaltens zu einer Verlagerung der äußeren Kontrollmechanismen in den psychischen Apparat der Individuen. Dieser Verlagerungsprozeß ist identisch mit dem Prozeß der Ausbildung einer »Selbstzwangsapparatur«, deren Wirkungsweisen Max Weber in seiner Untersuchung zur »Protestantischen Ethik« beschrieben hat: »Jene für die sich konstituierende Disziplinargesellschaft 'eigentümliche Verengung und Verdrängung des natürlichen Trieblebens', die 'bewußte Verschlossenheit gegen die Einflüsse und Eindrücke der 'Welt' (RS I, 530), die Ausschaltung aller erotischen 'Lust', ... alles rentenziehenden Genießens und der feudalen lebensfrohen Ostentation des Reichtums, die Vermeidung aller Hingabe an die Schönheit der Welt oder die Kunst oder an die eigenen Stimmungen und Gefühle (WuG, 319) – mit anderen Worten: die rationale Versachlichung und Vergesellschaftung der rationalen Beziehungen ...« (Breuer 1978, 433). Dieses (umfassende und über das Zeitalter des monarchischen Absolutismus weit hinausreichende) Programm einer ganzen Epoche wird gleichsam in verkürzter Form erneut unter der Regie des Fabrikherrn Staub durchlaufen, der als Sozialisationsagent seiner Zeit (mit ihren spezifischen Bedürfnissen) die unteren agrarischen und insbesondere handwerklichen Schichten des ländlichen Raumes[13] innerhalb des institutionellen Rahmens des Arbeiterquartiers (das somit als Erziehungsanstalt fungiert) an die Erfordernisse der »Marktvergesellschaftung« respektive der »Zivilisation« heranführt. Für diese Schichten gilt, daß erst die Fabrik mit ihren Maschinen ihnen die härteste Konfrontation mit den Zwängen und Erfordernissen der »Zivilisation« brachte. Wenn Sombart in Anlehnung an das alte Bild vom Uhrmacher den Unternehmer zum Gott des wirtschaftlichen Rationalismus erhob – »Wenn der moderne wirtschaftliche Rationalismus einem Uhrwerk gleicht, muß es jemanden geben, der es aufzieht« (Thompson 1973, 104) –, so bringt er mit dieser Metapher zum Ausdruck, daß es der Unternehmer war, der als weltlicher Missionar für eine Verbreitung der »protestantischen Ethik« sorgte, der also das Wertesystem der »protestantischen Ethik« unter die Leute brachte, um, wie es Staub formulierte, die »Veredelung der arbeitenden Klassen« herbeizuführen, was für ihn gleichbedeutend ist mit der Fähigkeit, »sich einer gewissen Disciplin zu unterwerfen und sich an Selbstverläugnung und an die Herrschaft über sich selbst (zu gewöhnen)« (Staub 1868, 3).

4. Der Fabrikherr als Missionar und Prediger einer »methodischen Lebensführung«

»Einem jeden Menschen ist von Gott die Pflicht auferlegt, diejenige Würde zu wahren, welche dem höchsten Wesen der Schöpfung geziemt.

Diese Würde kann nur schwer gewahrt werden ohne möglichste *Unabhängigkeit* von seinen Mitmenschen.

Unabhängigkeit kann jedoch allein erreicht werden durch Besitzthum, denn der Mensch kann sich nicht allein auf den Ertrag seiner Kraft und Leistungen auf alle Zeit verlassen ... Besitzthum aber geht für den Unbemittelten vor Allem aus der Sparsamkeit hervor und die Sparsamkeit aus der Ordnung, denn auf der Ordnung beruht alles sittliche und materielle Wohl.

Sparsamkeit ist schwer, ja beinahe unmöglich ohne Führung genauer Rechnung über Einnahmen und Ausgaben.

Die Pflicht gegen sich selbst und gegen seine Nebenmenschen, um diesen nie zur Last zu fallen, sondern ihnen vielmehr in der Noth helfen zu können, und die Wahrung der Menschenwürde auferlegen Jedem, *genaue Rechnung zu führen, gleich wie über seine Handlungen in sittlicher Beziehung auch über sein materielles Soll und Haben.*

Es gibt viele Menschen, die, je mehr sie einnehmen, desto leichter sich erlauben, ihre Ausgaben über dieses Verhältnis steigern zu lassen und so niemals aus den Schulden herauskommen. Diese Wahrnehmung wird leider oft bei den arbeitenden Klassen gemacht. Nach den ewigen und unabänderlichen Gesetzen der Weltordnung trägt aber die böse That stets schon die Strafe in sich. Die Strafe für den Arbeiter, der nicht zu sparen weiß, liegt in der Verachtung derjenigen seiner Mitmenschen, welche deshalb befürchten müssen zu seiner Unterstützung in Anspruch genommen zu werden, sie liegt in der verächtlichen und brandmarkenden Benennung „Proletarier" und in fortwährend nagenden Sorgen." (Staub 1868, 44f.; eigene Hervorhebung)

Das sind die Kernsätze des Staub'schen Erziehungsprogramms, dessen »Lernziele« darauf abstellen, Ordnung in die Lebensführung der Fabrikarbeiter zu bringen, sie zur konstanten Selbstkontrolle und damit zur planmäßigen Reglementierung des eigenen Lebens anzuhalten: nicht nur durch die Führung von Haushaltsbüchern, sondern insbesondere durch die Ermutigung zur sittlichen Buchführung – eine Übung wie sie die »unheimliche Lehre des Calvinismus« (Weber) systematisch entwickelt hatte (RS I, 123f.). Dieses Erziehungsprogramm, wie es in Staubs »Beschreibung des Arbeiterquartiers« aus dem Jahre 1868 festgehalten ist, spiegelt in mehrfacher Hinsicht den »Zeitgeist« wider: Zunächst macht es sich, wenn auch in vulgarisierter Form, den Gedanken Lorenz von Steins zu eigen, daß sich Gesellschaft konstituiert aus dem Aufeinander-Angewiesen-Sein der Menschen bei der Befriedigung ihrer Bedürfnisse, wobei jeder einzelne danach strebe, jene Mittel zu erwerben, die ihn unabhängig machen. Unabhängigkeit im gesellschaftlichen Leben beruhe aber darauf, daß man andere von sich abhängig macht. Unabhängigkeit, also Freiheit, im gesellschaftlichen

Leben sei aber nur möglich durch Besitz. (Wie Helge Pross [1966, 131ff.] gezeigt hat, hat diese Verknüpfung von individueller Freiheit und individuellem Eigentum eine apologetische wie kritische Funktion, die bei Staubs vulgaristischer Variante völlig fehlt). Eine noch größere Gemeinsamkeit weist Staubs Erziehungsprogramm mit den Schriften seines Unternehmer-Kollegen Friedrich Harkort auf. [14] Harkort war 30 Jahre vor dem Erscheinen der »Beschreibung des Arbeiter-Quartiers« durch die Publikation seiner »Bienenkorb-Briefe« bekannt geworden, die an die »handarbeitende Klasse« adressiert waren. In einem dieser Briefe (vom Mai 1849) heißt es beispielsweise:

»Da spricht man viel von Proletariern, ohne das Wort zu deuten. Einen Proletarier nenne ich den, welchen seine Eltern in der Jugend verwahrlost, nicht gewaschen, nicht gestriegelt, weder zum Guten erzogen noch zur Kirche und Schule angehalten haben. Er hat sein Handwerk nicht erlernt, heiratet ohne Brot und setzt seinesgleichen in die Welt, welche stets bereit sind, über anderer Leute Gut herzufallen und den Krebsschaden der Kommunen bilden. Warum sorgen die Gemeinden selbst nicht besser für die Ausrottung dieser Zuchthauskandidaten. Ferner heiße ich Proletarier: Leute, die, von braven Eltern erzogen, durch die Verführung der großen Städte zugrunde gegangen sind; Wüstlinge und Zecher, die den blauen Montag heiliger halten als den Sonntag; verlorene Söhne ohne Reue, denen Gesetz und Ordnung ein Greuel ist ... . Nicht aber rechne ich zu den Proletariern den braven Arbeiter, dem Gott durch die Kraft seiner Hände und den gesunden Menschenverstand ein Kapital verliehen, welches ihm niemand rauben kann, es sei denn durch die Krankheit oder Alter ... Diesen ehrenwerten Leuten muß geholfen werden durch Hebung der Gewerbe, Vorschußkassen, guten Unterricht für die Kinder und Sicherstellung gegen Krankheit und Invalidität ...« (Harkort: 9. offener Brief an die Arbeiter, zitiert nach Schulte 1954, 321ff.; bezeichnenderweise läßt Harkort seinen Bienenkorb-Brief mit »Ora et labora« enden).

Harkort unterbreitete auch in seiner 1844 erschienenen Schrift »Bemerkungen über die Hindernisse der Zivilisation und Emanzipation der unteren Klassen« »praktische« Vorschläge zur Integration des Proletariats und griff dort das Zauberwort der »Assoziation« (Conze) auf, indem er die Gründung von Konsumvereinen, Sparkassen und Krankenkassen anregte (Conze 1967, 42). Besondere Bedeutung »maß er der Wohnungsfrage bei ... das kleine Haus mit Gartenland und Viehhaltung, die ländliche Wohnweise auch für den in der Stadt arbeitenden Menschen – das schien Harkort mit Hilfe der modernen Verkehrsmittel möglich zu sein« (Conze 1967, 42; vgl. auch Günter 1970, 142f.; Weisser 1975, 14ff.).

Staubs Erziehungs- (Bildungs-) Utopie basiert auf einer Verschachtelung verschiedener (mehr oder weniger direkter) Kontrollsysteme, die sich alle auf den gesamten Reproduktionsbereich (der Arbeiterfamilie) beziehen. Das System der »Kasernierung« im Arbeiterquartier ist verschachtelt mit dem Assoziations-System (in seiner korporativ-konservativen Ausprägung (Pankoke 1970, insb. 174ff., 176ff)). Die zahlreichen Assoziationen binden den einzelnen Bewohner des Arbeiterquartiers an ihre Statuten, deren Einhaltung von den Assoziations-Mitgliedern selbst überwacht wird, so daß die direkte soziale Kontrolle des Fabrikherrn die Steuerungsform der »unsichtbaren Hand« annimmt. Dadurch, daß die Kontrollmacht an die Assoziationen delegiert wird, gelingt die Uminterpretation des Sich-Fügen-Müssens in ein freiwilliges Mitmachen, wodurch es dem Fabrikherrn außerdem möglich wird, sich in die Position des »außenstehenden Dritten«, also des unabhängigen Schiedsrichters, zu manövrieren. Außerdem erspart diese Lösung des Kontrollproblems dem Fabrikherrn die Installation eines aufwendigen Kontrollapparates. Die Disziplinierungsfunktion der Assoziationen betont Staub ausdrücklich: »Abgesehen von dem Bewußtsein, ihre Mussestunden gut verwendet zu haben, lernen die Vereinsmitglieder, die so zu gegenseitiger Rücksichtnahme verbunden sind, unter einsichtiger Leitung sich einer gewissen Disciplin zu unterwerfen und gewöhnen sich an Selbstverläugnung und an die Herrschaft über sich selbst« (Staub 1868, 3). Und auch der eingangs zitierte Walesrode hat ein feines Gespür für die Funktion der Assoziationen, wenn er in seiner Beschreibung des Arbeiterquartiers bemerkt: »Was die Einrichtungen der Staubschen Heimstätte leisten und wie sie es leisten, das ist ganz dazu geeignet, um mich des bedeutungsvollen englischen Ausdrucks zu bedienen, den Arbeiter zum »Gentleman« zu emanzipieren«. Diese Bemerkung liegt ganz auf der Linie der von Staub selbst herausgestellten Disziplinierungsfunktion, hebt sie doch die am »Gentleman« so geschätzte reservierte Selbstkontrolle hervor (Weber, RS I, 117), wie überhaupt die Entstehung des Gentleman-Ideals der »reserve« aus dem Puritanismus abgeleitet wird (RS I, 117, Fn 4). Staubs Erziehungsutopie arbeitete also wie die puritanische Askese daran, »den Menschen zu befähigen, seine 'konstanten Motive', insbesondere diejenigen, welche sie selbst ihm 'einübte', gegenüber den 'Affekten' zu behaupten und zur Geltung zu bringen: – Daran also, ihn zu einer 'Persönlichkeit' in diesem, formal-psychologischen Sinne des Wortes zu erziehen.« (RS I 117).

Die Assoziationen im Rahmen der »totalen Institution« des Arbeiterquartiers üben allerdings eine widersprüchliche Doppelfunktion aus: Einerseits sollen sie jene die »Affekte« bändigende Selbstdisziplin erzeugen, welche zusammen mit der totalen Institution dazu beiträgt, eine »bewußte Verschlossenheit gegen

die Einflüsse und Eindrücke der 'Welt' (RS I 530) hervorzubringen, andererseits sollen sie aber auch mit ihren Veranstaltungs- und Bildungsprogrammen [15] jene nüchterne Alltagswelt der reduzierten sozialen Beziehungen und Wahrnehmungen bereichern, die Erlebnisfähigkeit des ganz auf die Produktion zugerichteten Menschen steigern helfen.

Auch die im vorherigen Kapitel beschriebene »Diktatur der Pünktlichkeit« steht ganz im Zeichen der Vermittlung einer »methodischen Lebensführung« und – eng damit verbunden – der Erzeugung einer spezifischen Gesinnung, »welche ... die Arbeit so betreibt, als ob sie absoluter Selbstzweck – 'Beruf' – wäre« (Weber). Wenn Max Weber den Mönch als den ersten Berufsmenschen des Abendlandes bezeichnet, so geschieht dies vor allem im Hinblick auf das in den Klöstern erreichte Maß an methodischer Lebensführung durch genaue Zeiteinteilung und stete Selbstkontrolle (wie dies in den Mönchsregeln verpflichtend festgelegt ist) und das dabei erreichte Ausmaß an Konzentration auf die vorgeschriebenen Verrichtungen, die der Dienst an Gott forderte: Sein gesamtes Tun stellte der Mönch in den Dienst an Gott, in den Dienst der (großen) Sache. Im Kloster, wie in der Disziplinaranstalt der Arbeitersiedlung, die beide einen genau geregelten und überwachten Tagesablauf gemeinsam haben, geht es in diesem Zusammenhang in erster Linie um die Herstellung einer vollständig nutzbaren Zeit, die dem Müßiggang keine Zeit mehr zur Entfaltung läßt. [16]

Daß die Vermittlung einer »methodischen Lebensführung« wie die Erzeugung eines spezifischen Arbeits- resp. Berufsethos nicht ausschließlich über ein bestimmtes Anreiz- und/oder Verbotssystem zu bewerkstelligen ist, sondern einen auf mehrere Generationen hin angelegten Erziehungsprozeß voraussetzt, der die familiäre »Erziehung« und die durch sie tradierten sozialen Gewohnheiten ablöst, hat auch Staub erkannt:

»... Man (kann) dagegen die schönsten Resultate für künftige Generationen nur auf dem Wege zur Schulbildung erhoffen. Diese hat schon im frühesten Alter zu beginnen, um den gewünschten Zweck zu erreichen. Die Kinder vom 2. bis zum 6. Jahre der Arbeiter sollten daher täglich einige Stunden der Mutterpflege enthoben und in einer ihrem Alter angemessenen Schule untergebracht werden ... Vor allen Dingen müssen die Kinder frühzeitig an anständiges Betragen, an Ordnung und Reinlichkeit gewöhnt werden ... Kinder von vorgerücktem Alter bedürfen einer guten Schule, in welcher ihnen, außer Lesen, Schreiben und Rechnen, Geographie, etwas Geschichte, Physik und Gesang gelehrt wird. Die größte Aufmerksamkeit hat der Lehrer unablässig darauf zu richten, daß die Kinder sich an Ordnung, Reinlichkeit und anständiges Betragen gewöhnen«. (Staub 1868, 3f.)

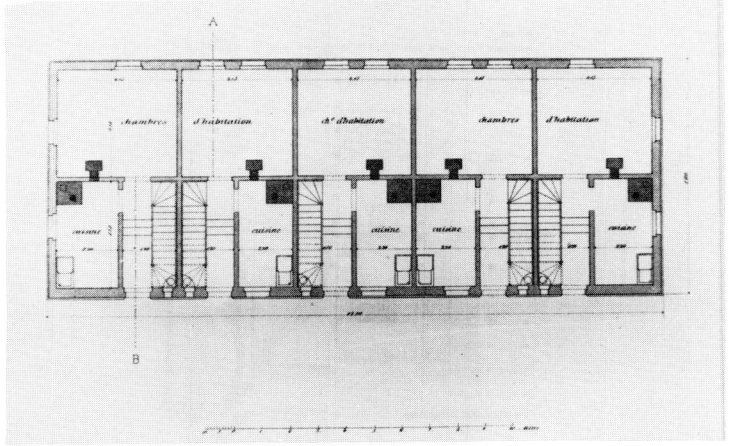

Mehrzweckgebäude. Auf dem Situationsplan (siehe Seite 21) Nr. 22. Im Erdgeschoß des Mittelbaues befanden sich die Wohnung des Lehrers und drei Wohnungen für Aufseher; im ersten Stock waren untergebracht: das Schullokal, die Bibliothek, das Lesezimmer für Männer, das Spital, die Kleinkinderbewahranstalt und ein Versammlungs- und Unterhaltungslokal für erwachsene Mädchen. In den beiden Flügeln waren kleinere Arbeiterwohnungen und ein Kaufladen installiert.

Staub gründete sowohl eine Kinder-Bewahranstalt (Walesrode zufolge nach dem System der Fröbel'schen Kindergärten eingerichtet) als auch eine Fabrikschule [17] (vgl. Schmid 1872); die Vorliebe, die deren Lehrprogramm für die Pflege der »Realien« zeigt, nährt die Vermutung, daß Staub (dessen Vater laut Eintragung im Familienregister Hombrechtikon, StAZ E III 57.17, S. 722, Zwinglianer war) dem protestantischen Pietismus nahe gestanden ist [18], da diesem die Vorliebe für die Pflege der »Realien« (Gloria 1933; Haase 1920) eigen ist, Max Weber zufolge eine Konsequenz aus der an den Puritaner gerichteten Forderung, die Heilige Schrift kennen und richtig interpretieren zu müssen (Weber 1922, 811). [19]

5. Exkurs: Zur Funktion der Industrieschule

Die von Staub propagierten Erziehungsziele der Fabrikschule legen einen Vergleich dieser Institution mit dem Ende 18. Jahrhundert verbreiteten Typ der Industrieschule nahe, zumal die gängige Interpretation von dieser behauptet (z.B. Hartmann et al 1974), sie hätte ihre Schüler auf die Bedingungen der industriellen Arbeitswelt (des Frühkapitalismus), auf die »Erfordernisse der Produktion« vorbereitet; bisweilen wird auch von den Autoren, die diesem ökonomischen Paradigma anhängen, zugestanden, daß auch das Interesse an der Sicherung des politischen status quo, der politischen Herrschaft, in diesem Erziehungssystem dominant werden konnte (z.B. Hartmann et al 1974). Leschinsky/Roeder (1976, 283ff.) haben gegenüber dieser verbreiteten Sehweise den beachtenswerten Einwand vorgebracht, daß »die Motive für die Konzeption (der Industrieschulen) und die praktischen Lernziele, auf die sie hinarbeiten sollten, in erster Linie von dem Kontext einer agrarisch geprägten Wirtschaft 'vorgegeben' (waren), in der die Bewältigung einer in jähen Teuerungskrisen kumulierenden langfristigen Verarmung das Hauptproblem darstellte« (a.a.O., 283). Auch übersehen jene Autoren, die in einer retrospektiven Betrachtungsweise an dem »Bedingungsgefüge« der Industrialisierung interessiert sind, daß in jenem Zeitraum, in dem der Typ der Industrieschule Verbreitung fand, die Entwicklung auf dem Agrarsektor – üblicherweise auf den Begriff »Agrarrevolution« gebracht (Sabean 1977, 148ff.) – bedeutender und folgenreicher war als auf dem gewerblichen Sektor (Leschinsky/Roeder 1976, 454). Gemessen an diesen beiden Einwänden läßt sich die Aussage aufrecht erhalten, daß »die Leistung der Schule im Prozeß gesellschaftlicher Modernisierung und ökonomischer Entwicklung in dieser Phase weniger in der Vermittlung spezifischer, unmittelbar verwertbarer Qualifikationen liegt, sondern in der Einübung von Normen und

Handlungsorientierungen, die diesen Prozeß stützen und erleichtern« (Leschinsky/Roeder 1976, 454). Diese vorsichtig verallgemeinernde Aussage dürfte auch die Konzeption der Kuchener Fabrikschule miteinbeziehen, deren Erziehungsziele im Kontext der gesamten Disziplinierungsanstalt, die wie eine Insel in den Agrarsektor hineinragte, leichter zu identifizieren sind: Es geht um die Vermittlung der bürgerlichen »Sekundärtugenden« der Pünktlichkeit, Ordentlichkeit, Sauberkeit etc., die sich dadurch auszeichnen, daß sie auf alle gesellschaftlichen Bereiche übertragbar sind (man geht pünktlich zur Schule, zur Arbeit und zu Bett).

Der Zugriff des Unternehmers auf die Aufzuchtphase dokumentiert aufs neue, daß neben dem Produktionsbereich der gesamte Reproduktionsbereich einer Kontrolle unterworfen werden sollte, wobei die Direktheit der Kontrolle sich dadurch verflüchtigte, daß der Fabrikherr Staub sozialpolitisch zu verstehende Maßnahmebündel anbot: für die Kleinsten die Kinder-Bewahranstalt, für die Größeren die Fabrikschule, für die Erwachsenen nicht nur ein umfassendes Freizeitangebot mit einer differenzierten Vereinslandschaft (einschließlich des kontrollierten Alkoholkonsums (vgl. Lambert 1979, der sich allerdings auf die Industriegebiete von Südwales bezieht) über eine vom Fabrikherrn betriebene Kneipe), sondern auch ein breit gefächertes Angebot an familienpolitischen Maßnahmen, auf die im folgenden eingegangen wird.

6. Der unternehmerische Zugriff auf den Reproduktionsbereich: Von der Zeitplanung zur Familienpolitik

Die geordnete Einteilung des Tages, der Woche, des Jahres hauptsächlich in Arbeits- und Freizeit, Pünktlichkeit, das gesamte straffe Reglement des zeitlichen Ablaufs des Lebens gehören zu den Selbstverständlichkeiten, die noch vergleichsweise erlebbar sind, weil man vor diesen Anforderungen so oft versagt und jedenfalls unter ihnen leidet: Daß man »mit der Zeit nicht auskommt«, daß »der Tag 48 Stunden haben müßte« gehört in manchen Kreisen (unter anderem akademischen) zu den stehenden Gesprächsthemen. Daß man »mit seiner Zeit nichts anzufangen weiß«, ist ein weniger prestigeträchtiges Thema und wird daher wahrscheinlich weniger häufig beredet, aber wohl trotzdem nicht so ganz selten erlebt. Die Pünktlichkeit des Arbeits- (oder Schul-) Beginns ist ein wichtiger Punkt in der Erziehungsanstrengung Kindern und Jugendlichen gegenüber – und gar nicht so selten einer der Gründe (wenn nicht der Grund) für berufliches »Versagen«, wie jeder Sozialarbeiter weiß. Was unseren Alltag zusammenhält und ihn so »kompakt« macht, sind unter anderem seine zeitlichen Strukturen. [20]

Die historische Dimension dieser »Tyrannei der Uhr« (Woodcock, 1977) ist leicht zugänglich z.B. über das noch aus der Volksschule erinnerte »Nürnberger Ei« des 16. Jahrhunderts, die erste etwas verbreitetere Taschenuhr, der Erfindung des Federantriebs zu verdanken, so wurde uns damals erzählt. In der Erscheinungsform der Eieruhr tritt einem bei der Zubereitung des weichen Eis zum Frühstück die historische Reminiszenz an Sanduhren gegenüber. Und die Sonnenuhr, die sich gelegentlich an historischen Gebäuden findet, hat sich in den Stammbuchvers gerettet, wo sie »die schönen Stunden nur« zählt. Wie immer, wenn wir es mit technischen Entwicklungen zu tun haben, befällt uns das Gefühl des Fortschritts, die Dimension eines überwundenen »finsteren Mittelalters« tut sich auf, in dem die Menschheit nicht über die heutigen Wunderwerke der Präzision in der Technik der Zeitmessung verfügte. Die ganze Ambivalenz gegenüber der Zeit drückt sich dann freilich auch in nostalgischen Romantizismen vom »Leben auf dem Lande« aus, das von den »natürlichen Rhythmen« der Gestirne, den Hühnern und allenfalls noch der Kirchturmuhr reguliert war. Bei aller Selbstverständlichkeit – andere, meist als »geruhsamer« verstandene Formen der zeitlichen Organisation des Alltags sind als Vorstellung präsent.

Ebenso präsent ist wahrscheinlich, daß sich die heutige Form der Zeitorganisation hauptsächlich aus den Anforderungen des Arbeitslebens ableitet. In privaten Zeitkoordinationen lassen die Verabredungen meistens Raum zumindest für »Verspätungen« und planen klugerweise eine halbwegs erträgliche Zwischensituation für den Wartenden ein (das Rendezvous unter der Normaluhr, wo der junge Mann sich die Zeit hauptsächlich damit vertreibt, daß er den zunehmenden Verfall des Blumenstraußes beobachten kann, ist wohl in erster Linie Domäne der Cartoonisten). Zeitorganisation wird primär erfahrbar als Disziplinaranforderung und damit als Zusammenhang zwischen Arbeitsdisziplin und Zeitdisziplin. Das Beispiel des Weckers läßt den Zusammenhang zwischen Zeitdisziplin und Arbeitsdisziplin, damit Gegebenheiten der Produktionsweise, besonders leicht deutlich machen.

Daß es so etwas wie die Weckeruhr, eine kleine private Apparatur, die einen zu einem vorher bestimmten Zeitpunkt aus dem Schlaf reißt, überhaupt gibt, verweist auf eine ganze Reihe von Gegebenheiten der Gesellschaftsorganisation:

1) Der Tagesanfang ist mit einem vorher bestimmten Zeitpunkt festgelegt, also unabhängig vom Rekreationszustand des Aufgeweckten.

2) Dieser Tagesanfang liegt zu einem Zeitpunkt, zu dem man jedenfalls nicht mit hinreichender Sicherheit von selbst aufwachen würde, also einem, zu dem man nicht voll »ausgeschlafen« ist. (Alle Zeitbudget-Studien zeigen, daß am Wochenende länger geschlafen wird als während der Arbeitswoche, und zwar in der Größenordnung von eineinhalb Stunden mehr; vgl. Robinson et al. 1972, 130).

3) Die »Privatheit« der Apparatur verweist auf die Trennung von Arbeits- und Schlafplatz. In Internaten, Klöstern, Kasernen, Gefängnissen, Arbeitslagern ist kein privater Wecker nötig, dort wird zentral geweckt.

4) Es gibt keinen für alle Gesellschaftsmitglieder verbindlichen, voll standardisierten Tagesbeginn. Wäre das so, könnte man nämlich auch bei Trennung von Arbeits- und Schlafplatz mit einem zentralen Signal das Problem lösen: Die Kirchenglocken etwa könnten bei uns wieder diese Funktion übernehmen.

5) Die Tatsache des Weckers verweist auch auf die Gestaltung des Abends, die Organisation des Zu-Bett-Gehens also, zurück: Gäbe es keine Anforderungen, die den Beginn des Schlafens verzögern, wäre ebenfalls das morgendliche Aufstehen weniger prekär. Wenn man zu wenig Schlaf bekommt, heißt das auch, daß der Tag zu kurz ist. Dabei fällt auf, daß der Abend und der Morgen von verschiedenen sozialen Einrichtungen beansprucht werden: der Morgen meist von der Arbeit, der Abend von Privatem (samt der zugehörigen Industrie, die die private Zeit organisiert und für ihre Zwecke nützt). [21]

All das verweist zunächst auf eine Produktionsweise, in der Arbeit relativ zentralisiert und im Zusammenwirken großer Zahlen von Produzenten stattfindet, prototypisch also in Fabriken. Solche rein technischen Erklärungen aus der Arbeitsteiligkeit sind für viele angenehm, weil technisch Funktionales immer noch einen Schimmer von Unausweichlichkeit an sich hat und deshalb (und darüber hinaus) Legitimität transportiert. Der Kritiker pflegt dem das Wort »Ausbeutung« entgegenzuhalten. Das Problem damit ist allerdings, daß Ausbeutung (also eine möglichst große Differenz zwischen Wert der produzierten Waren und Wert der dafür notwendigen Arbeitskraft) nicht nur über Zeitdisziplin funktioniert. Sobald einmal eingeführt ist, daß die Arbeitskraft in Form einer bestimmten Arbeitszeit eingekauft wird, versteht es sich, daß der Käufer Interesse am möglichst billigen Einkauf einer möglichst großen Menge Arbeitszeit, Interesse an Lieferung auch der gesamten eingekauften Arbeitszeit und damit an Zeitdisziplin hat. Das Problem ist nur, daß Akkordsysteme für ihn viel günstiger und einfacher handhabbar wären (und sind). Die kritische Frage ist daher: Wie kommt es überhaupt zur Zeitentlohnung?

Man muß hier der Auffassung z.B. von Max Weber folgen, daß der Lohnanreiz nach beiden Seiten seine Begrenzungen hat: Bei einem Akkordsystem senkt zu hoher Lohn (bei »traditioneller« Arbeitshaltung) die Leistungswilligkeit, zu niedriger Lohn die Leistungsfähigkeit. Notwendig ist vielmehr »eine Gesinnung, welche ... die Arbeit so betreibt, als ob sie absoluter Selbstzweck –

»Beruf« – wäre. Eine solche Gesinnung aber ist nichts Naturgegebenes. Sie kann weder durch hohe noch durch niedere Löhne unmittelbar hervorgebracht werden, sondern nur das Produkt eines lang andauernden Erziehungsprozesses sein« (Weber, 1965, 52). Weber nennt auch genauere Gründe für das Ungenügen des reinen Lohnanreizes: »Dies ist eben ein Beispiel desjenigen Verhaltens, welches als 'Traditionalismus' bezeichnet werden soll: der Mensch will 'von Natur' nicht Geld und mehr Geld verdienen, sondern einfach leben, so leben, wie er zu leben gewohnt ist, und soviel erwerben, wie dazu erforderlich ist. Überall, wo der moderne Kapitalismus sein Werk der Steigerung der 'Produktivität' der menschlichen Arbeit *durch Steigerung ihrer Intensität* begann, stieß er auf den unendlich zähen Widerstand dieses Leitmotivs präkapitalistischer wirtschaftlicher Arbeit …« (1965, 50; eigene Hervorhebung). »Gewiß verlangt der Kapitalismus zu seiner Entfaltung das Vorhandensein von Bevölkerungsüberschüssen, die er zu billigem Preis auf dem Arbeitsmarkt mieten kann. Aber ein Zuviel an 'Reservearmee' begünstigt zwar unter Umständen sein quantitatives Umsichgreifen, *hemmt aber seine qualitative Entwicklung,* namentlich den Übergang zu Betriebsformen, welche die Arbeit intensiv ausnutzen« (1965, 51; eigene Hervorhebung). Der Sprung auf die »Gesinnung« erfolgt freilich etwas abrupt und wie sinister zumindest manche Formen des »lang andauernden Erziehungsprozesses« waren, ist erst noch zu prüfen. Aber grundsätzlich wird man diesen Bemerkungen Max Webers entnehmen können, daß in erster Linie die Arbeitsintensität und die Versuche, sie noch zu steigern, mit dem Mittel des reinen Lohnanreizes (positiv oder negativ) nicht auskamen und zusätzlich Zeitdisziplin erforderlich oder wenigstens wünschenswert machten. Dabei kann man davon ausgehen, daß diese »Zeitdisziplin« zunächst darin bestand, die Arbeiter überhaupt dazu zu bewegen, regelmäßig zur Arbeit zu erscheinen. Dieser Wunsch wird begreiflicherweise umso stärker, je mehr Anlernzeit mit der jeweiligen Tätigkeit verbunden ist. Besonders deutlich wird das dementsprechend bei Lehrverhältnissen. Lujo Brentano schildert 1875 vor dem Verein für Socialpolitik in einer Zurückweisung der Argumente Adam Smith' gegen die Lehre überhaupt aus dem Jahr 1776 die Verhältnisse zu jener »Zeit, da der erwachende Großbetrieb den Kampf gegen das Lehrlingsgesetz, das ihn hemmte, zwar längst begonnen, da die Erfindungen von Hargreaves, Arkwright und Watt den ganzen Gewerbebetrieb jedoch noch nicht revolutionirt hatten und die alte gewerbliche Ordnung noch vorherrschend war« (Brentano 1875, 51), so: »Denn begiebt sich ein Junge, um ein Gewerbe zu erlernen, zu einem Lehrer, so muß dieser Lehrer remunerirt werden. Welches Entgelt aber kann ein armer Junge, der Sohn armer Eltern, ihm anbieten. Er hat kein Geld; wohl aber hofft er eines Tages, wenn er sein Gewerbe erlernt hat, Geld zu verdienen. Er verpfändet daher seinem Lehrer oder vielmehr beim Großbetriebe dem Unternehmer, der ihm einen Arbeiter zum Unterricht zuweist, seine zukünftigen Arbeitsjahre in einem Lehrvertrage. In diesem Vertrage verpflichtet sich der Unternehmer, einen Jungen zu lehren, und als Entgelt verpflichtet sich der Junge, für eine gewisse Zeit für den Unternehmer zu arbeiten« (Brentano 1875, 53).

Brentano weiß auch noch gleich Maßstäbe für die gerechte Dauer solcher Verträge anzugeben: »In allen Gewerben aber läßt sich dieser Zeitraum in zwei Perioden eintheilen: in die erste, in welcher der Unternehmer umsonst lehrt, resp. lehren läßt; sie endet gerade an dem Punkte, an dem die Arbeit des Lehrlings werthvoll zu werden beginnt; und in die zweite, in welcher der nun schon vorgeschrittene Lehrling umsonst arbeitet; sie endet naturgemäß, wenn dem Unternehmer ein Aequivalent für die auf die Lehre verwendete Mühe oder Summe Geldes durch Arbeit gegeben ist. Diese Periode wird aber noch etwas länger dauern müssen, so lange nämlich, bis die Arbeit des Lehrlings dem Unternehmer auch den von demselben während der Lehrzeit empfangenen Lohn ersetzt hat. Der Unternehmer bezahlt nämlich zweckmäßig seinem Lehrling während der Lehrzeit auch Lohn, um ihm den Antrieb zu geben, fleißig zu sein« (Brentano 1875, 53).

Mit der Aufhebung der Verpflichtung zum Abschluß von Lehrverträgen (1814 in England, 1859 in Österreich, 1869 für den norddeutschen Bund) traten die übelsten Verwilderungen ein: »Es besteht alsdann keinerlei rechtliches Band zwischen Unternehmer und Lehrling. Der Unternehmer kann nach Belieben den Jungen entlassen, der Junge das Verhältnis aufkündigen. Der Unternehmer hat keine rechtsgültige Verpflichtung zu lehren, respektive lehren zu lassen, der Lehrling keine, zu arbeiten. Und eben wegen des letzteren Mangels ist es nicht wahrscheinlich, daß der Unternehmer auch nur versuchen werde zu unterrichten, da er nichts dabei gewinnt: denn sobald der Junge etwas zu können vermeint, eilt er fort, um einen anderen Arbeitgeber und höheren Lohn aufzunehmen … Der Lehrling findet daher bald, daß er nicht angenommen wurde, um gelehrt, sondern um ausgenutzt zu werden; daß der Zweck seines Arbeitgebers nicht der ist, ihn in's Gewerbe einzuführen, sondern soviel Vortheil wie möglich aus ihm zu ziehen. Er muß gewöhnliche Arbeit verrichten und lernt die feinere Arbeit nie kennen. Er wird frühzeitig gegen Stücklohn beschäftigt und erlernt deshalb sein Gewerbe nie ganz, da er dadurch veranlaßt wird, nur gewisse einzelne Fertigkeiten im Gewerbe zu erlangen« (Brentano 1875, 55f.).

Unabhängig davon, ob ein Vertrag an diesen zuletzt beklagten Zuständen viel geändert, nicht vielmehr den Lehrling nur für eine viel längere Zeit in eben dieselben Zustände gezwungen haben mag, wird in diesen Erwägungen doch das Unternehmerinteresse an längerdauernden Arbeitsverhältnissen deutlich. Auf derselben Tagung des Vereins für Socialpolitik schildert Friedrich von König, ein aufgeklärter »Fabrikbesitzer in Oberzell bei Würzburg« seine Bemühungen, das Problem auch ohne Vertrag zu lösen: »Bis zu erreichtem Conscriptionsalter wird ein Jeder als Lehrling betrachtet und gehalten. Dieser Bestimmung den gehörigen Nachdruck zu geben, bleibt per Tag 1 Kr. des Lohns als Caution stehen, das Doppelte legt die Firma in die Cautionskasse, gleichsam als eine Prämie. Der so sich sammelnde Betrag verfällt, und zwar zu Gunsten der Arbeiter, wenn der Lehrling vor beendeter Lehrzeit austritt, dagegen wird ihm Caution und Prämie sammt aufgelaufenen Zinsen, bei Aufnahme in den Arbeiterverband ausgezahlt, nachdem er seine Lehrzeit pflichttreu durchgemacht … Ähnlich ist es mit der hier bestehenden Soldatenkasse. In dieselbe zahlt jeder Lehrling gleichfalls 1 Kr. per Tag, die Firma das Dreifache. Wer Soldat wird, erhält jährlich im Dienst so viel, als er bis dahin in Summa beigesteuert hatte (bei 6-jähriger Lehrzeit circa 28-30 fl.), der von der Firma eingezahlte Betrag wird für ihn in der Fabrikssparkasse angelegt, so daß der vom Dienst heimkehrende Soldat ein für ihn gespartes Capital von 100-150 fl. vorfindet. Diese Einrichtung spornt, ähnlich wie die Cautionskasse, den Lehrling an, willig seine Lehrlingszeit auszuharren, sie macht außerdem die heranwachsende Jugend empfänglicher für die Ehre des Waffendienstes« (von König 1875, 5).

Herr von König hat übrigens sein ausgeprägtes Interesse für die schulische Ausbildung auch seiner Lehrlinge offensichtlich weniger wegen der nützlichen beruflichen Kenntnisse und Fertigkeiten, die dabei erworben werden können. Jedenfalls erwähnt er sie mit keinem Wort. Vielmehr geht es dabei um die Disziplin. Das wird besonders deutlich in einer Passage über die »Jugend der besseren Stände«: »Die Jugend der besseren Stände wächst unter einer viel strengeren Zucht heran. Gehorsam beugt sich noch der 19jährige Primaner unter der straffen Ordnung der Schule. Ob freudig oder widerwillig, der Knabe muß sich von früher Jugend an an hartes, ernstes Arbeiten gewöhnen, er muß lernen zu gehorchen, sich und seine Neigungen unterzuordnen, – und derjenige, welcher es nicht thut, wird ausgestoßen. So wird in Deutschland jener kernige Stamm ernster und pflichttreuer Männer, jener Beamtenstand herangezogen, dem die höchste Aufgabe: die Verwaltung des Gemeinwesens, anvertraut ist, arbeitsam, mäßig in den Ansprüchen, arm an äußeren Gütern, – aber geachtet vor Anderen« (von König 1875, 8).

Auch die »Ehre des Waffendienstes« sieht von König in diesem Disziplinarzusammenhang, und zwar sehr realistisch so, daß die disziplinierende Wirkung zunächst einmal davon ausgeht, daß man sich diese »Ehre« sparen möchte: »Und auch der angehende Commis, oder der verwöhnte Sohn reicher Eltern, dem der eigene Trieb fehlt, er ist, wenigstens bis zu einem gewissen Grade, der gleichen zwingenden Nothwendigkeit unterworfen. Denn in der Ferne winkt die Conscription, da hilft jetzt kein Reichthum mehr: besteht er sein Einjährigenexamen nicht, so kann er drei Jahre in der Kaserne darüber nachdenken, welche Früchte es bringt, in der Jugend nicht ausgelernt zu haben. Es ist dies, neben manchen anderen heilsamen Einwirkungen, eine der segensreichsten Consequenzen unserer vortrefflichen Wehrgesetze« (von König 1875, 8). Dementsprechend kommt zuletzt auch der vorsichtige Vorschlag, das Privileg der Gymnasiasten auf die Ausbildung überhaupt auszuweiten: »Sollte es nicht möglich sein, auf dem Wege der Gesetzgebung einen Modus zu finden, welcher gewisse Vortheile, sowie Nachtheile in Betreff der Militärdienstzeit an das Maß der erreichten und bis zur Conscription bewahrten Schulausbildung knüpft?« (von König 1875, 8).

Wie man sieht, wird hier einiges an Einfallsreichtum aufgewendet, um Lohn- und Prämiensysteme mit Zeitdisziplin – in den Beispielen mit der langfristigen Zeitdisziplin der Betriebstreue – in Verbindung zu setzen. Bezüglich der kurzfristigen, täglichen Zeitdisziplin, der Pünktlichkeit, braucht man den Einfallsreichtum weniger zu strapazieren: Hier wird einfach mit finanziellen Strafen gearbeitet. In den Fabrikordnungen finden sich gewöhnlich Bestimmungen über die Geldbußen, die bei Unpünktlichkeit zu Arbeitsbeginn oder -schluß und in der Pausengestaltung einbehalten werden. Falls es dabei um die »Gesinnung« ging, so hatte der »lang andauernde Erziehungsprozeß« dazu jedenfalls eine solide materielle Unterfütterung.

An dieser Stelle tritt Punkt 5 der Implikationen unserer Weckeruhr ins Blickfeld: Wenn man die gewünschte Pünktlichkeit am Morgen wirklich mit einiger Zuverlässigkeit herstellen will, muß man den Abend davor regulieren. Das hat auch einige zusätzliche Vorteile, die im folgenden Zitat, nochmals von Herrn von König, deutlich ausgesprochen werden: »Leichtlebig ist die Jugend; mit dem ihr eigenen Ungestüm leert sie den Kelch materiellen Genusses, ohne an die Zukunft zu denken; es sind, um einen gewagten Vergleich anzuwenden: die Studentenjahre des Arbeiters. Und wie all' sein bisheriges Thun den Stempel des Unzeitigen getragen, so ist es häufig mit dem Schluß: der Ehe. Vorzeitig wird geheiratet, manchmal überdies als 'bessere Hälfte' eine gleichfalls 'eigenzimmernde' Habituée vom Tanzboden geholt – – und nun beginnt die Kehrseite. Die Einnahme bleibt, die Ausgaben wachsen lawinenartig; nichts im voraus gespart, ungewohnt und unfähig mit Geld vernünftig zu wirthschaften, unwillig, die seitherigen Lebensgewohnheiten zu beschränken, – und so verliert das Familienleben bald seinen Reiz; je mehr die Familie

Kuchen: Bruchstücke einer Idylle

44

Kuchen: Bruchstücke einer Idylle

wächst, um so zerrütteter werden die Verhältnisse, aus dem frühreifen Lehrling ist einer jener verbitterten Männer geworden, welche, statt prüfend bei sich selbst anzufangen, mit Staat, Gesellschaft, Kirche und der göttlichen Weltordnung hadern. Dies Bild ist nicht Phantasie, es ist Wahrheit aus dem wirklichen Leben; es mag nicht gerade auf die Mehrheit der Lehrlinge überhaupt anwendbar sein, sicherlich aber auf die Mehrheit derjenigen, welche Bekenner der socialistischen Lehren werden – aus den Reihen frühreifer, mangelhaft ausgebildeter Lehrlinge erhält die Socialdemokratie fortwährend den sichersten Zuwachs« (von König 1875, 4). Die Disziplin des Arbeiters setzt ein »geordnetes Leben« auch außerhalb der Arbeit voraus. Geordnet ist dieses Leben, wenn es im Rahmen einer wirtschaftlich sanierten und sonst harmonischen Ehe und Familie verläuft. Der aufgeklärte Unternehmer bekommt Interesse an Familienpolitik.

7. Die »Verhaustierung« des Proletariers als Ziel unternehmerischer Familienpolitik oder der Zwang zu einer relativen Ordnung der Lebensführung durch die Ehe

»... Man wecke den Sinn der Häuslichkeit und des Familienlebens, man verbreite den Unterricht und befestige die Prinzipien der Religion und der Moral, es werden dann die Väter und die Mütter an die Zukunft ihrer Kinder denken und diese aber die Stützen ihrer Eltern werden.
Wenn es in solcher Weise gelingt, dem Arbeiter den ganzen Werth der häuslichen Tugenden und seiner intellektuellen Vervollkommnung zum Bewußtsein zu bringen, so wird man das wünschenswerthe Ziel erreichen, in ihm eine innere Befriedigung hervorzurufen, wie sie nach den unabänderlichen Gesetzen der Weltordnung diejenige Gemüthsruhe gewährt, welche das Streben nach dem Guten und Höhern allein zu bewirken vermag. Diese innere Zufriedenheit, da sie auch die menschlichen Unvollkommenheiten in milderm Lichte zu beurtheilen befähigt; wird daher überdies zur besten Schutzwehr der bestehenden staatlichen Einrichtungen und zur sichersten Gewähr, daß deren weitere Fortentwicklungen stets nur im Sinne der Ordnung und der Gesetzlichkeit geschehen dürfen.
Der Arbeiter fernerhin von der Misstimmung befreit, welche ein ungeordnetes und verthiertes Leben stets im Gefolge haben ..., wird nicht nur mit ruhigem Gemüth und gehobener Stimmung seine Arbeit verrichten, sondern der Gedanke an seine Familie, an seinen wachsenden Wohlstand werden jene ihn so lieb gewinnen lehren, daß sich dadurch sein Eifer und selbst seine Leistungen verdoppelt finden müssen.

Den Arbeitgeber anbelangend, so wird er sich seiner Seite für seine Bemühungen, seine Geduld und seine Geldopfer dadurch entschädigt finden, daß er sich einen anhänglichen Arbeiterstand geschaffen hat, der, indem er sich seine aufgeklärte Anschauungsweise zu eigen macht – ebenso sehr den nothwendigen Unterschied in ihrer gegenseitigen Stellung als auch ihre gemeinsamen und untrennlichen Interessen begreift, und deshalb seine Industrie sowohl in Betreff deren Qualität als auch deren Quantität auf die blühendste Stufe der Vervollkommung bringen wird« (Staub 1868, 18f.).
Diese Passage enthält Staubs Rezept zur »Veredlung der arbeitenden Klassen«: den »Proletarier« in alltägliche Verrichtungen zu verstricken, ihn an Haus, Gärtchen und Familie zu binden, ihn in Vereine zu integrieren, so daß er von der Routine des Alltags eingeschläfert wird, ohne dabei das Selbstwertgefühl zu verlieren. Denn der »Proletarier« wähnt sich beschäftigt und aktiv, ohne dabei zu bemerken, daß er »auf der Stelle tritt«. Dieses Konzept der »Verhaustierung« des Proletariers ist darauf angelegt, ihm die eigene »kleine Welt«, die bis zum Vorgarten reicht, in den Mittelpunkt des Interesses zu rücken, um auf diese Weise, trotz gegebener Organisationsfähigkeit, »Politikferne« zu erzielen.
»In der Tat, Hühner, die gefüttert werden wollen, Kaninchen, die einen neuen Stall brauchen, Kohlköpfe, die gegossen werden müssen, reparaturbedürftige Dachrinnen, sind ernstzunehmende Gegner des Klassenbewußtseins, das ohne Versammlungsbesuche, intensive Zeitungslektüre und Stammtischdiskussionen nicht wachzuhalten ist. Das vielgerühmte einfache Leben, das nichts anderes ist als ein unermüdliches Herumpuzzeln in Haus und Garten, nimmt dem durch die Berufsarbeit schon angebundenen Menschen die letzte Chance, zur Besinnung und Konzentration zu kommen oder einen Blick über den Gartenzaun in die Welt zu werfen« (Bahrdt, zitiert nach einem Rundfunkmanuskript).
Dem so geschaffenen »eingezäunten Bewußtsein« entsprach der Wunsch des Fabrikherrn, das von ihm und seiner Schicht »vorgelebte« bürgerliche Familienideal der Harmonie, Intimität und Abschließung nach außen an die Arbeiterklasse weiterzugeben durch den Zwang, wie er von der Innenarchitektur der Arbeiterwohnungen ausgeübt wurde:
»Für Arbeiterfamilien, die keiner Dienstboten bedürfen, geben wir Wohnungen mit dem Eingang durch die Küche den Vorzug. In diesem Fall sieht die Hausfrau alles, was um sie vorgeht, die Aufsicht über die Kinder ist ihr erleichtert, alle Beziehungen der Familie werden lebendiger, deren Glieder gehören sich inniger an und können sich so leichter gegenseitig in den Hausgeschäften unterstützen; der häusliche Herd bildet dann in Wahrheit den Vereinigungspunkt der Familie« (Staub 1868, 8f.).

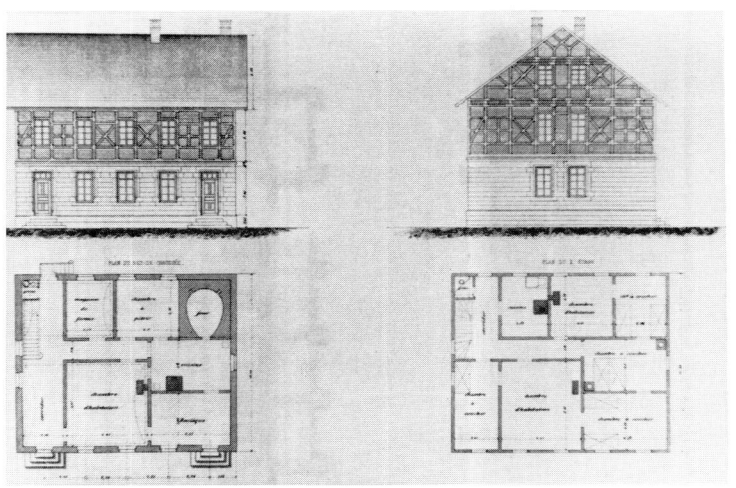

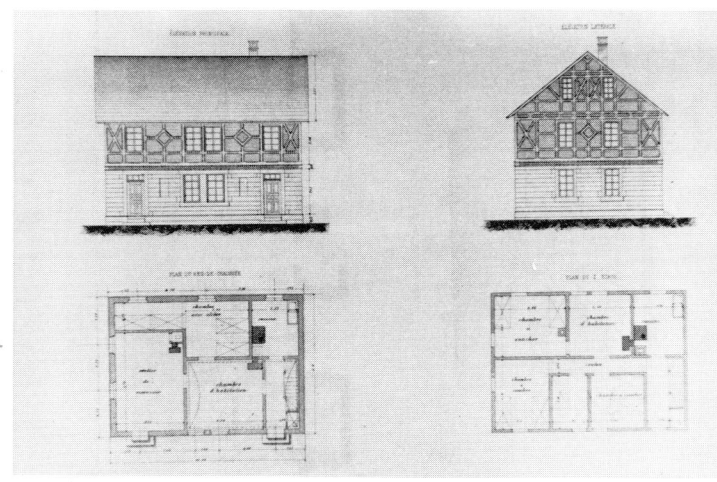

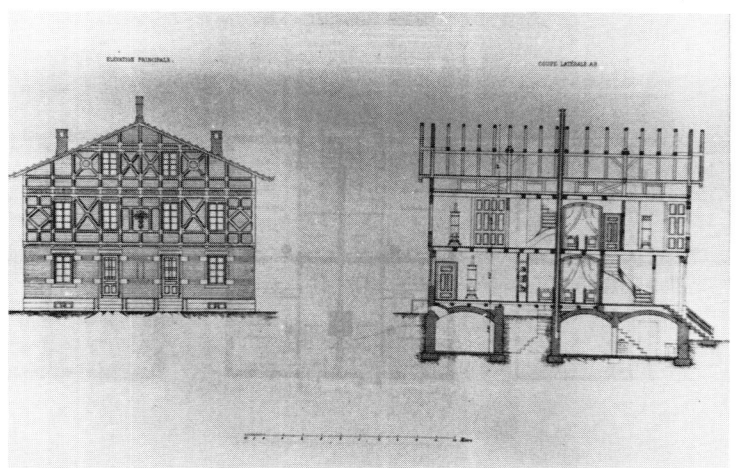

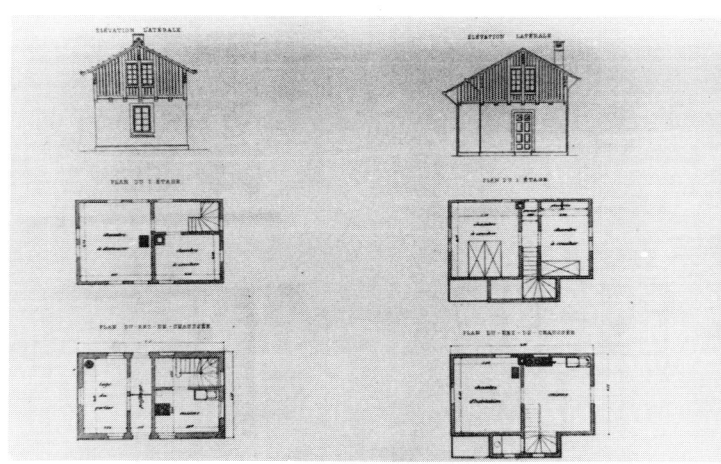

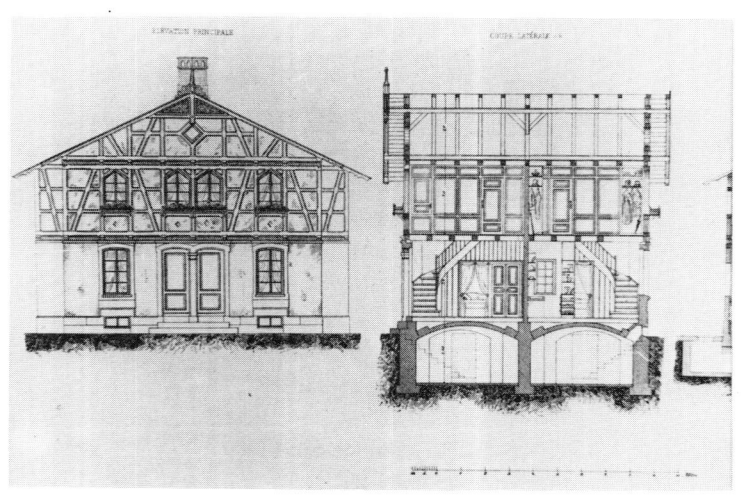

Die geplante Häuslichkeit

Schnitte des sogenannten Schweizerhauses mit kompletter Inneneinrichtung.

Die Innenarchitektur der Arbeiterwohnungen, insbesondere der Wohnküche, spiegelt das Ideal der gutsituierten bürgerlichen (Klein-) Familie des 19. Jahrhunderts wider, »in welcher der Vater die gesellschaftliche Stellung bestimmte, die Mutter die Häuslichkeit gestaltete, beide verbunden in ehelicher Liebe (was immer das auch sein mochte), verbunden im Interesse an der Aufzucht wohlgeratener und wohlerzogener Kinder ...« (Weber-Kellermann 1974, 107). Der darin zum Ausdruck kommende Rückzug in die Privatheit und die offensichtliche sentimentale Auffüllung des innerfamiliären Bereichs verweist auf den höchst konkreten Vorgang des Funktionsverlustes und der zunehmenden Entmündigung der Familie im öffentlichen Bereich. Was auf gesamtgesellschaftlicher Ebene sich als ein vom Einzelnen kaum beeinflußbarer Prozeß vollzog, stellte sich hier als eine von einem einzelnen Fabrikherrn initiierte Strategie dar: mit der Steigerung der Attraktivität des häuslichen Bereichs den öffentlichen Bereich zunehmend uninteressant werden zu lassen.

Das bürgerliche Familienideal konnte jedoch in dem vom Fabrikherrn geschaffenen Heim nicht heimisch werden, da durch die sozio-ökonomischen Strukturen die Funktionen der Kleinfamilie gerade für die Arbeiterfamilie auf die einer »Wohn- und Eßgemeinschaft« reduziert wurden (Weber-Kellermann 1974, 132ff.), da alle Mitglieder der Arbeiterfamilie (Mann, Frau und Kinder) in der Fabrik ihren langen Arbeitstag verbrachten (Rosenbaum 1978, 44ff.). Für dieses Faktum haben wir in Ludwig Walesrode einen unverdächtigen »Zeugen«, den wir deshalb ausführlich zu Wort kommen lassen wollen:

»Es herrschte in sämtlichen Wohnungen, die ich besuchte, wie überhaupt in dem ganzen Quartiere, eine fast lautlose Ruhe. Die Männer und die erwachsenen Kinder waren in der Fabrik an der Arbeit, die schulpflichtigen Knaben und Mädchen in der Schule, die Kleinsten in der Kleinkinderbewahranstalt. Auch die meisten Frauen waren in der Fabrik beschäftigt, während irgend ein älteres weibliches Mitglied der Familie die Küche und das Hauswesen besorgte. Aber diese *stillen Wohnungen* legten dem Beobachter ein beredtes Zeugniß ab über die materielle und sittliche Lage ihrer Bewohner und den waltenden Familiengeist. Überall herrschte Sauberkeit und Ordnung. In vielen Wohnungen entsprachen Hausgeräth und der Schmuck der Zimmer mehr als bescheidenen Ansprüchen. Sie glichen der Ausstattung einer behäbigen Wohnung des *bürgerlichen Mittelstandes*. Ich fand polirte, zueinander gehörige Möbel in eleganter Form; hie und da sogar an Luxus streifende Gegenstände, wie zum Beispiel goldgerahmte Spiegel und Bilder, Fauteuils, sogar an mehreren Kommoden Bronzeuhren unter Glasglocken. Doch will ich nicht verschweigen, daß die Prachtstücke theilweise von dem Fabrikchef herrühren als Weihnachtsgeschenke, oder wie ich bereits

erwähnt, als Prämien für Familien, deren Hauswesen sich durch Ordnung und Sauberkeit musterhaft auszeichnet« (Walesrode 1866, Nr. 44, 708; eigene Hervorhebung).

Walesrode bestätigt noch einmal die Absicht des Fabrikherrn, das bürgerliche Familienideal durch eine bestimmte Innenarchitektur herbeizuzwingen (auch der vom bürgerlichen Mittelstand gepflegte Geschmack wurde unter die Arbeiter gebracht durch eine geschickte Instrumentalisierung der verschiedenen Wettbewerbssysteme), ungewollt entlarvt er aber die familienpolitische Konzeption des Fabrikherrn als »Fassadenarchitektur«: Es sind »Geisterwohnungen«, in denen eine »fast lautlose Ruhe« herrscht und der häusliche Herd die Nestwärme inniger Familienbeziehungen deshalb nicht zu erzeugen vermag, weil die »Hüterin« des Herdes mit ihren Familienmitgliedern zusammen den Tag in der Fabrik verbringt (bei Schichtdienst auch die Nacht).

Wenn der Familienpolitiker Staub andererseits den »Sinn für Häuslichkeit und Familienleben« zur besten »Schutzwehr der bestehenden staatlichen Einrichtungen« erklärt, weist er auf eine spezifische Beziehung zwischen Staat und Familie hin: Es ist die Identität zwischen familialer und gesamtgesellschaftlicher Legitimierung von Autorität bei vorwiegend traditional orientierten Gesellschaftssystemen (zum Beispiel Weber 1956, 130f., 588f.; Horkheimer et al. 1936). Die im Familienverband vorgeformten Autoritätsstrukturen und die dort gepflegten Legitimitätsmuster bilden eine »innere Stütze« für die (patriarchalisch-autoritär ausgerichteten) Machtstrukturen der Gesellschaft. Oder auch anders herum betrachtet: »Die Autorität des Familienvaters (ist) nicht zufällig, sondern (findet) ihre Begründung in der Autoritätsstruktur der Gesamtgesellschaft. Der Familienvater erscheint für das Kind zwar als erster Vermittler dieser Autorität, ist aber (inhaltlich gesehen) 'nicht ihr Vorbild, sondern ihr Abbild'« (Horkheimer et al 1936, 88, zitiert nach Weber-Kellermann 1974, 188.) Insofern verbergen sich hinter dem scheinbar politikfernen Konzept der »Verhaustierung« des Proletariers höchst reale politische Absichten, die sich unter anderem auch darin manifestieren, den hohen Grad der Übereinstimmung der Autoritätsstrukturen im familiären, politischen und wirtschaftlichen Leben als Ausdruck der »unabänderlichen Gesetze der Weltordnung« auszugeben. (Insofern erscheinen diejenigen, die die bestehende (»heilige«) Ordnung kritisieren beziehungsweise verändern wollen, als »Frevler«).

Doch selbst dieses ausgeklügelte System der An- und Einbindungen zeigte sich für »Störungen« anfällig: So legten 1863 englische Arbeiter, die zum Anlernen der einheimischen Arbeiter für zwei Jahre eingestellt worden waren, für einige Tage die Arbeit nieder, weil ihnen die Firma vom Lohn einen Gulden abgezogen hatte. Und am 11.2.1872 streikten etwa 40 Arbeiter und versuchten – allerdings vergeblich – die folgenden Forderungen durchzusetzen: die Einführung des 12-Stunden-Arbeitstages, das Abstellen der Maschinen in der Mittagspause, die Erhöhung des Weberlohnes (um 2 Kreuzer pro Stück), die Beibehaltung der Prämien, die Verwaltung der Krankenkasse durch die Arbeiter selbst und die Auflösung der Pensionskasse sowie die Ausbezahlung der eingezahlten Beiträge (diese Forderung wurde damit gerechtfertigt, daß in zwei Fällen den Hinterbliebenen eine Unterstützung aus der Pensionskasse verweigert worden war, obwohl die Voraussetzungen für die Gewährung von Pensionsgeldern erfüllt gewesen seien (Der Volksstaat vom 28. 2. 1872). [22] Dem Fabrikanten Staub fiel die Brecht'sche Lösung ein: Er wollte das streikende Arbeitsvolk auflösen und sich ein anderes wählen. D.h. den streikenden Arbeitern und ihren Angehörigen (die sich am Streik nicht beteiligt hatten) wurde mit Entlassung gedroht; diese Drohung wurde auch in einigen Fällen wahrgemacht.

8. Zusammenfassung: Strukturbedingungen und Techniken der in der Erziehungsanstalt des Arbeiterquartiers erzeugten Fabrikdisziplin

Die unternehmerische Aufgabe der Herstellung und Erhaltung von Fabrikdisziplin – typischerweise stellt sich diese Aufgabe dann als besonders dringlich, wenn der Unternehmer (in einer Region) zugleich als Pionier der Industrialisierung auftritt – leitet sich zunächst von dem Zwang ab, der von dem monotonen, gleichförmigen Rhythmus der Maschinen, die regelmäßige ("repetitive") und kontinuierliche Arbeitsvollzüge über längere Zeiträume hinweg abverlangen, diktiert wird. [23] Auf seiten der Arbeiter setzt die regelmäßige Fabrikarbeit eine Ordnung der Lebensführung voraus, die nicht einfach vorhanden war (bzw. nur bis zu einem gewissen Umfang vorhanden war) und deshalb erst »geschaffen« werden mußte.

So gesehen erscheint das umfassende und großzügige Programm der sozialpolitischen Maßnahmen, die auf den ersten Blick ausschließlich der Verbesserung der individuellen Arbeits- und Lebensbedingungen des Industriearbeiters zu dienen scheinen, in einem anderen Licht: Neben dem Ziel der Beschaffung von Arbeitskräften dient dieses Programm in erster Linie der Herstellung und Erhaltung einer spezifischen Ordnung der Lebensführung ("methodische Lebensführung") und einer spezifischen Gesinnung (Arbeitsethos), die die Arbeit so betreibt, als ob sie Selbstzweck ("Beruf„) wäre (Weber).

Die einzelnen Maßnahmen des sozialpolitischen Programms, wie z.B. das "kasernierte" Wohnen innerhalb des Arbeiterquartiers, das Freizeitprogramm der zahlreichen Vereine und Associationen, die Propagierung von Ehe- und Familienleben (»Häuslichkeit«) – deren Entfaltung durch die Innenarchitektur der Arbeiterwohnungen (durch die »Erfindung« der Wohnküche) gefördert werden sollte – sollen im Reproduktionsbereich eine relative Ordnung der Lebensführung garantieren, von der in erster Linie der Produktionsbereich mit seiner vorgegebenen Ordnung profitieren soll und auch tatsächlich profitiert. Da die Bedingungen der Herstellung dieser Ordnung der Lebensführung zugleich auch die Bedingungen zu ihrer Aufrechterhaltung sind, erscheint eine Interpretation berechtigt, die in den sozialpolitischen Maßnahmen eine Form der »sanften Kontrolle« erblickt, deren Wirk-

Fabrikordnung des Staubschen Unternehmens. Siehe auch Umschlagseite 4.

samkeit durch die gewählte Form der Raumaufteilung (mit dem Gliederungsprinzip des quadratischen Plans) und die geschlossene Anlage des Arbeiterquartiers, die üblicherweise getrennt gehaltene Funktionsbereiche (wie Wohnen, Schlafen, Arbeiten, Freizeitaktivitäten) vereint, auf systematische Weise gesteigert wird.

Von besonderer Bedeutung ist der Umstand, daß die »kasernierte Vergesellschaftung« des Arbeiterquartiers einen höchst rationalen Umgang mit der "Zeit" erlaubt, deren "rechter" Gebrauch (durch Zeiteinteilung, wie sie in einem genau geregelten Tagesablauf exemplarisch zum Ausdruck kommt) eine der wichtigsten Techniken zur Erzeugung und Aufrechterhaltung einer »methodischen Lebensführung« darstellt. Der Reproduktionsbereich, vor allem aber der den Tagesablauf prägende Produktionsbereich wird von einer "Diktatur der Pünktlichkeit" überzogen, die von der Fabrikordnung mit ihren detaillierten Vorschriften abgesichert wird. Arbeitsteilung und Arbeitsüberwachung, Bußen, Glocken- und Uhrenzeichen, Geldanreize, Predigten und andere Erziehungsmaßnahmen (Thompson 1973, insbesondere 99) sowie systematische Vorkehrungen zum Fernhalten aller Gelegenheiten, die eine Ablenkung von den "Berufspflichten" mit sich bringen, sind die wichtigsten Techniken zur Herstellung und Auf-

rechterhaltung einer "Zeitdisziplin" und damit einer "methodischen Lebensführung". Diese stellt darauf ab, zunächst durch äußeren Zwang eine für die Berufsarbeit vollständig nutzbare Zeit der moralische Appell zur »sittlichen Buchführung« anschaulich zum Ausdruck bringt.

herzustellen, ihr ist aber auch daran gelegen, durch Verinnerlichung des von außen kommenden Zwanges einen "inneren" Zwang zur Selbstkontrolle (Selbstdisziplin) auszubilden, wie dies Die Fabrikdisziplin, die zuverlässige (in der Zeitdimension: vor allem pünktliche und ausdauernde) Menschen auslesen und "züchten" will, ist also darauf aus, auf systematische Art und Weise »Ordnung« in die Lebensführung der ihr unterworfenen Menschen zu bringen, d.h. eine "methodische Lebensführung" zu erzeugen, was – technisch und organisatorisch gesehen – unter den Bedingungen der »kasernierten Vergesellschaftung« (in Form der mehr oder weniger geschlossenen Anlage des Arbeiterquartiers) kontinuierlicher und wirksamer zu bewerkstelligen ist.

Es ist nunmehr zu fragen, wo die in dem Arbeiterquartier praktizierten Disziplinierungstechniken entdeckt und systematisch entwickelt worden sind; im folgenden Abschnitt wird also vom Kloster die Rede sein.

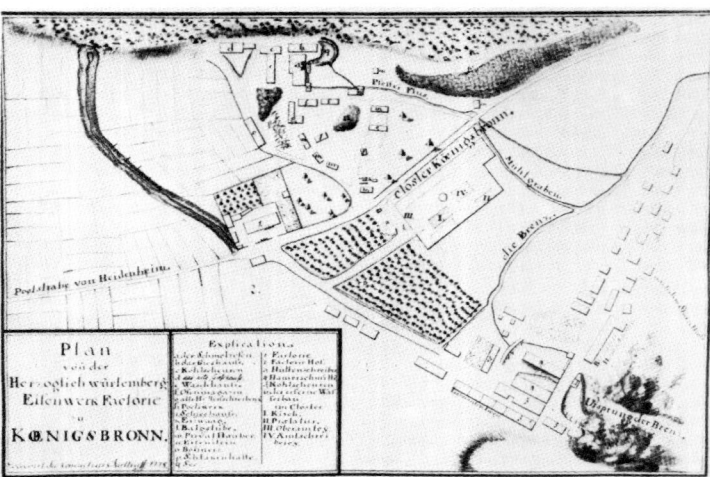

Zisterzienserkloster Königsbronn, Lage des Hammerwerks. Plan aus
dem Jahre 1778. Königsbronn, Torbogenmuseum.

Klosterbetrieb

Kanal der Bewässerungsanlagen des englischen Zisterzienserklosters
Fountains, Yorkshire.

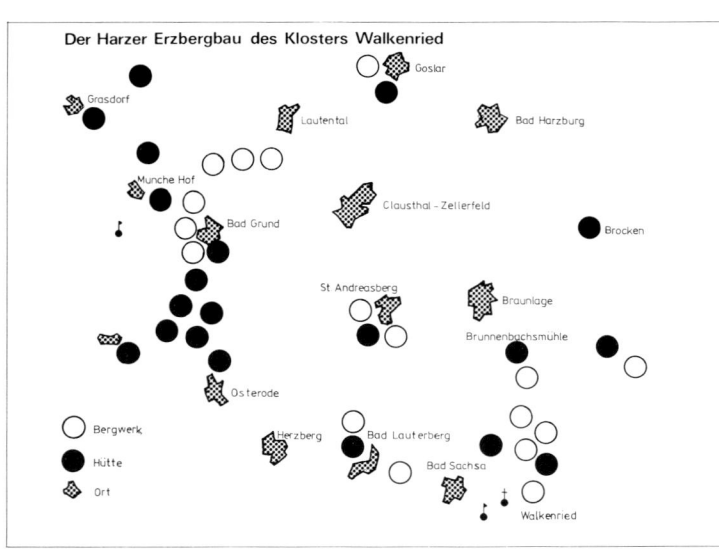

Der Harzer Erzbergbau des Zisterzienserklosters Walkenried. Nach K.H.
Spiess.

II. Strukturelle Bedingungen
und Wirkungsweisen der Klosterdisziplin

1. Das Kloster als Labor effizienter und 'nützlicher' Disziplinierungstechniken [1]

Es geht um den anspruchsvollen Versuch, Foucault »vom Kopf auf die Füße zu stellen«, d.h. die »Mikrophysik der Macht« dort zu studieren, wo ihre Strukturen und (ambivalenten) Wirkungsweisen historisch »verortbar« und damit real aufzeigbar sind. So sehr der Einfall besticht, den »Urphilister Jeremias Bentham ... (ein) Genie der bürgerlichen Dummheit« (Marx), ernst zu nehmen und in seinem Entwurf des Panopticums – einer gedanklichen Konstruktion also – die Konstruktionsprinzipien der Disziplinargesellschaft in ihrer »Reinheit« aufzuspüren,[2] so besitzt diese Perspektive den Nachteil, daß sie die Chance, innerhalb überschaubarer Rahmenbedingungen sowohl die Genese wie die zunehmende Rationalisierung von »Disziplin« zu beschreiben und zu analysieren, verspielt – Disziplin begriffen als die Chance, »die peinliche Kontrolle über Körpertätigkeiten und die dauerhafte Unterwerfung ihrer Kräfte (zu) ermöglichen und sie gelehrig/nützlich (!) (zu) machen« (Foucault 1975, 175). Nicht die gedankliche Konstruktion des Panopticums eröffnet hierzu die Möglichkeit, sondern die konkreten, historisch aufzeigbaren Strukturen klösterlicher Disziplin. Es ist bezeichnend, daß Foucault's amorpher Begriff der Disziplin dann an Schärfe gewinnt, wenn er ihn ins Verhältnis setzt zum Raum (»die Verteilung der Individuen im Raum«) und zur Zeit (»Reglementierung der Tätigkeit durch Zeitplanung«; Foucault 1975, 181ff., 192ff.) und darauf aufbauend, Stufen zunehmender Rationalisierung (Foucault bevorzugt hierfür den Begriff »Ökonomie«; zur schillernden Bedeutung dieses Begriffs bei Foucault vgl. Hassemer 1978) analysiert: die Errichtung von "lebenden Tableaus" (die Ordnung des Disziplinarraumes betreffend) und die Veranstaltung von »Übungen« (die Bemächtigung der Zeit betreffend), ferner: den Einsatz des »hierarchischen Blicks« und der »normierenden Sanktion«, endlich die Stufe der Kombination beider im Verfahren der Prüfung (Foucault 1975, 221ff.). Und es ist ebenso bezeichnend, daß gerade dort, wo der amorphe Begriff der Disziplin an Schärfe gewinnt, von Foucault selbst immer wieder der Hinweis auf die Vorbildfunktion des Klosters gegeben wird:

»Kollegs: das Modell des Klosters setzt sich allmählich durch« (181) – »Die Fabrik nimmt sich ausdrücklich das Kloster ... zum Vorbild« (182) – »Die Disziplin organisiert einen analytischen Raum. Und auch dabei knüpft sie an ein altes architektonisches und religiöses Verfahren an: die Zelle der Klöster« (184) – »Die Disziplin ist die Kunst des Ranges und die Technik der Transformation von Anordnungen ... Nehmen wir das Beispiel der 'Klasse'. In den Jesuitenkollegs (waren) die Klassen ... in Zehnergruppen geteilt« (187) – »Die Zeitplanung ist ein altes Erbe. In den klösterlichen Gemeinschaften hatte sich ein strenges Schema entwickelt, das sich rasch ausbreitete ... die Erziehungshäuser und die Fürsorgeeinrichtungen setzten das Leben und die Regelmäßigkeit der Klöster fort ... Die strenge Fabrikzeit hielt lange an einer religiösen Gangart fest ... Die große Militärdisziplin hat sich in den protestantischen Armeen eines Moritz v. Oranien und Gustav Adolf herangebildet – und zwar in einer Zeitrhythmik, die durch Frömmigkeitsübungen skandiert war. Und viel später noch sagte Boussanelle, die Armee müsse einige 'der Vollkommenheiten des Klosters' haben. Jahrhundertelang waren die religiösen Orden Meister der Disziplin: sie waren die Spezialisten der Zeit, die großen Techniker des Rhythmus und der regelmäßigen Tätigkeiten« (192) – »Bevor die Übung diese eigentlich disziplinäre Form annahm, hatte sie schon eine lange Geschichte gehabt: man findet sie in den Praktiken des Militärs, der Religion, der Universitäten – als Initiationsritual, Vorbereitungszeremonie, Theaterprobe, Prüfung ... In den Verfahren des gemeinsamen Lebens und Heils lag vielleicht der erste Kern der Methoden, die individuell charakterisierte aber kollektiv genutzte Fähigkeiten produzieren wollten. In der Mystik und Asketik richtete die Übung die diesseitige Zeit auf die Erlangung des Heils aus. Diesen ihren Sinn sollte sie im Abendland allmählich verkehren, und zwar unter Beibehaltung einiger ihrer Techniken: dann dient sie dem haushälterischen Einsatz und nutzbringenden Zusammentreffen der Lebenszeit sowie der Ausübung von Macht über die Menschen mittels der so organisierten Zeit« (208f.).

Die Frage nach der Genese von 'Disziplin' zu beantworten, heißt also das Kloster aufsuchen und dort sowohl die Methoden der 'Askese' zu studieren wie den Prozeß der immer weiteren Rationalisierung der asketischen Lebensführung (d.h. zu beachten, daß »die Askese Gegenstand methodischen 'Betriebs' wird« (Weber 1922, 787) einschließlich des Vorganges, wie die Askese heraus aus der Klosterzelle tritt). Das Kloster erscheint einer solchen Betrachtungsweise als ein (von der Geschichte bereitgestelltes) Labor zur Untersuchung der ''Disziplin'' und insbesondere der von ihr hervorgebrachten *Leistungen* (ein Aspekt, auf den besonders Foucault hingewiesen hat). Diese Sehweise ist jenem von Weber beobachteten »Gesetz« der Paradoxie der Wirkung gegenüber dem Wollen verpflichtet, insofern nämlich, als in diesem Zusammenhang an die rationalen Leistungen des Mönchtums zu erinnern ist, die absolut unvereinbar scheinen mit seinen charismatischen, antirationalen und spezifisch antiökonomischen Grundlagen (Weber 1922, 787).[3]

Wenn Weber von dem der Askese verpflichteten Mönch (des Abendlandes) sagt: »Der Mönch, als der exemplarisch religiöse Mensch, war – wenigstens in den Orden mit rationalisierter Askese, am meisten dem Jesuitenorden – zugleich der erste spezifisch 'methodisch', mit 'eingeteilter Zeit' und steter Selbstkontrolle, unter Ablehnung alles unbefangenen 'Genießens' und aller nicht dem Zweck seines Berufes dienenden Inanspruchnahme durch 'menschliche' Pflichten, lebende 'Berufsmensch', und somit dazu prädestiniert als Werkzeug jener bürokratischen Zentralisierung und Herrschaftsstruktur der Kirche zu dienen und zugleich, kraft ihres Einflusses, als Seelsorger und Erzieher die entsprechende Gesinnung innerhalb der religiös gestimmten Laien zu verbreiten« (Weber 1922, 790), so ist diese Einschätzung der Mittel und Wirkung rationalisierter Askese mehr oder weniger identisch mit Foucaults Verständnis der »Mechanik der Macht«: »Sie definiert, wie man die Körper der anderen in seine Gewalt bringen kann, nicht nur, um sie machen zu lassen, was man verlangt, sondern um sie so arbeiten zu lassen, wie man will: mit den Techniken, mit der Schnelligkeit, mit der Wirksamkeit, die man bestimmt. Die Disziplin fabriziert auf diese Weise unterworfene und geübte Körper, fügsame und gelehrige Körper. Die Disziplin steigert die Kräfte des Körpers (um die ökonomische Nützlichkeit zu erhöhen) und schwächt diese selben Kräfte (um sie politisch fügsam zu machen)« (Foucault 1975, 176f.). Nur weil Foucault die Bedeutung des »Gesetzes« von der Paradoxie der Wirkung gegenüber dem Wollen verkennt beziehungsweise übersieht, sieht er sich genötigt, Disziplin und Askese auseinander zu halten: »Schließlich unterscheiden (die Disziplinen) sich von der Askese und der klösterlichen Zucht, die eher Entsagung als Vermehrung des Nutzens zu fördern haben, und, auch wenn sie Gehorsam gegenüber einem anderen einschließen, doch wesentlich auf eine Steigerung der Herrschaft eines jeden einzelnen über seinen Körper abzielen« (Foucault 1975, 176). Wenn dies auch

zunächst das Ziel klösterlicher Askese gewesen ist, ihre Wirkung lief – wie Weber eindrucksvoll zeigt – durchaus auf die »Vermehrung des Nutzens« hinaus.

Nicht nur die Hinweise Webers (selbst Foucault spart ja nicht mit diesbezüglichen Hinweisen), auch die seit Goffman nachgewiesene strukturelle Ähnlichkeit von Kloster, Gefängnis, Kaserne und »Irrenanstalt« (die Ähnlichkeit bezieht sich beispielsweise auf die all diesen »totalen Institutionen« gemeinsame Technik der Raumauf- und Zeiteinteilung), lassen die oben ausgesprochene Absicht plausibel erscheinen, Genese und Entfaltung von Disziplin innerhalb der vom Kloster gesetzten Rahmenbedingungen zu analysieren. Diese These von der strukturellen Ähnlichkeit der genannten Institutionen ist von der Geschichte selbst verifiziert worden: Klöster beherbergten nach ihrer Aufhebung in ihren Mauern Kasernen, Gefängnisse, Internate und »Irrenanstalten«. Anschaulich demonstriert dies die Geschichte des Zisterzienserklosters Eberbach (bei Eltville/Rheingau):

»1116 durch Erzbischof Adalbert von Mainz als Augustinerchorherrenstift gegründet, 1135 von Clairvaux übernommen ..., 1803 säkularisiert; seitdem Gefängnis, Irrenanstalt und Sanatorium, jetzt hessische Weinbaudomäne und Museum« (Schneider et al 1974, 566f.).

Das Stadium der »religiösen Virtuosen« hat uns hier nicht weiter zu interessieren. Es ist das *Stadium der Anachorese* (des Sich-Zurückziehens), die Lebensform des Eremiten, der selbst in der Form der ''losen'' Eremitenkolonie (in isolierten Behausungen) für sich lebte,[4] bis hin zu den extremen Formen der »Einsamkeit von raffinierter Exklusivität«: den Säulen der Säulenheiligen. »Der Asket (ist) der Gegenpol des bürgerlichen Erwerbsmenschen sowohl wie des seinen Besitz ostensibel genießenden Feudalherren. Er lebt einsam oder in frei sich bildenden Herden, ehe- und also verantwortungslos, unbekümmert um politische oder andere Gewalten, von gesammelten Früchten oder vom Bettel und hat keine Stätte in der 'Welt'« (Weber 1922, 786). Dieses Stadium des »religiösen Virtuosen« verdient in diesem Zusammenhang nur deshalb Beachtung, weil sich mit diesem Bezugsbeziehungsweise Ausgangspunkt, ''Ursache'' und Tendenz zu einer immer weiteren Rationalisierung der Askese[5] besser begreifen und darstellen lassen. Dieser Prozeß der zunehmenden Rationalisierung der Askese stellt sich zunächst dar als ein Prozeß der Veralltäglichung der charismatischen Qualitäten der religiösen ''Virtuosen'': »die ekstatische oder kontemplative Vereinigung mit Gott (entwickelt sich) zu einem Gegenstand des Strebens Vieler[6] und vor allem zu einem durch angebbare asketische Mittel erreichbaren, also erwerbbaren Gnadenstande, (so daß) die Askese Gegenstand methodischen 'Betriebs' (wird)« (Weber 1922, 787). Dieser Prozeß der Veralltäglichung

Zisterzienserabtei Senanque, Vaucluse. Gesamtansicht von Westen.

Kirche des Zisterzienserklosters Eberbach. Blick auf die südliche Langhauswand.

(einschließlich seiner Voraussetzungen) spiegelt sich zuerst in der Regel des Pachomius[7] (des Begründers des Coenobitentums) wider, die die Vielen auf ein »gemeinsames Leben« verpflichtet:

»(Dieses Wort) bedeutet ebenso wie Uniformität der Lebensweise und, als deren Voraussetzung, die Regelgebundenheit und darum auch ... das Gewöhnliche, Schlicht-Alltägliche, dem Vermögen des 'Durchschnittsmenschen' Angepaßte dieses Lebens« (Bacht 1975, 187).

Die »vita communis« läßt sich dadurch relativ leicht herstellen, daß natürliche, täglich wiederkehrende Vorgänge – wie der des Essen-Müssens – zur Intensivierung der Sozialbeziehungen genutzt werden. So steht »die gemeinsame Mahlzeit im Osten wie auch im Westen am Anfang der Entwicklung zu einer vita communis« (Braunfels 1969, 22). Um diese Aussage nachvollziehen zu können, bedarf es der geistvollen Erläuterung, die Simmel mit der »Soziologie der Mahlzeit« vorgelegt hat:

»Von allem nun, was den Menschen gemeinsam ist, ist das Gemeinsamste: daß sie essen und trinken müssen. Und gerade dieses ist eigentümlicherweise das Egoistischste, am unbedingtesten und unmittelbarsten auf das Individuum Beschränkte: was ich denke, kann ich andere wissen lassen; was ich sehe, kann ich sie sehen lassen; was ich rede, können Hunderte hören – aber was der einzelne ißt, kann unter keinen Umständen ein anderer essen. In keinem der höheren Gebiete findet dies statt, daß auf das, was der eine haben soll, der andere unbedingt verzichten muß. Indem aber dieses primitiv Physiologische ein absolut allgemein Menschliches ist, wird es gerade zum Inhalt gemeinsamer Aktionen, das soziologische Gebilde der Mahlzeit entsteht, das gerade an die exklusive Selbstsucht des Essens, eine Häufigkeit des Zusammenseins, eine Gewöhnung an das Vereinigtsein knüpft, wie sie durch höher gelegene und geistige Veranlassungen nur selten erreichbar ist. Personen, die keinerlei spezielles Interesse teilen, können sich bei dem gemeinsamen Mahle finden – in dieser Möglichkeit, angeknüpft an die Primitivität und deshalb Durchgängigkeit des stofflichen Interesses, liegt die unermeßliche soziologische Bedeutung der Mahlzeit.

Die Kulte des Altertums, die sich im Gegensatz zu den Weltreligionen nur an begrenzte Kreise lokaler Zusammengehöriger zu wenden pflegten, konnten sich deshalb im Opfermahl zusammenfassen. Insbesondere im semitischen Altertum bedeutet dies das brüderliche Verhältnis durch den gemeinsamen Zutritt zu der Tafel Gottes. Das gemeinsame Essen und Trinken ... löst eine ungeheure sozialisierende Kraft aus, die übersehen läßt, daß man ja gar nicht wirklich 'dasselbe', sondern völlig exklusive Portionen ißt und trinkt und die primitive Vorstellung erzeugt, man stelle hiermit gemeinsames Fleisch und Blut her. Erst das christliche

Abendmahl, das das Brot mit dem Leib Christi identifiziert, hat auf dem Boden dieser Mystik die wirkliche Identität auch des Verzehrten und damit eine ganz einzige Verknüpfungsart unter den Teilhabenden geschaffen. Denn hier, wo nicht jeder ein dem andern versagtes Stück des Ganzen zu sich nimmt, sondern jeder das Ganze in seiner geheimnisvollen, jedem gleichmäßig zuteil werdenden Ungeteiltheit, ist das egoistisch Ausschließende jedes Essens am vollständigsten überwunden ...

In dem Maße, in dem die Mahlzeit eine soziologische Angelegenheit wird, gestaltet sie sich stilisierter, ästhetischer, überindividuell regulierter. Nun entstehen all die Vorschriften über Essen und Trinken, und zwar ... bezüglich der Form ihrer Konsumierung. Zunächst tritt hier die Regelmäßigkeit der Mahlzeiten auf ... Die Gemeinsamkeit des Mahles aber führt sogleich zeitliche Regelmäßigkeit herbei, denn nur zu vorbestimmter Stunde kann ein Kreis sich zusammenfinden – die erste Überwindung des Naturalismus des Essens.

In gleicher Richtung liegt, was man die Hierarchie der Mahlzeit nennen könnte: daß nicht mehr beliebig und regellos in die Schüssel hineingelangt wird, sondern eine bestimmte Reihenfolge innegehalten wird, in der man sich bedient ... Endlich ist die Regulierung der Eßgebärde ... ein Erfolg der Sozialisierung der Mahlzeit« (Simmel 1957, 243ff.).

W. Bousset und Bacht (1975, 193) haben die Bedeutung des »soziologischen Gebildes der Mahlzeit« erkannt und führen den Übergang von der Anachorese zum Cönobitismus auf die »gemeinschaftsstiftende« Funktion regelmäßiger Mahlzeiten (Tischgemeinschaft) zurück. Die innovatorische Leistung des Pachomius, die regelmäßige Tischgemeinschaft zur Erzeugung nun umgekehrt einer zeitlichen Regelmäßigkeit im Tagesablauf und (darauf aufbauend) einer vita communis zu nutzen, kommt zunächst darin zum Ausdruck, daß die von ihm erstellte Regel die liturgische Versammlung (collecta) und die Tischgemeinschaft zusammen aufführt (Bacht 1975, 195), vor allem aber darin, daß die Veranstaltung des gemeinsamen Mahles eine wichtige asketisch-pädagogische Rolle[8] zugewiesen bekommt: »Da ist die Vorschrift in Praec. 31: 'Jeder der Hausoberen soll in seinem Hause Unterweisungen geben, wie (die Mönche) mit Zucht und Anstand zu essen haben'. Die gesammelte Stille soll auch unter dem Essen nicht gestört werden; wer daher bei Tisch spricht oder lacht, muß ebenso Buße tun, als wenn dies in der Kirche geschehen wäre; er soll sofort ausgescholten werden und muß so lange stehen bleiben, bis einer von den Tischgenossen aufsteht. Notwendige Anweisungen an die Tischdiener sollen durch Zeichen gegeben werden. Bei Tisch sitzen alle nach einer festen Rangordnung, die ... sich ... nach dem Tag der 'Profess' richtet. Der Hausobere führt jeweils den Vorsitz. Niemand darf es wagen, vor ihm zuzulangen. Desgleichen hat jeder gleich zu gehorchen, wenn der Obere ihm – etwa zur Strafe – befiehlt, den Platz zu wechseln. Ausdrücklich wird verboten, den anderen beim Essen zuzuschauen. Und wie man unter frommer 'Meditation' von der Collecta zum Refektor geht, so soll man auch meditierend in sein Haus und in seine Zelle zurückkehren. Natürlich wird auch auf die Selbstzucht im Essen und Trinken Wert gelegt« (Bacht 1975, 195f.). Selbst dann, wenn die Mitglieder des Klosters draußen zur Arbeit auf dem Felde sind, werden sie von der Klosterküche versorgt, um auf diese Weise »die strenge Bindung« an die Klostergemeinschaft zu wahren (vergleiche Lohse 1969, 200).

Die »sozialisierende Kraft des gemeinsamen Essens« wird durch bauliche Maßnahmen, die die Einheit eines abgeschlossenen Lebensraumes begründen helfen, auf Dauer gestellt: das pachomianische Kloster umfaßt eine Anzahl von Häusern, die von einer großen *Mauer* umgeben waren (Bacht 1975, 188; Lietzmann 1944, 135; Lohse 1969, 199). Die Mauer war gedacht und wirkte als »Grenze gegen die 'Welt'« (Heussi 1936, 127). Mit der "Erfindung" der Mauer gelingt es, ein Stück "Wüste" künstlich herzustellen (Frank 1975, 33). Zugleich erfüllt die Mauer auch »einen pädagogischen und seelsorgerlichen Zweck (und) erleichtert vor allem die Überwachung der mönchischen Keuschheit (... die Pachomiusregel ist bemüht, auch jeden Verdacht einer Keuschheitssünde unmöglich zu machen) ... Auf der anderen Seite hielt die Mauer die nicht zum Kloster gehörenden fern« (Heussi 1936, 127f.).

Die Erfindung der Mauer (und damit die Erfindung der Klausur) ist demnach die Voraussetzung für eine (dem Prinzip nach) mehr oder weniger totale Isolierung von der "Welt"[9] und für eine (dem Prinzip nach) mehr oder weniger totale Kontrolle nach innen. Die Errichtung einer großen Umfassungsmauer erleichtert die Kontrolle des Zu- und Abganges enorm durch die Fixierung der Kontrollanstrengungen auf einen Punkt: auf die Pforte. Diese markiert eine Grenze sowohl für diejenigen, die in die "Sonderwelt" des Klosters hineinwollen, als auch für diejenigen, die den Klosterbereich verlassen und in die "Welt" hinauswollen. Wer den von der Mauer abgegrenzten Bereich ohne Erlaubnis verläßt, macht sich strafbar. Wer hinaus muß zur Arbeit, geht niemals allein, sondern hat immer einen vom Obern mitgegebenen Begleiter bei sich (Bacht 1975, 189) – die Mauer »läuft« also ständig mit. Und wer als Mönch von draußen ins Kloster zurückkehrt, darf von dem, was er draußen getan oder gehört hat, nichts erzählen (Bacht 1975, 190) – durch diese »Mauer des Schweigens« wird die steinerne Umfassungsmauer vollends sicher gemacht. Derjenige, der als Neuankömmling ins Kloster eintreten will, hat sich beim Pförtner (bezeichnenderweise übt dieses Amt ein besonders verläßlicher Mönch aus) zu melden, der ihn im Gäste- bezie-

hungsweise Fremdenhaus am Tor unterbringt, dem Niemandsland zwischen Klosterbereich und "Welt". Es bietet sich an, dem Pförtner, der allgemein für die Neuankömmlinge zuständig ist, zugleich auch die Funktion des Novizenmeisters zu übertragen, der diejenigen, die an einem Leben hinter den Klostermauern interessiert sind, in dem "Niemandsland" des Torbereichs auf dieses Leben vorbereitet (Bacht 1975, 189; Lietzmann 1944, 133). Hat der Neuling die Eingangsprüfung hinter sich gebracht, wird mit dem Einkleidungszeremoniell und dem Anlegen des Mönchgewandes (dessen einzelne Kleidungsstücke von der Regel genau vorgeschrieben sind; (Bacht 1975, 206) der erfolgte Übertritt und die Dazugehörigkeit zur klösterlichen Gemeinschaft symbolisch zum Ausdruck gebracht. Mit dem Ablegen der zivilen Kleider wird zugleich die bisherige Identität abgestreift, mit der Verleihung eines neuen Namens dokumentiert, daß ein vollständiger Bruch mit der Vergangenheit vollzogen worden ist. Die dem Pförtner respektive Novizenmeister anvertraute Vorbereitungsphase ist einer Rationalisierung leicht zugänglich: Sobald die »Askese Gegenstand methodischen 'Betriebs'« wird, differenziert sich die Vorbereitungsphase aus in eine Vorbereitungs- und Ausbildungszeit (Foucault 1975, 205), wie dies die Jesuitenregel (unter anderem durch die vorgenommene Bildung von Ausbildungs-Klassen) exemplarisch dokumentiert (von Balthasar 1961, 343ff.).

Die »totale Kontrolle« nach innen ist beim pachomianischen Kloster noch nicht so weit vorangetrieben (wie bei Basilius oder Benedict), daß die verschiedenen Funktionsbereiche (wie Wohnen, Schlafen, Arbeiten und Beten) unter einem Dach vereint sind[10]: »Die Mönche wohnen gruppenweise in Häusern zusammen, und zwar so, daß jeder eine Einzelzelle hat, die nicht verschließbar ist ... Jedes Haus hat einen Hausvater, und 3 oder 4 Häuser bilden eine Gruppe (Togma, Tribus). Die Insassen eines Hauses treiben alle das gleiche Handwerk, vorwiegend Mattenflechten ...« (Lietzmann 1944, 135; vergleiche auch Lohse 1969, 199). Die Architektur des pachomianischen Klosters kombiniert zwei "Daseinsformen": das Leben in der Gemeinschaft (vita communis) und die Lebensform des Eremiten, der sich aus der Gemeinschaft zurückgezogen hat. Zur Verwirklichung der zuletzt genannten Lebensform hat das pachomianische Kloster (und nach diesem alle anderen Klostergründungen) mit der Zelle[11] ein Element aus dem Stadium der Anachorese beibehalten – Zelle, Gebet und Arbeit sind die Hauptmittel der anachoretischen Askese (Heussi 1936, 210) – wo der Mönch zu den Zeiten, in denen ihn die Gemeinschaft nicht beansprucht, betet und arbeitet. Klostermauer wie Zelle sind die beiden wichtigen Voraussetzungen für die vom Mönch intendierte Loslösung von der Welt, um so die Liebe zu Gott erfahren zu können (vergleiche Ranke-

Krönungsmahl im Römer zu Frankfurt, gehalten am 12. Februar 1742. Zeitgenössischer Kupferstich.

»Hierarchisierte Geselligkeit«

Die selige Francesca Romana mit Schwestern im Refektorium. Fresko im Kloster Tor de' Specchi in Rom. Schule des Antoniazzo Romano, um 1469.

Benediktiner beim Mahl im Refektorium. Fresko in der Benediktinerabtei Monte Oliveto Maggiore von Sodoma (1477–1549), nach 1505.

Heinemann 1964, 18ff., 33ff. insbesondere 36f.; ferner Heussi 1936, 210f.: »Wie die Fische, so heißt es, wenn sie auf dem Trocknen sind, sterben, so verlieren die Mönche, wenn sie aus ihren Zellen herausgehen, oder wenn sie mit Weltmenschen zusammen sind, die Kraft der mönchischen 'Ruhe'. Oder in der Fassung:»Wie der Fisch ins Meer, so müssen wir in die Zelle eilen, damit wir nicht … die innere Wachsamkeit vergessen« (vergleiche die vita Antonii 85; Nagel 1966, 96ff.)).

Dem anachoretischen Ideal entsprach auch die Übung der "oratio continua" (des immerwährenden Betens), die von Pachomius beibehalten wurde (Bacht 1975, 201), aber – dem Prinzip der vita communis folgend – mit dem Institut des gemeinsamen Gebets (jeden Morgen und Abend) konkurrieren mußte. Ursprünglich bedeutete Beten das bloße Rezitieren auswendig gelernter Gebete und kam, wenn man an die dabei erzielte Monotonie denkt, einer Art »geistigem Mattenflechten« (Lietzmann) gleich: »… Das Gebetsleben wird im allgemeinen durch die Mechanisierung zu einer Leistung des die Müdigkeit niederkämpfenden Willens. Ist doch die ganze asketische Technik darauf eingestellt, durch einförmige Gleichmäßigkeit der Lebensführung und äußerste Anspannung der Seelenkräfte eine siegreiche Konzentration aller Funktionen des Ichs auf die Erreichung des einzigen Ziels zu erwirken – nämlich auf das Ergreifen des Göttlichen« (Lietzmann 1944, 146. Ranke-Heinemann (1964, 49, Fn 94) lehnt diese Interpretation ab, was insofern nicht ganz nachvollziehbar ist, als auch von Bacht, mit Bezug auf Holzapfel, die Meinung vertreten wird, die Handarbeit habe die Aufgabe, für das Gebet wachzuhalten; Bacht 1975, 205, Fn 100).

Durch die »kollektivistische Wirtschaftsordnung«, die der pachomianische Entwurf kennt, wird »die persönliche Armut des Mönchs … zur 'gesicherten Armut'« (Frank 1975, 25).[12] Allerdings war die Erstellung eines Produktionsapparates (zur Herstellung von Flechtwaren), so sehr auch Pachomius auf der gewissenhaften Erfüllung des Arbeitspensums bestand und die Oberen zu genauer Buchführung verpflichtete (Bacht 1975, 221), nicht das primäre Ziel der pachomianischen Klostergründung. Neben der ökonomischen Seite kam der Arbeit schon früh eine asketisch-pädagogische Rolle zu. Arbeit in der Form der Handarbeit dient der Vermeidung des Müßigganges und wird zunächst auf mechanische Verrichtungen beschränkt, die das Beten nicht stören (Holl 1965, 191), es vielmehr dann, wenn das Beten selbst die Form mechanischer, monotoner Verrichtung angenommen hat, unmittelbar unterstützen sollen. Arbeit dient schon immer der geistigen Selbstzucht (Heussi 1936, 218; Heussi läßt allerdings auch andere Motive zur Rechtfertigung körperlicher Arbeit gelten, zum Beispiel Sicherung des eigenen Lebensunterhaltes, Voraussetzung, um Mildtätigkeit üben zu können). Die rein »asketische

Seite« der Arbeit zeigt sich dann besonders deutlich, wenn Arbeit als »nutzlose Arbeit« verrichtet wird. (So ist vom Abt Paulus dem Großen beispielsweise bekannt, daß er die Fastenzeit »mit einem Gefäß voll Linsen, einem Fläschchen Wasser und einem Flechtwerk (verbringt), das er immer wieder auflöst« (Heussi 1936, 218; vergleiche auch Nagel 1966, 101). Wie die Geschichte des abendländischen Mönchtums zeigt, erkennen die Mönche die Arbeit als asketisches Mittel zur Selbsterziehung und Selbstkonzentration sowie als »Schwungrad« zur zunehmenden Methodisierung der Lebensführung (vergleiche Troeltsch 1975, 88).[13]

Mit den gemeinschaftlich organisierten Veranstaltungen (wie gemeinsames Mahl und gemeinschaftliches Gebet) waren »Brückenköpfe« zeitlicher Regelmäßigkeit (vergleiche Simmel) geschaffen, die es nahelegten und erlaubten, von dort aus den ganzen Tagesablauf (vergleiche Holl 1979, 41) zu regeln. Lagen solche Vorschriften, die die Zeit genau einteilten, erst einmal vor, so war der nächste Schritt nur konsequent, über einen Kanon detaillierter Vorschriften (zur Kategorie des Details vergleiche Foucault 1975, 178f.), die bezeichnen, was man zu tun und zu unterlassen hat (Belege hierfür unter anderem bei Bacht 1975, 207), die ganze Lebensführung zu 'methodisieren'. Auch dieses Netz detaillierter und »kleinlicher« Vorschriften (vergleiche hierzu unter anderem die weiter unten aufgeführte Überläuferliteratur), das alles Tun und Lassen innerhalb der Klostermauern überzieht, läßt sich - worauf bereits hingewiesen wurde – ausgehend von der Veranstaltung des gemeinsamen Mahles leicht knüpfen (ebenso läßt sich hierzu die Veranstaltung des gemeinsamen Gebetes instrumentalisieren). Die Regel des Pachomius verwendet in Hinblick auf die zu beachtenden Vorschriften immer wieder den Begriff "ordo" beziehungsweise "disciplina" (Bacht 1975, 208). »Die genaue Einhaltung des 'ordo' gewährleistet die klösterliche 'disciplina'. … In der gewissenhaften Beachtung dieser allen, auch den Obern gleichermaßen auferlegten Tages- und Lebensordnung hat sich für den Pachomianer mehr als in harten Kasteiungen die mönchische Selbstverleugnung und Demut zu bewähren« (Bacht 1975, 208). Die asketischen Bravourstücke der religiösen Virtuosen wurden durch Maßstabsverkleinerungen in detaillierte und »kleinlich-sinnlose« Vorschriften »zum Gegenstand des Strebens Vieler« gemacht und damit der allgemeinen Erziehungsarbeit zugänglich. Mit der Existenz detaillierter Anweisungen und Strafbestimmungen eröffnet sich zugleich die Möglichkeit, die Gehorsamsbindung als eine besondere mönchische Tugend herauszustellen (Frank 1975, 24). Der Gehorsam versteht sich nunmehr als die Bindung an eine »Dienstvorschrift, an eine in Artikeln ausgedrückte Regel« (Holl 1965, 196 mit explizitem Bezug auf die Regel Benedikts). Mit der Institutionalisierung einer Regel und der damit verbundenen

Chance zur Gehorsamsübung ereignet sich ein »qualitativer Sprung«, der das cönobitische Mönchtum von der Anachorese trennt und der zu weiteren Rationalisierungsschüben genutzt werden kann. »Durch die Regel (wird) das ganze Leben der Mönche von früh bis spät unter das Gesetz des Gehorsams gestellt und dadurch (wird) die Übung des Gehorsams zur charakteristischen Tugend des Cönobiten. Man kann sagen, daß die Gehorsamsübung im cönobitischen Mönchtum die Rolle spielt, welche in der Anachorese die ‚humilitas‘ einnimmt. Richtiger wird man sagen müssen: Der Gehorsam ist die konkrete Form, in welcher der Cönobit die Demut übt, jene Tugend, in welcher der Christ dem eigenen Ich abstirbt, um mehr und mehr aus dem Geiste Christi zu leben« (Bacht 1975, 214f; Ranke-Heinemann 1964, 43ff.). Die Gehorsamsübung ist jedoch nicht ausschließlich auf die "unpersönliche" Regel bezogen; insbesondere »der Gehorsam gegen die Oberen, die eigentliche Tugend des Coenobitentums, (steht) im Dienste des mönchischen Vollkommenheitsstrebens als Mittel zur Verleugnung des Eigenwillens und des Gehorsams gegen Gott. So gestaltet sich nach Absicht der Mönche die Gemeinschaft als Ausdruck wie Mittel mönchischen Strebens« (Ranke-Heinemann 1964, 45).

Auf diese Weise kombiniert das Kloster die beiden Grundmuster, auf die sich »Disziplinierungsarbeit« reduzieren läßt. Mit seinem hohen Ausmaß an Regelgebundenheit verweist das Kloster auf die Prägeapparatur der »totalen Institution«, die einen »passiven Gehorsam« gegenüber unpersönlichen Regeln und Vorschriften durch die Omnipräsenz von "Gewalt" erzwingen will (auf diese Weise soll u.a. jenes Ausmaß an Berechenbarkeit hergestellt werden, wie es die »Marktvergesellschaftung« benötigt). Mit der Ausrichtung des Gehorsams auf einen Klostervorsteher (Oberen) bemüht das Kloster zugleich auch das herkömmliche »Autoritäts- und Sozialisationsmodell« des patriarchalisch strukturierten Familienverbandes, wo der Gehorsam bzw. die Autorität auf Pietätsbanden und der (Heiligkeit der) Tradition ruht, also nicht unpersönlichen Regeln, sondern einer jeweils konkret benennbaren Person geschuldet wird. Einerseits nutzt das Kloster das vorgefundene traditionelle »Gehorsamsmodell«, andererseits sprengt es gerade die traditionellen »Vergemeinschaftungsformen« (mit der ihnen spezifischen Unterscheidung einer "Binnen- und Außenmoral") und Autoritätsstrukturen durch die ausdrückliche Negation der Familien- und Sippenbande (»Wer Vater oder Mutter mehr liebt als mich, ist meiner nicht wert. Und wer Sohn oder Tochter mehr liebt als mich, ist meiner nicht wert«; Matt. 10, 37), durch die Propagierung der neuen »Außenmoral« der Feindesliebe (vgl. Nelson 1977, 150ff.) und nicht zuletzt durch die Institutionalisierung eines unpersönlichen Regelsystems.

2. Exkurs: Über den Gehorsam

Üblicherweise dienen die im Familien- und Sippenverband vorgeformten Autoritäts- und Legitimationsmuster den Machtstrukturen der Gesamtgesellschaft als »innere Stützen« bzw. die Macht- und Autoritätsstrukturen der Gesamtgesellschaft haben ihr verkleinertes Abbild in den Macht- und Autoritätsstrukturen der Familie (Hausvatermodell). Es ist offensichtlich, daß von dieser Prägeapparatur (des Hausvatermodells) Legitimationszufuhr erwartet werden kann, die als Leistung von der Prägeapparatur der »totalen Institution« nicht vermittelt wird. Hier wird Gehorchen dressiert und eingeübt in alltäglichen (durch die Regel fixierte, das heißt typisierte) Situationen bei permanenter Androhung bzw. Einsatz (in der Regel demonstriert an wenigen »Sündenböcken«) von Sanktionsgewalt. Das Ergebnis dieser Dressur, der schematisch-automatische Gehorsam, wird in der Regel hinfällig bei Wegfall des äußeren Zwanges (hierin liegt der "Grund", warum Weber zum Typ der legalen Herrschaft keine überzeugende Legitimationsgrundlage einfiel), es sei denn die Gehorchenden zeigen aufgrund einer »inneren Einstellung« eine Bereitschaft zum Mitmachen, die, losgelöst von der jeweiligen Befehlssituation, Befehle innerhalb bestimmter Toleranzgrenzen hinnimmt. Dieses Moment tritt beim klösterlichen Gehorsam hinzu, so daß sich – auf dieser Ebene der Merkmalsausprägung – beispielsweise Kloster und Gefängnis unterscheiden. Das Gehorsamsideal der Benediktinerregel veranschaulicht das Gemeinte vorzüglich: »Der Gehorsam wird der Ausführung nach dann geleistet, wenn die befohlene Sache ausgeführt wird; dem Willen nach, wenn der Gehorchende das gleiche begehrt wie der Befehlende; der Einsicht nach, wenn er dasselbe fühlt wie dieser, so daß er das Befohlene für durchaus gut hält. Und der Gehorsam ist unvollkommen, wenn neben der Ausführung nicht auch diese Gleichförmigkeit des Begehrens und Fühlens zwischen Befehlenden und Gehorchenden besteht« (von Balthasar 1961, 376). Die Parallelität zu Max Webers Herrschaftsdefinition ist offensichtlich: »Unter ‚Herrschaft‘ soll hier der Tatbestand verstanden werden: daß ein bekundeter Wille (‚Befehl‘) des oder der ‚Herrschenden‘ das Handeln anderer (des oder der ‚Beherrschten‘) beeinflussen will und tatsächlich in der Art beeinflußt, daß dies Handeln, in einem sozial relevanten Grade so abläuft, als ob die Beherrschten den Inhalt des Befehls, um seiner selbst willen, zur Maxime ihres Handelns gemacht hätten (‚Gehorsam‘)« (Weber 1922, 606). Auch Weber betont neben dem Faktum der tatsächlich erfolgten (und beobachtbaren) Befehlsausübung die »innere Einstellung«, von der sich der Gehorchende bei der Befehlsausübung leiten läßt; insofern ist in die Herrschaftsdefinition eine »kleine Legitimitätsgeltung« bereits "eingebaut": jenes »Minimum an Gehorchenwollen«, von dem Weber in diesem Zusammenhang ebenfalls spricht.

In reinster Form verkörpert im Bereich des Strafrechts das System von Auburn eine solche »Dressuranstalt«, die ihre Insassen in »einen Zustand passiven Gehorsams« (Tocqueville) zwingt, dem jene »innere Bereitschaft« zum Mitmachen völlig abgeht. Das damals mit Auburn konkurrierende Gefängnissystem der Quäker in Pennsylvanien war ursprünglich als Gegenentwurf zu der Dressuranstalt in Auburn konzipiert und verstand sich als »Bekehrungsanstalt«, bei der nicht primär der äußere Zwang, sondern die »Arbeit des Gewissens« – der Gefangene sollte moralisch in sich gehen und durch diese Anstrengung eine »innere Bereitschaft« zur Umkehr auslösen – die »Resozialisierung« bewirken sollte. Als dieses System nach Europa importiert wurde, blieb der Quäker-Geist (mit der individuellen religiösen Betreuung des Insassen) buchstäblich auf der Strecke: Aus dem moralischen In-Sich-Gehen in der Abgeschiedenheit der (Gefängnis-) Zelle wurde der Gefängnisschritt: das rastlose Hin- und Hergehen im »Zellenkäfig« (Wetter).

Das Kloster funktioniert in erster Linie als Wissensapparat und stellt so gesehen die größtmögliche Annäherung an die Utopie einer wissenden und strafenden Gesellschaft dar, wie sie auch von Bentham mit dem Entwurf des Panopticums, das auf totaler Verhaltenstransparenz beruht, anvisiert wurde; allerdings hat Thackeray mit seiner Glosse die Unmöglichkeit einer solchen Gesellschaft nachgewiesen (vgl. Popitz 1968). Die Funktionsweise des Klosters als Wissensapparat demonstriert anschaulich die folgende Vorschrift aus der Regel des Benedikt (die ein generelles Mißtrauen institutionalisiert hat):

»Für die Betten genüge eine Matte, ein großes Tuch, eine Wolldecke und ein Kopfkissen. Diese Betten hat der Abt öfters zu durchsuchen, um nachzusehen, ob sich nicht etwa Eigentum darin finde. Sollte sich bei einem etwas finden, das er nicht vom Abte erhalten hat, dann werde er sehr strenge bestraft« (von Balthasar 1961, 242).

Alle innerweltlichen Utopien größtmöglicher Verhaltenstransparenz haben das »Big-Brother-is-Watching-You-Prinzip« gemeinsam, das schließlich auf eine außerweltliche Konzeption zurückgeht, die mit der Metapher von der »Wachsamkeit des 'Auge Gottes'« hinlänglich beschrieben wird:

»Und indem sich der Mensch allzeit vor Sünden und Verfehlungen in Gedanken, mit der Zunge, mit den Händen, mit den Füßen, vor Sünden des Eigenwillens, wie auch vor den Begierden des Fleisches hütet, sei er überzeugt, daß Gott allzeit vom Himmel auf ihn niederblickt und sein Tun überall klar vor Gottes Auge steht und von den Engeln jederzeit Gott gemeldet wird. Das zeigt uns der Prophet, wenn er darlegt, daß Gott immer in unseren Ge-

danken gegenwärtig ist: 'Gott durchforscht Herzen und Nieren'. Und ebenso: 'Der Herr kennt die Gedanken der Menschen'. Und ferner spricht er: 'Du durchschaust meine Gedanken aus der Ferne' und 'Das Denken der Menschen ist dir bekannt' (aus der Regel des heiligen Benedikt, in: von Balthasar 1961, 202).

Oder:

»Wenn also die Augen des Herrn auf Gute und Böse schauen und 'der Herr vom Himmel stets auf die Menschenkinder niederblickt, um zu sehen, ob einer verständig ist und Gott sucht', und wenn die Engel Tag für Tag, bei Tag und Nacht dem Herrn unser Tun und Lassen melden, so müssen wir, meine Brüder, jederzeit wachsam sein« (von Balthasar 1961, 203).

Die von der Regel (hier des heiligen Benedikt) geforderte Wachsamkeit über die Gedanken – Ausdruck asketischer Bemühungen – wie sie von einem alles sehenden und allwissenden Gott erzwungen wird, führt in letzter Konsequenz zu einer bezeichnenden Form der Selbstkontrolle: zur »Buchhaltung der Seele« bzw. des Gewissens, wie sie von Antonius zu einer allgemeinen Forderung erhoben wurde:

»Ein jeder von uns soll die Handlungen und Regungen der Seele sich merken und aufzeichnen, als ob (!) wir sie einander mitteilen wollten: die Aufzeichnung soll an die Stelle der Augen der Mitasketen (!) treten, damit wir nicht einmal an etwas Schlechtes denken, da wir beim Schreiben erröten, als ob wir gesehen würden« (Ranke-Heinemann 1964, 41).

Es ist bezeichnend, daß Antonius diese Forderung zur »Buchhaltung der Seele« an Anachoreten richtet, die – wie bereits ausgeführt wurde – die vita communis und das regelgebundene Klosterleben noch nicht kennen und deshalb auf die äußere Kontrolle durch die Mitbrüder "verzichten" müssen. Insofern liegt es nahe, den Schritt des Übergangs vom Anachoretentum zum Cönobitentum (den Schritt zur vita communis und zum regelgebundenen Klosterleben) mit einer Systematisierung und Rationalisierung der (äußeren) Kontrolle zu verbinden, das heißt die »Buchhaltung der Seele« zu ergänzen durch ein System der äußeren Kontrolle. Das Zusammenleben mit anderen in der klösterlichen Gemeinschaft eröffnet hierzu die Chance. So steht in der Basilius-Regel (Basilius und Pachomius gelten allgemein als die "Erfinder" des Klosterlebens):

»Zudem ist es in der Abgeschiedenheit nicht leicht, seine eigenen Fehler kennenzulernen, weil man niemanden hat, der einen zurechtweist und sanft und mitleidsvoll bessert ...« (von Balthasar 1961, 79ff.).

Die »Buchhaltung der Seele«, die der Einzelne in der Abgeschiedenheit seiner Zelle betreibt, wird ergänzt um die »Buchhaltung« der Verstöße gegen die Vorschriften der Regel, deren Einhaltung von den Mitbrüdern überwacht wird. Mit der Fixierung von Ge-

Stützen der »methodischen Lebensführung«

Demutsleiter. Fresko eines Unbekannten in der Bibliothek des Zisterzienserklosters Seligenthal in Landshut, Ende 15. Jahrhundert und 17. Jahrhundert.

Bedrohung der Keuschheit: Nackte Mägde führen Mönche in Versuchung. Aus der Mettener Benedictus-Regel von 1414 (München, Bayerische Staatsbibliothek, Clm. 8201 d, folio 24ʳ). Allem Anschein nach hat ein Benutzer der Handschrift an der Mauer herumradiert, hinter der die Mägde verborgen sind – wohl in der Hoffnung auf ungetrübten Naturgenuß.

»Paupertas Christiana« (die christliche Armut) und »Oboedientia« (Gehorsam). Embleme der – vor allem – mönchischen Tugenden aus der Spitalkirche in Ingolstadt. Fresken, 18. Jahrhundert.

und Verboten und deren Kontrolle durch die Mitbrüder – diese Form der wechselseitigen Kontrolle macht die Institutionalisierung eines Sanktionsstabes überflüssig – wird der Zustand einer inneren Haltung, die ansonsten nur derjenige kennt, der Gewissenserforschung betreibt, "sichtbar" gemacht, wodurch sich zugleich die Chance eröffnet, die jeweils erreichte Stufe bei der mühseligen und langwierigen Arbeit an sich selbst präzis angeben zu können. Der Schluß, daß eine hohe Verhaltenskonformität gegenüber den Vorschriften der Regel Ausdruck der angestrebten »inneren Haltung« ist, basiert auf der Vorstellung, daß sich der innere Zustand des Herzens in der äußeren Haltung des Mönchs auszudrücken hat, wie es die Benediktiner-Regel explizit fordert:

»Die 12. Stufe der Demut besteht darin, daß der Mönch die Demut nicht bloß im Herzen besitzt, sondern sie durch seine Körperhaltung nach außen kund tut: beim Chorgebet, im Oratorium, im Kloster, im Garten, auf dem Wege, auf dem Felde, mag er sitzen, gehen oder stehen, immer halte er sein Haupt geneigt, seine Augen zur Erde gerichtet. Allzeit betrachte er sich als schuldbeladen und sehe sich im Geiste schon vor dem furchtbaren Gerichte Gottes« (von Balthasar 1961, 206).

Der Mönch »muß seine Demut auch in seiner äußeren Haltung an den Tag legen. Er muß seine Augen vor dem 'meteorismos', vor dem Emporblicken, hüten, er muß den Blick zu Boden schlagen« (Heussi 1936, 239). Mit dieser Veräußerlichung der angestrebten Demutshaltung gelingt es, den Erwerb dieser angestrebten inneren Haltung vom Durchlaufen eines Erziehungsprogrammes, das höchst konkrete und keineswegs außergewöhnliche Instruktionen kennt, abhängig zu machen. So lehrt der Novizenmeister beispielsweise die auferlegte »Bezähmung der Augen« auf eine ähnlich direkte und "handfeste" Art, wie sie von Unteroffizieren gegenüber Rekruten, die zum zweiten Mal in ihrem Leben das "richtige Gehen" (Marschieren) lernen, praktiziert wird. Belege hierfür finden sich in der Überläuferliteratur.[14] Beispielsweise berichtet Gottschling:

»Der Novizenmeister schärfte ein: 'Ein echter Ordensmann geht mit niedergeschlagenen Augen'. Wer in eine Dominikanerkirche geht, in der sich Klerikernovizen befinden ..., dem wird die Kopfhängerei dieser jungen Mönche auffallen. Sie werden dahin instruiert, daß sie bei der Prozession, die allabendlich in der Kirche stattfindet, und bei ähnlichen Anlässen den Kopf so gesenkt halten sollen, daß sie auf die Hacken der Vormänner blicken« (Gottschling 1935, 67).

Und bei Monica Baldwin findet sich die Passage:
»Man war verpflichtet, kurze, abgemessene Schritte zu machen, mit etwas nach vorn geneigtem Kopf und ständig niedergeschlagenen Augen ... Diese 'Zucht der Augen' wurde tatsächlich für so

wichtig gehalten, daß es schon ein kleiner Verstoß gegen die Regel war, wenn man sie im Chor oder Refektorium auch nur für einen Augenblick ohne unbedingte Notwendigkeit hob« (Baldwin 1952, 14).

Die mit der Einhaltung der Regel verbundene Gehorsamsübung war und blieb zwar religiös fundiert, ihre Funktionsweise beruht aber auf dem »totalen Institutionen« eigenen Mechanismus der »Normenfalle« (Treiber 1973b, 44), wodurch ein Zustand der ständigen Kritisierbarkeit geschaffen wird:

»Vom Augenblick des Erwachens an bis zu der Stunde, in der man endlich einschlafen darf, hat einen die Regel in ihrer Gewalt. Nichts, außer dem Grad des Gehorsams gegenüber dem jeweiligen Gebot, wird der individuellen Wahl überlassen. Nicht nur, was man tut, sondern auch wann, ja sogar wie man es tut, ist peinlich genau vorgeschrieben. Die ... Jahre des Noviziats sind fast zu kurz, um die ungeheure Summe von Kenntnissen zu meistern, die man sich aneignen muß ....

Jeder Augenblick des Tages ist festgelegt. Man betet, liest, ißt, geht im Garten spazieren, alles zu der bestimmten Stunde ....

Sobald die Kreuzgangglocke als Zeichen für einen Wechsel der Beschäftigung ertönt, müssen alle, was immer sie gerade tun, mit der äußersten Schnelligkeit im Stich lassen. ... Auch ist man nicht frei bezüglich der Weise, in der man seine Sache tut. Alles ist vorgeschrieben bis herab zu der richtigen Art zu sitzen, sich zu bewegen oder die Hände zu halten .... Man sieht bald ein, daß im Ordensleben das, was man tut, verhältnismäßig unwichtig ist; worauf es aber ankommt, ist, daß es zu der bestimmten Zeit und auf die Art und Weise getan wird, die die Regel vorschreibt« (Baldwin 1952, 84ff.).

Damit die Disziplin ihr Werk verrichten kann, benötigt sie zunächst nur die Aufstellung einer Vielzahl detaillierter und kleinlicher Vorschriften, die nur ob ihrer Vielzahl (und nicht ob ihrer »Werthöhe«) eine ständige Überforderung hervorrufen, so daß Regelverstöße unvermeidlich werden (einen Katalog typischer – und recht banaler – Regelverstöße gibt Gottschling 1935, 48f.). Besonders wirksam ist dieser Mechanismus der »Normenfalle« überall dort, wo sich die vielen Vorschriften zum Zeremoniell verdichten, so beispielsweise bei den Chorgebeten (zum Zeremoniell der Verbeugungen im Chor – Inklinationen und Prostationen – vergleiche Gottschling 1935, 113f.) oder bei der Einnahme der Mahlzeiten in Refektorium (zu dem Zeremoniell des Refektoriums vergleiche Baldwin 1952, 43f., die zwischen Chor und Refektorium keinen Unterschied macht: »Sogar im Chor wird das Decorum nicht strenger gewahrt. Das Refektorium gleicht einem Coenaculum, in dem das Einnehmen der Nahrung fast in ein Sakrament verwandelt wird«; 44). Überall wo das Zeremoniell im Kloster zur Entfaltung gebracht wird, übernimmt es dieselbe

Erfinder und Systematiker der 'methodischen Lebensführung'

Bernhard von Clairvaux (1091–1153), der eigentliche Gründer des Zisterzienserordens, im Gebet bei der Ernte. Glasgemälde aus dem Bernhardszyklus des Klosters St. Apern in Köln, um 1525.

Benedikt von Nursia (um 480–547), Gründer des Benediktinerordens. Gemälde aus der Erzabtei St. Peter in Salzburg, um 1680.

Franz von Assisi (1181/82–1226), Gründer des Franziskanerordens. Holzschnitt eines französischen Meisters, um 1490.

Basilius der Große (um 330–379). Er gilt neben Pachomius als einer der »Erfinder« des klösterlichen Lebens. Mosaik in der Cappella Palatina, Palermo, 12. Jahrhundert.

Pachomius (um 287–346), Verfasser der ersten Mönchsregel. Kupferstich aus »Images de tous les saints«, Paris 1636.

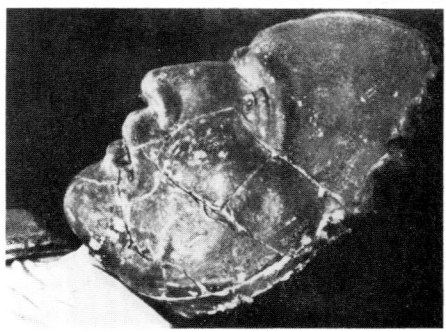

Todesmaske des Ignatius von Loyola (1491–1556), Gründers des Jesuitenordens.

disziplinierende Funktion wie sie von der höfischen Etikette mit ihrem »Zwang zum Selbstzwang« (Elias) ausgeübt wird.

Üblicherweise existiert zur Überwachung der zahlreichen Vorschriften ein eigens zu diesem Zweck geschaffener Stab (auf diese gebräuchliche Lösung des Kontrollproblems weist die Metapher von den Engeln, die Gott unser Tun und Lassen melden, hin); das Kloster als Wissensapparat kann jedoch auf die Stabslösung verzichten, da es sich wirksamere Institutionen zur Überwachung der Vorschriften geschaffen hat: nämlich die Institutionen der (öffentlich durchgeführten) »venia« (der Selbstanklage), der »correctio fraterna« (der brüderlichen Zurechtweisung) und der »Proklamation« (das Aufdecken von Regelverstößen durch die Mitbrüder vor versammelter Kommunität sofern der Regelübertreter seine Übertretungen, beziehungsweise einzelne von ihnen in seiner »venia« nicht genannt hat; zu diesen Kontrollinstitutionen vergleiche Gottschling 1935, 28, 37 ff., 41 f.).[15] Die Wirksamkeit dieser Institutionen veranschaulicht der Vergleich mit der Stabslösung, die selbst unter den günstigen Bedingungen der »kasernierten Vergesellschaftung« nicht verhindern kann, daß ein beträchtliches Ausmaß an Regelverletzungen dem Stab verborgen bleibt (vergleiche Treiber 1973 a, 1973 b). Das Wissen des Stabes um Regelverstöße ist also prinzipiell begrenzt – den Gesichtspunkt einmal außer acht gelassen, daß sich der Stab handlungsunfähig machen würde, würde er alle Regelverstöße aufdecken und auch sanktionieren. Die prinzipielle »Schwäche« der Stabslösung wird indes zur Machtsteigerung genutzt: beispielsweise durch die beiden Mechanismen des Informations- und Sanktionsverzichts. Umgekehrt hat das Kloster als »Wissensapparat« mit den genannten Institutionen Vorkehrungen dafür getroffen, systematisch das Wissen um Regelverstöße zu erweitern. Mit der Institution der »Proklamation« wird der Kreis der potentiellen Mitwisser erreicht, die Institution der »venia« ist eine Art »Dunkelzifferbefragung«, adressiert an die potentiellen Regelübertreter. Auf diese Weise wird das »Dunkelfeld« weiter ausgeleuchtet, das heißt eine größere Verhaltenstransparenz hergestellt, als dies je bei der Stabslösung möglich ist. Insofern funktioniert das Kloster als Wissensapparat, dem es gelungen ist, das außerweltliche Prinzip des allwissenden und alles sehenden »Auge Gottes« – alles sehen ohne selbst gesehen zu werden ist die Funktionsweise einer jeden Wissensapparatur – in den Routinebetrieb des Klosteralltags einzubauen. (Benthams Panopticum und Orwells 1984 sind nur Fortentwicklungen beziehungsweise technische Varianten des im Kloster systematisch zur Entfaltung gebrachten »Big-Brother-is-Watching-You-Prinzips«.)

3. Zusammenfassung: Strukturbedingungen und Techniken der Klosterdisziplin

»Der Mönch ist der erste in jener Epoche (des abendländischen Mittelalters) rational lebende Mensch, der methodisch und mit rationalen Mitteln ein Ziel erreicht, das Jenseits. Nur für ihn gab es Glockenschlag, nur ihm sind die Tagesstunden eingeteilt zum Gebet« (Weber 1924, 311). Bei der Verfolgung dieses Ziels, bei der Suche nach Gott, entdeckt und entwickelt das Kloster – in dem Maße wie die mönchische Askese Gegenstand "methodischen Betriebs" wird – jenen Bausatz an Techniken, die eine "methodische Lebensführung" garantieren und mit deren Hilfe »Begehrungen oder Affekte der religiös nicht bearbeiteten rohen Menschennatur« (Weber 1922, 310) überwunden werden sollen. Zu diesem Bausatz an Techniken zur methodischen Systematisierung der äußeren Lebensführung gehören vor allem die Technik der »genauen Zeiteinteilung« und die Aufstellung einer Ordnung von detaillierten Regeln, die einerseits die Funktion einer Betriebsordnung erfüllt – der Vergleich mit der Fabrikordnung drängt sich hier gewissermaßen "von selbst" auf – andererseits die Voraussetzung dafür schafft, daß im Klosteralltag durch die Befolgung gerade unbedeutender und kleinlicher Vorschriften Demut und Gehorsam eingeübt werden kann. Zugleich konstituiert sich das Kloster mit der Aufstellung einer »Regel« als einzigartiger »Wissensapparat«, der sich der Utopie der totalen Transparenz von Verhalten und Gesinnung (nicht nur die Taten, auch die Gedanken sind zu »beichten«!) am weitesten angenähert hat.

Die Wirksamkeit dieser Techniken wird gesteigert durch bestimmte strukturelle Vorkehrungen, die als Merkmale der »totalen Institution« zugleich auch das Kloster kennzeichnen und die von ihm ebenfalls entdeckt und entwickelt worden sind. Zu diesen strukturellen Bedingungen gehört vor allem die Abgrenzung und Aufteilung des Raumes, zunächst durch die Errichtung der Klostermauer (Klausur), dann durch die architektonische Zusammenfassung verschiedener Funktionsbereiche (Wohnen, Arbeiten usw.) zu einer Betriebseinheit, deren kleinste architektonische Einheit die Zelle ist.

Wenn wir das Ensemble der strukturellen Vorkehrungen und geläufigen Techniken zur Herstellung und Aufrechterhaltung der Fabrikdisziplin, wie sie das Staubsche Arbeiterquartier kennt,[16] in einen direkten Bezug setzen zum Ensemble der strukturellen Vorkehrungen und geläufigen Techniken zur Herstellung und Aufrechterhaltung der Klosterdisziplin, so geschieht dies in erster Linie deshalb, weil das Kloster verglichen mit anderen »Erziehungsinstitutionen« asketischer Natur (zum Beispiel die kadettenartige militärische Erziehung in Sparta oder philosophisch-literarische Formen asketischer Lebensgestaltung wie sie unter anderem durch die Stoa[17] gelehrt wurde; Strathmann 1914, 263ff; Pohlenz 1978, 301f.) einerseits bereits den Typ der »totalen Institution« verkörpert, die ganz auf die systematische Zurichtung der ihr unterworfenen Insassen ausgerichtet ist, andererseits alle Aktivitäten, die diesem Ziel dienen, zu einem »methodischen Betrieb« organisiert (Harnack 1895, 28) hat. Der Vergleich, der auf den Nachweis der »Wahlverwandtschaft« von Kloster- und Fabrikdisziplin abstellt, bewegt sich allerdings nicht auf der Ebene der realhistorischen Entwicklung, sondern ausschließlich auf der Ebene jener spezifischen Strukturen und Techniken, die bei der Aufgabe der systematischen Disziplinierung und Methodisierung der Lebensführung typischerweise Verwendung finden, obwohl das Heraustreten der klösterlichen Disziplin aus dem Kloster und ihr Eindringen in wichtige Prägeapparaturen (mit durchaus eigener Entwicklungsgeschichte) der Disziplinargesellschaft (wie Arbeitshaus, Zuchthaus usw.) zum Beispiel nach der Reformation und während der Säkularisationsphase Ende des 18. und zu Beginn des 19. Jahrhunderts die Rekonstruktion direkter historischer Übergänge (Nachweise unter anderem bei Braunfels 1969, 260) noch am ehesten erlaubte, da die aufgehobenen Klöster in ihren Mauern andere Erziehungsinstitutionen aufnahmen, die sich deshalb ohne weiteres dort einquartieren konnten, weil die Strukturprinzipien des »Wissensapparates« der totalen Institution in der Architektur der Klosteranlage zementiert waren.

4. Exkurs: Die Legende von der Erfindung der »methodischen Lebensführung«

Die Tatsache, daß die Disziplinierung in der totalen Institution des Klosters ihr materielles Substrat findet und daß diese Disziplinarapparatur sich ökonomisch als so erfolgreich (und anpassungsfähig) erweist, ist sicher die wichtigste Grundlage dafür, daß die Techniken der Disziplin sich durchsetzen und über die Jahrhunderte tradieren konnten. Freilich kann diese schlichte Faktizität aber nicht die ganze Erklärung sein, denn immerhin wurde die nützliche Disziplinierung nicht unter dem Gesichtspunkt dieser Nützlichkeit erfunden, vielmehr zum Zweck der Läuterung und Festigung des Glaubenslebens, und immerhin wurde (und wird) die methodische Lebensführung in einer theologischen und moralischen Terminologie diskutiert, die erst allmählich und zunehmend von einer utilitaristischen Terminologie überlagert wurde (und wird). Diese »Sinngebung« ist ebenso wichtig, nicht zuletzt deshalb, weil intern immer neue Generationen von Angehörigen der Institution von ihr überzeugt werden müssen und weil extern die Bedeutung der Institution durchgesetzt werden muß. Der Inhalt dieser Sinngebungen mag sich ver-

schieben, ohne das materielle Substrat grundlegend zu verändern (wie etwa in der Reform von Cluny zu beobachten), aber wenn er nicht innerhalb bestimmter Grenzen bleibt, ist die Kontinuität wohl auch bei wirtschaftlichem Erfolg gefährdet. Deshalb sollen in diesem Exkurs nochmals einige zentrale Elemente der frühen Sinngebung der Disziplinarinstitution Kloster an einem exemplarischen Material herausgearbeitet werden.

Als Material dient uns dabei die »Vita« Benedikts, die, weil anschaulicher als die »Regel«, die Legitimation der Disziplinarinstitution in einer Form propagiert, in der sie konkret und »volkstümlich« werden kann. Eine Legende kann mehr Legitimation hergeben als ein Gesetzeswerk. Die Legende als Geschichte eines vorbildlichen Lebens macht die Disziplin anschaulich, gibt ihr – indem sie Probleme damit nicht verschweigt – ein menschliches Maß und überhöht sie zugleich, so daß gelegentliches Versagen den Anforderungen des Gesetzeswerkes gegenüber nicht gleich zu entmutigen braucht. Es ist daher nicht überraschend, daß gerade diese »Vita« mit Vorliebe auch in das Medium der bildlichen Darstellung übernommen wurde (vergleiche dazu Lechner, 1980, wo eine große Zahl solcher Bildzyklen aufgezählt, zugleich aber das Scheitern jedes Vollständigkeitsanspruchs konstatiert wird). Wir haben als Illustration Gemälde aus dem Stamser Benedikt-Zyklus gewählt, die 1980 in der Benedikt-Ausstellung des Salzburger Dommuseums gezeigt wurden. Dieser Zyklus von insgesamt 50 Gemälden von Franz Joseph Hermann und seinem Vater Franz Georg, datiert mit 1779, hat uns besonders auch durch die erklärenden Verse erfreut, in denen die Stationen dieser Vita zu Merksprüchen werden. Die »Vita« des »Erfinders« der abendländischen Disziplin interessiert uns also in ihrer Eigenschaft als Legitimationslegende. In dieser Eigenschaft soll sie analysiert werden.

4.1 Taedium vitae, oder: Wir haben es damals schon gewußt

Die gesellschaftliche Krisensituation, aus der mit Hilfe der Disziplin eine religiöse Erneuerungsbewegung entstehen konnte, wirft ihre Schatten auch auf den Beginn von Benedikts Lebenslauf: Trotz überdurchschnittlich ernsten Bemühens wird Benedikt ein akademischer drop-out. Die große Welt, wie er sie anläßlich seines Studiums in Rom kennenlernt, mißfällt ihm gründlich. Und natürlich ist er ein »Versager« nur nach profanen Maßstäben, nach seinen eigenen hat er ein überlegenes Wissen, kontrastierend zum ausschweifenden Leichtsinn seiner Kollegen, wie in Bild 2 dargestellt: »O spielet nur – ich spiele nicht!/Ich höre was mein Jesus spricht:/Am Kreuzesfuß ist meine Ruh,/Da strömt mir wahre Weißheit zu!« Sein Problem ist freilich, daß er diese Ruhe zuletzt nicht bewahren kann in der Umgebung, die sich nicht der »wahren Weißheit« gemäß benimmt. Er muß sich der Versuchung auch räumlich entziehen – ein Motiv, das in der Vita an verschiedenen Stellen immer wieder auftaucht. In einer stromlinienförmigen Legende würde ein solcher Schritt als Konsequenz aus einem schon immer heiligmäßigen Charakter dargestellt werden und genau so geschieht es auch bei Gregor, dem Verfasser der »offiziellen« Vita (Gregor ist selbst Benediktiner, der »erste Mönch auf dem Papstthron« und damit Beweis für den innerkirchlichen Erfolg der Klosterdisziplin.): »Schon als Kind trug er das Herz eines Greises in sich« (Dialoge, 2/Einleitung). Der volkstümliche Nachdichter allerdings desavouiert diese Stromlinienförmigkeit: »Er floh die Welt in zarten Jahren; / Warum? Die Unschuld zu bewahren« (Bild 3). Hier wird vor einer Versuchung geflohen, aus Angst, ihr nicht standhalten zu können.

Die Flucht erfolgt in zwei Stufen, zunächst aus der Großstadt in das kleine Dorf Enfide, erst von dort in die Wüste des Eremitendaseins. Der Psychoanalytiker wäre versucht, einiges aus der Tatsache zu machen, daß der erste Teil der Flucht gemeinsam mit der Amme erfolgte, der zweite Teil dann eine Flucht auch vor dieser Amme darstellte. (Nicht einmal verabschiedet hat er sich von ihr, was nicht gerade für eine leichte und lockere Trennung spricht.) Für das Exemplarische des legendären Lebenslaufs ist aber wohl bedeutsamer, daß hier – stufenweise – ein Rückzug zunächst auf die »reine« mütterliche Beziehung, dann auf die eigene Person und ihre Einsamkeit erfolgte. Der Psychoanalytiker wäre womöglich auch versucht, einiges aus dem ersten Wunder in Benedikts Leben zu machen, dem Wieder-ganz-Beten des zerbrochenen Siebs (in dem einschlägigen Fresko aus dem Kloster Monte Oliveto Maggiore, abgebildet in Nigg/Loose, 1979, ein hölzerner Trog) eben jener genannten Amme, die in unserem Stamser Zyklus, Bild 4, zur »Dienstmagd« verharmlost wird. Exemplarisch daran ist wohl eher, daß dem zukünftigen Erfinder der Disziplin das Gerede über dieses Wunder zuwider war und ihn zur weiteren Flucht veranlaßte. »Benedikt aber verlangte mehr nach Leid als Lob dieser Welt«, wie Gregor (Dialoge 2/1) anmerkt. Die Versuchungen und Anforderungen einer verwirrenden Welt trieben den jungen Mann in das religiöse Virtuosentum.

4.2 Vom religiösen Virtuosentum zur methodischen Lebensführung

In einem religiösen Kontext war sich selber Leid antun statt nach dem »Lob dieser Welt« verlangen schon lange ein probates Mittel, um das »Lob dieser (religiösen) Welt« zu erlangen. Diese Welt bestand zunächst allerdings nur aus dem Mönch Romanus, der für (einfache) Bekleidung und (einfache) Ernährung sorgte. Überhaupt stehen nun die Probleme der Ernährung im Vordergrund,

sie sind auch der einzige Vermittler zwischen Romanus, der selbst hungert, um den Einsiedler zu versorgen, und Benedikt, der offenbar ohne Gegenleistung diese Versorgung akzeptiert. Die Freuden der Bedürfnislosigkeit sind also immerhin geteilte Freuden. In diese Freuden interveniert der Teufel in durchaus untypischer Weise: Statt als Versucher aufzutreten, spielt er einen kindischen Streich, dessen spirituelle Bedeutung recht unklar bleibt. Der Erfinder der Stamser Verse füllt diese Lücke, indem er das Vorkommnis zu einer Probe auf die Sanftmut macht: »Dem Teufel fällt doch alles ein, / Er wirft auf's Glöcklein einen Stein. / Getroffen? richtig – es zerbricht; / Doch Benedicktens Sanftmuth nicht« (Bild 6). Bei Gregor könnte man eher eine Probe auf die Ausdauer des Mönchs Romanus vermuten. Dort heißt es nämlich im Anschluß an die Schilderung des Teufelsstreichs: »Romanus aber fuhr fort mit seinen Dienstleistungen, so wie es sich eben machen ließ« (Dialoge 2/1). Aber um das Schicksal des Romanus kümmert sich die Legende ohnehin nicht weiter. Diejenigen, die mit Hilfsdiensten bekanntlich hinter jedem großen Mann stehen, treten auf und wieder ab, wie sie gebraucht werden. Das Training in Sanftmut freilich, das im Stamser Zyklus aus Verlegenheit interpoliert wird, erscheint im Licht späterer Ereignisse nicht ganz schlüssig – zumindest bleibt Sanftmut eine immer wieder durchbrochene Oberfläche in Benedikts Charakterformation.

Überhaupt bleibt Benedikts Asketentum widersprüchlich. Die Freude über das von Gott gesandte Ostermahl etwa will nicht so recht dazupassen. Man könnte sie als einen Schritt auf dem Weg zurück verstehen, denn der Priester bringt nicht nur zu essen, sondern macht auf das Osterfest aufmerksam, verankert den Einsiedler also wieder in der Zeit der Kirche. Der Stamser Vers legt sich da auch nicht fest, er läßt unspezifiziert »Benedicktens Seel'« jubeln, das Bild selbst legt freilich Freude am Essen nahe (Bild 7). Zentral und wohl auch am bekanntesten ist aber Benedikts Kampf mit der sexuelerotischen Versuchung durch die Fantasie. Die »klassische« Situation jedes Einsiedlers wird von Benedikt auch in der »klassischen« Weise bewältigt: Die Lust wird durch Grausamkeit sich selbst gegenüber ersetzt und überwunden, nachdem hier, der eigenen Fantasie gegenüber, Flucht nicht mehr möglich ist. Mit diesem Ereignis, das einen gewissen Höhepunkt des Eremitenabschnitts der Legende darstellt, ist die neben der Fluchtbereitschaft zentrale Strategie der Disziplinargesellschaft, die Härte gegen sich selbst, fest etabliert: »… er besiegte so die Sünde, indem er ein Feuer in ein anderes verwandelte. Von dieser Zeit an nämlich war in ihm die Versuchung zur Sinnlichkeit erstickt, wie er selbst seinen Jüngern später erzählte, so daß er nie mehr etwas solches in sich empfand« (Gregor, Dialoge 2/2).

O spielet nur – ich spiele nicht!
Ich höre was mein Jesus spricht:
Am Kreuzesfuß ist meine Ruh,
Da strömt mir wahre Weißheit zu!

Erst vierzehn Jahr – schon führen ihn
Zwey Engel in die Wüste hin.
Er floh die Welt in zarten Jahren;
Warum? Die Unschuld zu bewahren.

Die Dienstmagd hat ein Sieb zerstückt,
Sie weinte, dieß sieht Benedickt;
Er nimt's – o edler Tugendglanz!
Er bethet – und die Sieb ist ganz.

Dem Teufel fällt doch alles ein,
Er wirft auf's Glöcklein einen Stein.
Getroffen? richtig – es zerbricht;
Doch Benedicktens Sanftmuth nicht.

Seht hier den zweiten Daniel!
Wie jubelt Benedicktens Seel',
Als Gott durch eines Priesters Hand,
Zum Osterfest ihm Speise sandt.

Seht Benedikt sich selbst besiegen.
Die Unschuld unter Dornen liegen;
Des Fleisches Kitzel wird ganz stumpf –
Die Unschuld singet laut – Triumpf!

Zwölf Klöster bauet Benedikt,
mit strenger Tugend ausgeschmückt.
Gleich einer Quell ist dieser Orden
In kurzer Zeit zum Strom geworden.

Er bethet hier dem Moses gleich.
Und macht den Felsen wasserreich.
Seht Benediktens Wunderkraft!
Die dreyen Klöstern Wasser schafft.

O Maurus, Placidus voll Jugend!
Wohin? Zum Lehrer aller Tugend.
Zum großen Lehrer Benedikt;
Er nimmt uns auf, wir sind beglückt.

Komm, Maurus, siehe, Placidus,
Rief Benedikt, fiel in den Fluß.
Fest eilt er auf dem Wasser hin,
Faßt seine Haar, und rettet ihn.

Die Falschheit reicht ihm Brod mit Gift
Durch eines Dieners Hand – was Raths?
Er sprach zum Rab: trag's durch die Lüft'.
Der schwarze Diener folgt', und that's.

Ach! Florentin schickt geile Metzen,
Der Brüder Unschuld zu verletzen.
Doch Benedikt spricht schon das Wort:
Packt, Brüder! ein, wir ziehen fort.

3. Die Disziplin wird offensiv

Der Götze ist nicht mehr zu finden;
Schon zündet Benedikt den Blinden
Das Licht des wahren Glaubens an.
Sie dienen unter Jesu Fahn.

Seht! Riggo geht als König hin;
Doch Benedikt erkennet Ihn,
Und rufet dem Betrüger zu:
Es lügt Dein Kleid, es lügest Du!

Der Gothen König Tottil steht
Vor Benedikt, der als Prophet
Demselben sagt: Noch zehen Jahr,
Dann ist dein Reich und Leben gar.

Die Haue, die von ihrem Stiel
Dem Bruder in das Wasser fiel,
Schwamm schnell auf Benediktens Wort
Empor zum Stiel als ihrem Ort.

Ein Bruder fiel durch Teufelslist
Zerquetscht zur Erde vom Gerüst.
Vom Tod erweckt ihn Benedikt –
Er wird zur Arbeit hingeschickt.

Zur Zeit der größten Hungersnoth
Fleht Benedikt um Brod zu Gott;
Und Gott stellt ihm ganz wunderbar
Getreid zur Klosterpforte dar.

◀ 4. Arbeits-Wunder

Wer eilt so schnell auf Kassins Hügel? No. 20. Allein was hat er dort gethan?
Die Lieb' giebt Benedikten Flügel. Er stürst den Bös-Zündt Haine an.

5. Disziplin-Wunder

Was machst Du hier im Brüderchor,
Du ausgeschamter schwarzer Mohr?
Ich wollt' – doch hat es schlecht geglückt:
Es sah und schlug mich Benedikt!

Ein Knecht behielte Wein zurück;
Wie scharf war Benediktens Blick!
Er sprach: in dem versteckten Wein,
Gieb acht! wird eine Schlange seyn.

Seht, Benedikt giebt hier Verweis
Dem Mönch, der ohne sein Geheiß,
Da er zu Klosterfrauen kam,
Die Tüchlein zum Geschenke nahm.

Hier weicht auf Benediktens Wort
Der Teufel vom Besessnen fort.
Die Hölle bebt vor Benedikt,
der viele Seelen ihr entrückt!

Zwey Frauen stiegen als wie Schatten,
Indem sie keine Ruhe hatten,
Aus ihrem Grab, bis Benedikt
Durch's Opfer sie zur Ruhe schickt.

So weit haben wir eine Legende religiösen Virtuosentums vor uns, der Abwendung von der Welt und des entsprechenden gewaltsamen persönlichen Verzichts. Der entscheidende Punkt in der Umsetzung dieser so erworbenen Haltung ist die Rückkehr in die Welt, die nunmehr auch soziale Organisation des Asketentums. Sie erfolgt zunächst in Auseinandersetzung mit der Kirche und den Machenschaften ihrer Mitglieder. Benedikt wird dabei nicht initiativ, vielmehr startet er seinen ersten Versuch nur widerwillig, indem er sich zum Vorsteher eines nahegelegenen verwaisten Klosters machen läßt. Es zeigt sich auch rasch, daß die Klosterbrüder seinem Rigorismus nicht gewachsen sind. Sie wollen ihn so dringend wieder loswerden, daß sie zu dem krassen Mittel eines Mordversuchs greifen. Die Legende hebt mehr das Wunderbare der Errettung vor diesem Anschlag hervor als die Anforderungen, die Benedikt an die Klosterbrüder stellte. Wir erfahren nicht genau, was im Detail er bei den Mönchen durchsetzen wollte und inwiefern sie sich dagegen vergingen. Der Mordversuch, der ja am Ende einer Kette von Auseinandersetzungen stehen muß, wird von der Legende als deutlichster Beweis für die Verkommenheit der Sitten genommen und allein in den Mittelpunkt gestellt. Das Wunder des unter der Segnung zerspringenden Giftbechers ist der schlagende Beleg für die Angemessenheit von Benedikts Forderungen und die Verkommenheit zeitgenössischen auch kirchlichen Lebens, das nur durch die Kombination von Flucht und Härte zu reformieren ist, Flucht vor der Welt und Härte sich selbst gegenüber. Die »Unschuld«, die durch Flucht bewahrt wurde und sich in Härte umgesetzt hat, wird nun siegreich: »Doch durch das bloße Kreuzes-Zeichen / Muß Bosheit, Gift der Unschuld weichen« (Bild 10).

Trotzdem ist das widerwillig begonnene Projekt zunächst gescheitert. Benedikt kehrt in die Wüste zurück. Dort sammelt sich, von seinem Ruf als heiliger Mann angelockt, eine Gemeinde freiwillig um ihn, die sich zu einem neuen Kloster-Projekt auswächst, diesmal unter günstigeren Voraussetzungen. Diese günstigeren Voraussetzungen bestehen neben der größeren Freiwilligkeit der Teilnehmer offenbar auch in den Schwierigkeiten der Subsistenzsicherung und der damit gegebenen Disziplinierung durch Arbeit, so würden wir annehmen, der Benedikt durch das gelegentliche Wunder nachhilft. Darauf wollen wir in einem eigenen Abschnitt noch zurückkommen. Hier interessiert zunächst die zweite Auseinandersetzung mit der Kirche, die mit dem eifersüchtigen Priester Florentin. Er ist auf Benedikts Erfolg neidisch und versucht es schon wieder mit einer Vergiftung. Diesmal gibt es schon gar keine Frage mehr, ob Benedikt den Anschlag durchschaut, es stellt sich nur mehr das Problem der Entsorgung, das mit Hilfe des Raben gelöst wird. Im nächsten Eskalationsschritt versucht Florentin, das geistliche Leben in Benedikts Kloster zu stören, er will Benedikts Anhängerschaft abspenstig machen: »Ach! Florentin schickt geile Metzen, / Der Brüder Unschuld zu verletzen. / Doch Benedikt spricht schon das Wort: / Packt, Brüder! ein, wir ziehen fort« (Bild 18). Wieder entzieht sich Benedikt durch Flucht, und zwar gemeinsam mit einer nur kleinen Zahl von Brüdern, während die anderen in den zwölf Klöstern zurückbleiben. Florentin stürzt mit dem abbrechenden Balkon zu Tode und Benedikt gründet Monte Cassino.

Diesmal wird Benedikt endgültig initiativ: Er zerstört das heidnische Heiligtum, um sein Kloster an dessen Stelle zu setzen. Aus der Zurückgezogenheit ist über das widerwillige Hinausgehen in die Welt und die fast zufällige zweite, erfolgreiche Klostergründung der durchaus nicht gewaltfreie Missionseifer geworden: »Wer eilt so schnell auf Kassius Hügel? / Die Lieb' giebt Benedikten Flügel. / Allein was hat er dort gethan? / Er stürz't den Götz – zünd't Haine an« (Bild 20). Benedikt hat mit Gottes Hilfe in der innerkirchlichen Auseinandersetzung gesiegt und kämpft nun mit der Kirche gegen die Überreste des Heidentums. Die innerkirchliche Reform trägt ihre Früchte nach außen. Dieser Sieg wird in Bild 21 nochmals befestigt und gefeiert: »Der Götze ist nicht mehr zu finden; / Schon zündet Benedikt den Blinden / Das Licht des wahren Glaubens an, / Sie dienen unter Jesu Fahn.« Die so gewonnene kirchliche »Etabliertheit« ermöglicht dann auch die Auseinandersetzung mit der weltlichen Macht, mit hoher Anerkennung im Fall des Goten Totila (Bild 25 und 26), mit vorübergehenden Rückschlägen, zuletzt aber erfolgreich. Der Rückzug aus der Welt hat sich als Vorbereitung für die spätere erfolgreiche Rückkehr in die Welt gelohnt.

4.3 Bete und arbeite – arbeitsteilig

Der Erfolg der religiösen Reform durch Einrichtung der Disziplinargesellschaft des Klosters beruht auf ihrer Nützlichkeit in der Herstellung von Arbeitsdisziplin, die sich durch Gottgefälligkeit legitimiert. Man kann das deutlich an den Wundern ablesen, die in die Legende eingebaut sind und die man in »Arbeits-Wunder« und »geistliche Wunder« gruppieren kann. An den »Arbeits-Wundern« ist auffällig, daß Benedikt selbst nicht arbeitet, vielmehr die Mönche zur Arbeit anhält und diese Disziplinierung – so könnte man interpretieren – dadurch legitimiert, daß er bei mangelndem Arbeitserfolg oder äußeren Hindernissen imstande ist, mit Gottes Hilfe die Sache doch noch glücklich zu wenden.

Die Regel des »Bete und arbeite« läßt also durchaus Schwergewichte in der einen oder anderen Richtung zu, es kann durchaus so sein, daß die einen arbeiten und die anderen beten.

Das deutlichste Exemplar eines »Arbeits-Wunders« ist in Bild 24 dargestellt: »Ein Bruder fiel durch Teufelslist / Zerquetscht zur Erde vom Gerüst. / Vom Tod erweckt in Benedikt, / *Er wird zur Arbeit hingeschickt.«* Der harte Schnitt zwischen dem Arbeitsunfall, dem Wunder und der Weiterarbeit stiftet einen so engen Zusammenhang, daß der Effekt – der Naivität des Verseschmieds entsprechend – fast schon liebenswürdig humoristisch wird.

Eine analoge »harte« Zusammenführung von Wunder und Arbeit findet sich bei Gregor in der Schilderung des Wunders, das auch in Bild 15 dargestellt ist. Benedikt stellt hier auf wunderbare Weise das Arbeitsgerät wieder her und tröstet den Mitbruder (übrigens ist hier schon etwas wie der Status eines Laienbruders angedeutet): »Siehe, *jetzt arbeite weiter* und sei nicht mehr traurig!« (Dialoge 2/6). In dieselbe Reihe gehört die Episode, in der ein durch den »Urfeind« beschwerter Stein, den viele Mönche deshalb nicht heben können, durch Benedikts Gebet so leicht wird, »wie wenn er nie ein Gewicht gehabt hätte« (Dialoge 2/9).

Andere »Arbeits-Wunder« haben die Funktion, den Arbeitserfolg doch sicherzustellen, wenn er sich trotz aller Mühe nicht einstellen will, was die Sinnhaftigkeit der Disziplin fraglich machen könnte. Am deutlichsten gehört hierher das Mehl-Wunder, das in Bild 33 dargestellt ist: »Zur Zeit der größten Hungersnoth / Fleht Benedikt um Brod zu Gott; / Und Gott stellt ihm ganz wunderbar / Getreid zur Klosterpforte dar.« Die Arbeitsdisziplin ist auf die Dauer nur überzeugend legitimierbar, wenn auch gilt: Hilf dir selbst, dann hilft dir Gott, wie es später besonders im Calvinismus konsequent weitergeführt wurde. Insofern ist die erwähnte Arbeitsteilung zwischen beten und arbeiten extrem sinnvoll: Wer die Disziplin durchsetzen will, muß nicht nur selbst besonders diszipliniert sein, er muß auch – mit Gottes Hilfe – für den Erfolg sorgen können. In diese Gruppe könnte man auch das Quell-Wunder einordnen, das ein Stück Infrastruktur für gutes Arbeiten schafft, indem es die Mönche von einem aufwendigen Stück Reproduktionsarbeit, nämlich das Wasser aus einem weit entfernten See zu holen, entlastet (Bild 14). In einem losen Zusammenhang damit steht auch die Errettung des Placidus durch den auf den Wassern wandelnden Maurus, ist doch der Knabe beim Wasserschöpfen in den See gefallen (Bild 16). Beide Wunder haben freilich noch eine weiterreichende Konnotation, indem sie auf Moses und Christus verweisen und damit den Heiligen in diese Reihe stellen. Sie bilden damit auch etwas wie einen Übergang zu den »geistlichen Wundern«.

Die »geistlichen Wunder« sind größtenteils »Disziplinar-Wunder« oder enthalten jedenfalls ein Element davon. Am handgreiflichsten ist das in jener Episode, in der ein »kleiner, schwarzer Knabe«, den die anderen Brüder nicht sehen können, einen Mönch vom Gebet ablenkt. Benedikt bringt diesen Ungehorsam wieder ins Lot, indem er den Mönch »ob der Blindheit seines Herzens mit einer Rute« schlägt (Dialoge 2/4). Die Darstellung in Bild 13 hat mit diesem Prügeln eine Schwierigkeit und kehrt sie in ein Prügeln des »ausgeschamten schwarzen Mohren«. Die einschlägige Darstellung in den bereits erwähnten Fresken im Kloster Monte Oliveto Maggiore ist da weniger zimperlich, auf ihr

kann man die blutigen Striemen auf dem Rücken des von Benedikt mit der Rute geprügelten Mönchs deutlich sehen. Später (die erwähnte Episode liegt recht früh in der Legende, noch vor dem Bau von Monte Cassino) wird Benedikts Methode feiner, die Gabe der Hellsichtigkeit mit der Möglichkeit, den Überführten zu beschämen und zu erschrecken, bewährt sich in zahlreichen Episoden der Legende. Im Stamser Zyklus beziehen sich die Bilder 30 und 31 darauf. Das Grundmuster ist immer, daß der Heilige von einer Regelverletzung, die verheimlicht werden soll, durch Gottes Gnade doch Bescheid weiß, sie aufdeckt und damit Reue und guten Vorsatz erweckt. In zwei Fällen (Dialoge 2/12 und 2/13) besteht die Regelverletzung in der Übertretung eines Fastengebots. Die Verführung sieht dann etwa so aus: »... als sie aber ihren Weg noch weiter fortsetzten und später vom Gehen müde wurden, kamen sie auf ihrem Weg an eine Wiese und an eine Quelle und fanden alles Schöne, was nur den Körper erquicken konnte. 'Siehe', sagte da der Mitreisende, 'hier ist Wasser, siehe, hier ist eine Wiese, siehe, hier ist ein freundlicher Platz, wo wir uns erquicken und ein wenig ausruhen können, damit wir dann unsere Reise glücklich zu vollenden vermögen.' Während so die Rede den Ohren schmeichelte und der Platz dem Auge gefiel, gab er schließlich dieser dritten Aufforderung nach und aß« (Dialoge 2/13). In anderen Fällen sind es Gedanken von Stolz (2/20) oder der Versuch, sich dem Kloster und seiner Disziplin wieder zu entziehen (2/25). Hier geht es also nicht unmittelbar um Arbeit, sondern um die Aufrechterhaltung der Disziplin allgemein. Daß die Gabe des Hellsehens auch ihre weltlichen Vorteile hat, wie im Umgang mit dem Goten Totila, wurde bereits erwähnt.

Die kleinere Gruppe der »geistlichen Wunder« besteht in Totenerweckungen (2/24, 2/32), Krankenheilungen (2/26, 2/27, 2/38), der Entlarvung von teuflischem Blendwerk (2/10), dem Herbeibeten von Geld für einen gläubigen Mann, der seine Schulden nicht zurückzahlen kann (2/27). Insgesamt haben diese Wunder wohl die allgemeine Funktion, die Glaubwürdigkeit des Heiligen und seiner Beziehung zu Gott zu bestätigen und zu erhöhen. In einer Zwischengruppe vereinigt sich das »reine« geistliche Wunder mit dem Disziplinar-Wunder, etwa in der Befreiung des Klerikers von einem bösen Geist (Bild 29) oder in der Erlösung der armen Seelen von zwei Frauen, die im Grab keine Ruhe finden können (Bild 35). Der Dichter der Stamser Verse unterschlägt dabei, daß Benedikt den »Kleriker der Kirche« nur unter der Bedingung von seinem Dämon befreit, daß er kein Fleisch mehr ißt und keine höheren Weihen annimmt (was dieser nicht einhält und also wieder besessen wird; Dialoge 2/16), und daß die beiden Frauen im Grab keine Ruhe finden, weil ihnen Benedikt die Exkommunikation androhte, sollten sie sich nicht dazu überwinden, ihre Zungen besser im Zaum zu halten (was sie nicht taten; Dialoge 2/23). Insofern handelt es sich hier um eine Spielform des Disziplinar-Wunders, wobei besonders im letzten Fall ein Element von »Temperierung« der Strenge der Regel, von Absehen von der Konsequenz der Strafe deutlich wird, auf das noch zurückzukommen sein wird.

Insgesamt jedenfalls ist die Botschaft der Wunder in der Legende die von der Durchsetzung der methodischen Lebensweise, die ohne Gottes Hilfe nicht legitim und erfolgreich möglich wäre.

4.4 Die Erfolge der Gottgefälligkeit oder: Die methodische Lebensweise als Strategie des Machtgewinns

Wenn man die Legende aus einiger Entfernung insgesamt betrachtet und bereit ist, auch etwas kühne Analogien zu sehen, liest sie sich wie die kapitalistische Erfolgsstory vom armen Mann, der sein Erspartes durch strenge Selbsteinschränkung und eine glückliche Anlagepolitik zuletzt in ein Kapital verwandelt, das ihm und anderen Gewinn bringt, indem es Arbeitsplätze schafft. In der Einsamkeit, in die sich der junge Mann Benedikt erschreckt von der Welt und ihren Umtrieben zurückzieht, häuft der Heilige, der da entsteht, sein Kapital an Selbstgenügsamkeit, damit Unabhängigkeit, zugleich aber auch Glaubwürdigkeit an. Im Unterschied zu anderen religiösen Virtuosen aber, die sich mit der Anhäufung begnügen, ihr Erspartes sozusagen selbst konsumieren, gerät es Benedikt in der Tat zum Kapital, indem es sich – zunächst fast zufällig und gegen seine Absicht – produktiv wendet. Sein Rigorismus, den er infolge seiner Unabhängigkeit (nicht ohne die dienende Hilfe des Mönchs Romanus, worauf bereits hingewiesen wurde) durchhalten kann, führt ihm eine Schar von Anhängern zu, auf die gestützt er den auch aktiven Kampf um die Kirchenreform aufnehmen kann. Der damit geschaffene Organisationskern erweist sich mit Gottes Hilfe als überlebensfähig, damit vorbildhaft und zuletzt expansiv. Die Unabhängigkeit der Selbstdisziplin, die zunächst mit auch drastischen Mitteln durchgesetzt und aufrechterhalten werden muß, gegen die Anfeindungen und Anfechtungen einer verkommenen Welt und Kirche, bildet die Basis für die Übernahme nützlicher Aufgaben in der Offensive gegen Heiden und andere Feinde der Kirche, besonders auch den »Urfeind«, den allgegenwärtigen. Nach nur vier Generationen von Klostervorstehern läßt sich damit immerhin schon das höchste Amt in der Kirche besetzen, womit sich neue Durchsetzungs- und Expansionsmöglichkeiten ergeben.

Dieser Erfolg der methodischen Lebensführung blieb zunächst freilich auf die Kirche beschränkt, verstärkte sich noch in Ablösungen durch neue Orden, die mit demselben Mechanismus eines überlegenen Rigorismus gegenüber schlaff gewordenen Traditionen ihren erneuten Führungsanspruch behaupteten. In einer feudalen, auf Subsistenzwirtschaft, Beraubung und unmittelbarer Gewalt aufbauenden Produktionsweise war die methodische Lebensführung nicht verallgemeinerbar, trotz der Vorteile, die sie verschaffte. Aber die Modelleinrichtung der Disziplinargesellschaft war damit geschaffen und konnte sich tradieren.

Die Legende zeigt zuletzt noch auf, wie mit dem Erfolg der Regel sich ein wohltemperierter Umgang mit ihr als möglich und sinnvoll erwies. Neben Elementen dieser Temperierung, auf die wir bereits verwiesen haben, findet sich das zentral im Wunder der Schwester Scholastika, die Benedikt mit Gottes Hilfe dazu bringt, seine eigene Regel zu brechen, denn es »vermochte nach einem gerechten Entschlusse Gottes jene mehr, die mehr liebte« (Dialoge 2/33). Die Geschichte ist bekannt: Benedikt und seine Schwester Scholastika pflegten sich einmal im Jahr zu treffen, um im geistlichen Gespräch ihre geschwisterliche Zuneigung auszutauschen. Da seine eigene Regel es Benedikt verbot, die Nacht außerhalb des Klosters zu verbringen, war diesem Austausch eine harte Zeitgrenze gesetzt. Als Benedikt gehen wollte, betete Scholastika um einen Aufschub, worauf ein Unwetter einsetzte, das es den Geschwistern möglich machte, die ganze Nacht mit weiteren Gesprächen zusammen zu verbringen. Die Zwanghaftigkeit der methodischen Lebensführung erlaubt nun, angesichts ihrer festen Etabliertheit und vielleicht auch angesichts des hohen Lebensalters des Heiligen (»Bekanntlich ist, Petrus, in der Jugend die fleischliche Versuchung sehr heftig; vom fünfzigsten Jahre an aber nimmt die Hitze des Körpers ab«, Gregor, Dialoge 2/2), Ausnahmen, wenn sie durch höhere Ideale, wie das der Liebe, gerechtfertigt sind, verlangt sogar Ausnahmen dieser Art. Die Technik der methodischen Lebensweise bekommt damit Flexibilität und letzten Schliff.

Die Geschichte vom Erfolg der Gottgefälligkeit endet in einem weisen Realismus, der nun auch die notwendigen Ausnahmen von der Regel in Rechnung stellen kann, wenn die Disziplin nicht auf Dauer ihre Anhänger überfordern soll. Die Unordentlichkeit des Lebens läßt sich nur besiegen, wenn man sie – verfeinert, geregelt und als Ausnahme – doch zuläßt.

Damit sind schon in der Ursprungslegende Wege vorgezeichnet, die die Disziplin auch historisch gegangen ist: Die Selbstgenügsamkeit der methodischen Lebensführung erweist sich als Strategie des Machtgewinns. Sie beginnt als Selbstdisziplin und verallgemeinert sich in die Fremddisziplinierung. Sie wird nach anfänglich grausamer Härte zuletzt zu einem flexiblen System, das selbst Abweichungen noch einfängt. Sie bewährt sich an ihren wirtschaftlichen und politischen Erfolgen, an denen sich später auch andere Unternehmungen beteiligen, deren Gottgefälligkeit sich dadurch erweist.

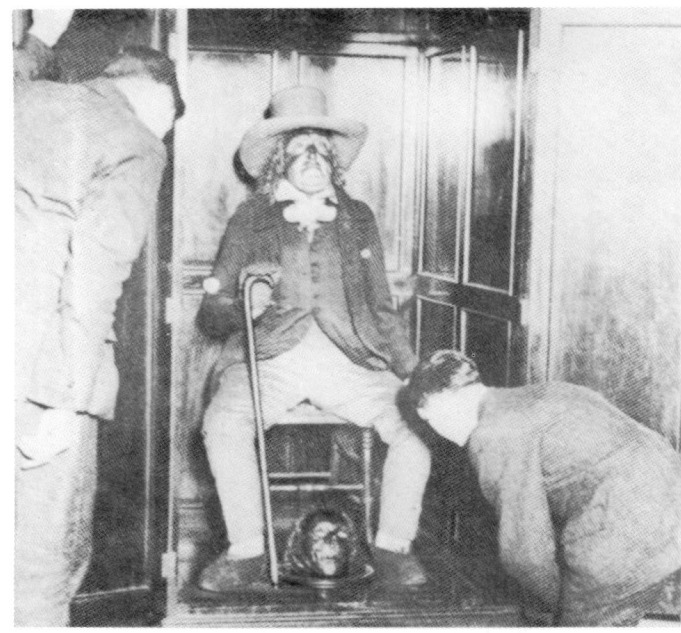

Jeremy Bentham, der Erfinder des Panopticums – der Vision von der totalen Kontrolle.

Er vererbte sein Vermögen der Universität London mit der Auflage, seine Gebeine müßten an allen Ratssitzungen teilnehmen. Sein Skelett ist deshalb bekleidet, der Kopf ist aus Wachs. Sein konservierter Totenschädel liegt ihm zu Füßen.

Bentham, der das Prinzip: Viel sehen, ohne selbst gesehen zu werden, mit dem Panopticum verwirklichen wollte, ist dabei selbst zum Schaustück geworden.

III. Von der Selbstdisziplin zur Fremd disziplinierung oder: Versuch, Michel Foucault aus der mißlichen Lage des Kopfstandes zu befreien

Wir haben bisher bei dem Vergleich von Kloster- und Fabrikdisziplin vorsichtig von einem Adäquanzverhältnis (»Wahlverwandtschaft«) gesprochen, das auf einen real-geschichtlichen Entwicklungszusammenhang nicht abstellt. Tatsächlich sind aber in der Entwicklung der abendländischen Disziplin genauer faßbare Strukturen zu sehen, Elemente einer Ordnung des real-historischen Ablaufs, in denen die materielle Basis dieser Disziplin, die wir in der geschlossenen Anstalt (und ihren unter bestimmten Umweltbedingungen nicht zuletzt ökonomischen und politischen Vorteilen) sehen, sich analytisch in ihrer Entwicklung darstellen läßt. Diese Konzeption soll in diesem Abschnitt, ausgehend von einer Kritik an dem Ansatz von Michel Foucault, entwickelt werden.

Die zentrale Bedeutung des Begriffs der »Disziplin« in dieser Arbeit und der häufige Bezug auf Michel Foucault lassen es sinnvoll erscheinen, etwas ausführlicher auf unser Verhältnis zu Foucault einzugehen. Dieses Verhältnis ist, kurz zusammengefaßt, höchst ambivalent: Foucault hat mit seinen anschaulichen phänomenologischen Analysen uns wie vielen Sozialwissenschaftlern die Beschäftigung mit dem Phänomen der Disziplinierung der Arbeitskraft im Kapitalismus wieder nahegelegt. Ansonsten aber halten wir seinen Beitrag zur Geschichte dieser Disziplinierung faktisch wie theoretisch für mehr irreführend als klärend. Foucaults Darstellung ist vor allem deshalb irreführend, weil sie aus einer einseitigen Perspektive erfolgt, der der Verwaltung von Gesellschaft nämlich. Das läßt sich sehr klar an dem Material nachweisen, das er verwendet. Gegenüber einer Geschichte, die aus der Aufzählung von Haupt- und Staatsaktionen besteht, wäre diese Perspektive durchaus als Fortschritt zu werten. Wenn man sie aber nicht reflektiert – und diese Reflexion bleibt bei Foucault aus –, läßt man sich von der gewählten Perspektive eine Theorie von Politik und Geschichte vorgeben, die sich folgerichtig bei Foucault auch findet: Eine Theorie, in der

Macht diffus verteilt ist, statt sich auf beiden Seiten angebbarer Konfliktlinien zu kristallisieren, eine Theorie, in der Geschichte nicht gemacht wird, sondern in der sich große Entwicklungen auf geheimnisvolle (und interesselose) Art durchsetzen, in der es kein Zentrum gesellschaftlichen Funktionierens (zum Beispiel in der Organisation von Produktion und Aneignung eines Mehrprodukts) gibt, eine Theorie also, die der Weltsicht von Bürokraten entspricht.

Foucaults Darstellung ist zum zweiten deshalb irreführend, weil in ihr die politische Funktion der untersuchten Diskurse nicht beachtet wird - was mit der genannten bürokratischen Weltsicht zusammenhängt. Für Foucault sind Diskurse säkular einheitliche Ereignisse, die sich nur in der zeitlichen Abfolge verändern, aber nicht gleichzeitig differenziert und unterschiedlich folgenreich mit-, gegeneinander und unabhängig voneinander stattfinden, einmal als Vorbereitung von Handeln, einmal zur Verschleierung von Handlungen, die nicht-diskursiv dahinter ablaufen, einmal zur Diffamierung eines Gegners, einmal zur Gewinnung von Bundesgenossen, und was die vielen möglichen Funktionen von Diskursen in der Politik noch sein mögen. Diese Differenziertheit von diskursiven Vorgängen hat ferner mit der jeweiligen Struktur von Öffentlichkeit zu tun, mit ihrer Differenziertheit, Vermachtung, Durchkapitalisierung, usw. Wenn man das alles großzügig vernachlässigt, schreibt man sicher keine Sozialgeschichte, im besten Fall eine Ideengeschichte auf etwas erniedrigtem Niveau (einem spannenden Niveau ganz sicher, auf dem dumpfen der halbgebildeten, aber real folgenreichen organisatorischen Umsetzung der abgelegten und abgesunkenen Ideen von gestern nämlich), im schlimmsten Fall eine verwirrende Melange von Ideengeschichten, die tatsächlich getrennt zu halten gewesen wären, wenn man ihren historischen Sinn entschlüsseln wollte. Zusammen ergibt das einen heimlichen Idealismus bei Foucault, um dessen Rückführung in die sozialhistorische Realität wir uns im folgenden bemühen wollen. Wir tun das hauptsächlich in einer Analyse und Kritik seiner beiden letzten Arbeiten, »Surveiller et Punir« (im folgenden mit SP abgekürzt) und »Volonté de Savoir« (im folgenden mit VS abgekürzt), vor allem, gemäß unserer eigenen Interessenausrichtung, der Darstellung der Strafvollzugsentwicklung. (Dabei werden auch Teile aus den Arbeiten von Steinert (1978) und Scheerer/Steinert (1979) verwendet. Insofern versteht sich dieser Abschnitt auch als Zusammenfassung und Fortführung der in diesen Arbeiten geleisteten Foucault-Auseinandersetzung.) Wir wählen als Einstieg einen knappen Vergleich von Foucault und Rusche/Kirchheimer, in dem Foucaults ahistorischer Idealismus deutlich werden soll, analysieren dann an »Volonté de Savoir« die Verwaltungs-Perspektive, in einem dritten Abschnitt an »Surveiller et Punir« die Vermischung und Vermantschung der Diskurse und versuchen schließlich – Foucault auf die Füße stellend – einen knappen Abriß von Elementen der Realgeschichte der Disziplinierung zu geben.

1. Der idealistische Wolf im Schafspelz der Machttheorie

Bemerkenswerterweise findet die sozialwissenschaftliche Diskussion über Fragen der Disziplinierung der Gesellschaft weitgehend im Bereich der »Randgruppenwissenschaften« (wie Kriminologie oder Psychiatrie) statt. (Im Vor- und Umfeld der Studentenbewegung war noch die Disziplinierung der Sexualität, sowie die des Konsumenten ein wichtiges Thema, aber schon die Disziplinierung im Militär war – trotz Kriegsdienstverweigerung – kein besonders wichtiges Thema. Inzwischen sind auch diese Gebiete wieder deutlich uninteressanter geworden.) Wir wollen uns daher den theoretischen Fragen in diesem Zusammenhang ebenfalls von dieser Seite her annähern, hauptsächlich in einer Analyse von Michel Foucaults »Surveiller et Punir«, in dem sich seine explizitesten Aussagen zur Beschreibung und historischen "Herleitung" der »Disziplin« als Herrschaftsmechanismus finden. Da es in der Arbeit inhaltlich um die Entwicklung des Strafvollzugs geht, ist sie vor allem auch interessant in ihrer Beziehung zu Rusche & Kirchheimers Buch über »Sozialstruktur und Strafvollzug«, dem bisher einzigen »großen« Beitrag der Soziologie zu diesem Thema. Foucaults Unternehmen ist freilich weniger extensiv angelegt, es bezieht sich »nur« auf einen Punkt der Gesamtentwicklung: die »Geburt des Gefängnisses«, betrifft damit aber auch einen zentralen Punkt: Auch die Theorie von Rusche & Kirchheimer stützt sich sehr stark auf diese eine »Erfindung« im Instrumentarium des Strafvollzugs, deren ökonomische Rationalität so deutlich zu sein und damit den ökonomistischen Ansatz von Rusche & Kirchheimer zu stützen scheint. Foucault freilich ist

kein Ökonomist und insofern verspricht seine Arbeit eine wichtige und notwendige Korrektur Rusche/Kirchheimers.

Foucault verspricht die Beschreibung eines großen Übergangs im europäischen Strafvollzugssystem: von der mittelalterlichen Körperstrafe zum heutigen Gefängnissystem. Der Ausgangs- und der Endzustand dieser Entwicklung werden durch zwei Bilder markiert, die Einleitung und Schluß des Buches bilden: eine nur mit Hindernissen gelingende Vierteilung im Jahre 1757 und der Entwurf eines imaginären Stadt- (und Gesellschafts-) Plans aus dem Jahr 1836, mit Spitälern, Irrenhäusern und Gefängnissen im Zentrum, darum angeordnet Stützpunkte von Militär, Gericht, Polizei, Politik und Wissenschaft, außerhalb dieses Walles die Wirtschaft und der Kampf aller gegen alle. Zwischen diesen beiden Bildern liegt für Foucault die Geburt des Gefängnisses, die historisch zu erklären sei.

Foucault geht dabei aus von verschiedenen Formen der »Politik des Körpers« oder der »Ökonomie der Macht«, verschiedenen Formen der Herrschaftsausübung könnte man mit einem geläufigeren (wenn auch abstrakteren) Ausdruck auch sagen. Die Formen des Strafvollzugs sind nur Ausdruck, Beispiel oder auch Paradigma dieser Herrschaftsformen, sie erklären sich aus ihnen oder mit ihnen gemeinsam.

Hier liegt freilich ein Problem der Logik, auf das hin die Arbeit von Foucault noch genau zu untersuchen sein wird: Entwickelt sich also eine »Herrschaftsform«, die dann auf die verschiedenen Bereiche – wie Schule, Armee, Fabrik, Justiz – angewendet wird? Dann ist anzugeben, worin sich diese Herrschaftsform unabhängig von den Bereichen, in denen sie ausgeübt wird, manifestiert. Oder ist die Herrschaftsform Abstraktion aus den konkreten Formen von Machtausübung in einzelnen Bereichen? Dann kann man ihre historische Entwicklung nicht abstrakt analysieren, sondern muß konkrete Entwicklungslinien und ihre Determinanten in den Einzelbereichen angeben. Dann hilft auch der Nachweis wenig, daß die Logik des Gefängnisses zum Beispiel der der Fabrik entspricht, er weist allenfalls auf tiefere Zusammenhänge hin, hat aber für sich keine Erklärungskraft. Oder ist einer der Bereiche Vorbild für die anderen? Das wäre dann ebenfalls konkret historisch nachzuweisen.

Jedenfalls gibt es da zunächst die Herrschaftslogik, die sich in den Körperstrafen ausdrückt. Foucault analysiert sie scharfsinnig an der Funktion der Folter im Inquisitionsprozeß und an der der öffentlichen Hinrichtung. »Der Kreis ist geschlossen: von der Folter bis zur Hinrichtung hat der Körper die Wahrheit des Verbrechens hervorgeholt und wiederholt. In einem Ritual von Prüfungen legt er das Geständnis ab, daß das Verbrechen stattgefunden hat, stößt er das Bekenntnis hervor, daß er selbst es begangen hat, bekundet er, daß er die Spuren des Verbrechens an sich trägt, erduldet er die Operation der Züchtigung und trägt ihre Wirkungen zur Schau. Der zu wiederholten Malen gemarterte Körper garantiert die Synthese aus der Wirklichkeit der Tatsachen und der Wahrheit der Untersuchung, den Akten des Verfahrens und den Worten des Verbrechers, dem Verbrechen und der Strafe. Er ist das Hauptelement in einer Strafliturgie, der Gegenspieler zu einem Souverän, dessen ungeheure Rechte auf Verfolgung und Geheimhaltung das Verfahren bestimmen« (SP, 62f.). Der gesamte Vorgang ist der Gegenschlag des durch das Verbrechen beleidigten Souveräns. Die Marter »soll weniger ein Gleichgewicht wiederherstellen als vielmehr die Asymmetrie zwischen dem Subjekt, welches das Gesetz zu verletzen gewagt hat, und dem allmächtigen Souverän, der das Gesetz zur Geltung bringt, bis zum Äußersten ausspielen« (SP, 65). Die Politik der Körperstrafen ist also die Darstellung der Übermacht des Herrschers. Foucault faßt das in einer seiner langen und wohlgebauten Perioden zusammen: »Daß Schuld und Strafe einander spiegeln und in der Gräßlichkeit übereinstimmen, war nicht die Folge eines geheimen Gesetzes der Vergeltung. Die Strafriten waren vielmehr Funktionen einer Macht, die nicht nur kein Hehl daraus macht, sich unmittelbar an den Körpern auszulassen, sondern sich an ihren physischen Manifestationen auch noch begeistert und steigert; einer Macht, die als bewaffnete Gewalt auftritt und den Krieg nicht völlig hinter sich gelassen hat; einer Macht, die Regeln und Pflichten als persönliche Bindung gelten läßt, deren Bruch eine Beleidigung darstellt und nach Rächung verlangt; einer Macht, für die der Ungehorsam ein Akt der Feindseligkeit, ja der Rebellion und letztlich des Bürgerkriegs ist; einer Macht, die nicht nachzuweisen hat, warum sie ihre Gesetze anwendet, sondern die ihren Feinden beweist, welche Entfesselung von Gewalt sie bedroht; einer Macht, die mangels einer lückenlosen Überwachung ihre Bekräftigung in aufsehenerregenden Kundmachungen sucht; einer Macht, die aus den rituellen Ausbrüchen ihrer Übermacht neue Kraft schöpft« (SP, 74f.).

Es ist ganz interessant zu sehen, wie Foucault die Rusche/Kirchheimersche Interpretation des Phänomens einschätzt: Er stimmt zu, daß die Körperstrafen »Wirkung eines Produktionssystems (seien), in welchem die Arbeitskräfte und damit der menschliche Körper nicht die Nützlichkeit und den Marktwert haben, wie später in der industriellen Ökonomie« (SP, 72). Dazu kommt noch die »allgemeine Einstellung zum Tod«, die anders ist, wenn das Leben geprägt ist von Krankheit, Hunger, Epidemien, Kindersterblichkeit und »Labilität der bioökonomischen Gleichgewichte«. Schließlich spielt noch die Drohung politischer Unruhen eine Rolle. Aber: »Diese allgemeinen und gewissermaßen äußeren Gründe erklären die Möglichkeit und das lange Bestehen der

peinlichen Strafen, die Schwäche und Isolierung des dagegen gerichteten Widerstands. Von da aus gilt es, ihre Funktion genau zu bestimmen« (SP, 72f.). Die historisch-kausale Erklärung wird als »gewissermaßen äußerlich« abgewertet zugunsten einer Erklärung aus den Leistungen des Systems. Übrigens sind diese beiden Typen von Erklärungen in der zitierten Aufzählung vermischt.

Die andere Herrschaftslogik, der auch der heutige Strafvollzug gehorcht, ist die der »Disziplin«. In der Disziplin wird der *tätige* Körper »infinitesimal« kontrolliert: Bewegungen, Gesten, Handlungen, Schnelligkeit; es geht dabei primär um Ökonomie und Effizienz der Bewegungen; und die Kontrolle »besteht in einer durchgängigen Zwangsausübung, die über die Vorgänge der Tätigkeit genauer wacht als über das Ergebnis und die Zeit, den Raum, die Bewegungen bis ins kleinste codiert« (SP, 175). Es geht dabei nicht nur um die Beherrschung der Menschen, sondern gleichzeitig um die Ausnützung. »Der historische Augenblick der Disziplinen ist der Augenblick, in dem eine Kunst des menschlichen Körpers das Licht der Welt erblickt, die nicht nur die Vermehrung seiner Fähigkeiten und auch nicht bloß die Vertiefung seiner Unterwerfung im Auge hat, sondern die Schaffung eines Verhältnisses, das in einem einzigen Mechanismus den Körper umso gefügiger macht, je nützlicher er ist, und umgekehrt« (SP, 176).

Diese Methoden finden sich »sehr früh in den Kollegs; später in den Elementarschulen: sie haben langsam den Raum des Spitals eingekreist; und binnen weniger Jahrzehnte haben sie das Militärwesen umgestaltet« (SP, 177). Und sie stellen die Grundlogik des Gefängnisses dar. »Das Gefängnis ist eine etwas strenge Kaserne, eine unnachsichtige Schule, eine düstere Werkstatt, letztlich nichts qualitativ Verschiedenes« (SP, 296). »Das Gefängnis, diese düstere Region im Justizapparat, ist der Ort, wo die Strafgewalt, die ihr Geschäft nicht mehr mit offenem Antlitz zu betreiben wagt, stillschweigend ein Feld von Gegenständlichkeit organisiert, damit die Bestrafung als Therapie und das Urteil als Diskurs des Wissens öffentlich auftreten kann« (SP, 328).

Diese zweite Herrschaftslogik ist also eine stille, heimliche, die ungemein leicht als »Sachzwang« auftreten kann, die auch nicht mehr erschreckt und offen terrorisiert, dafür aber umso wirksamer im Detail vorschreibt und einzwängt, eben diszipliniert. Die Frage ist immer noch: Wie ist sie historisch entstanden?

Die Beschreibung der Disziplin erinnert wieder an Rusche/Kirchheimer, die die Entstehung des Gefängnisses aus der Verwertbarkeit der Arbeitskraft Strafgefangener in manufakturartigen Betrieben erklären. Foucault nimmt auf diese Interpretation nicht explizit Bezug, kommt ihr aber in einer Passage nahe: Der ». . . Zweck der Disziplinen entspricht einer bekannten historischen

Schlafsaal für Obdachlose im Arbeitshaus von Marylebone in London. Holzstich aus der »Illustrated London News« 1867, Nr. 51, Seite 353.

Schlafsaal im Zuchthaus von Coldbath-Fields. Holzstich aus der »Illustrated Times« 1861, Nr. 12, Seite 137.

Zisterzienserkloster Le Thoronet. Dormitorium mit Tonnengewölbe (1160–1165).

Situation. Da ist einmal der demographische Wachstumsstoß des 18. Jahrhunderts: Vermehrung der nichtseßhaften Bevölkerung ...; rasche Vergrößerung der zu kontrollierenden und zu manipulierenden Gruppen ... Der andere Aspekt der historischen Konstellation ist das Anwachsen des Produktionsapparates, der immer ausgedehnter, komplexer, kostspieliger wird und dessen Rentabilität darum gesteigert werden muß. Die Entwicklung der Disziplinarprozeduren entspricht diesen beiden Prozessen oder vielmehr der Notwendigkeit ihrer gegenseitigen Anpassung ... An die Stelle von Gewalt/Beraubung setzen die Disziplinen das Prinzip von Milde/Produktion/Profit. Die Disziplinen sind Techniken, die gemäß diesem Prinzip die Vielfältigkeit der Menschen und die Vervielfachung der Produktionsapparate in Übereinstimmung bringen ...« (SP, 280f.). Er erweitert und verallgemeinert aber diese Rusche/Kirchheimer-nahe Interpretation durch einen Zusatz: »wobei unter Produktion auch die Produktion von Wissen und Fähigkeiten in der Schule, die Produktion von Gesundheit in den Spitälern, die Produktion von Zerstörungskraft mit der Armee zu verstehen ist« (SP, 281). Die Erklärung ist nicht rein ökonomisch, die Disziplin ist ein allgemeiner Herrschaftsmechanismus, dessen Entstehung daher komplexer zu erklären ist.

Dabei gerät Foucault die Erklärung aber leicht »schwammig«, weil er zwischen den Einzelbereichen und der Allgemeinheit der Herrschaftsform keinen klaren Übergang findet. Er will beides haben: die bereichsmäßige historische Ableitung und die Verselbständigung des allgemeinen Begriffs. »Die 'Erfindung' dieser neuen politischen Anatomie ist nicht als plötzliche Entdeckung zu verstehen. Sondern als eine Vielfalt von oft geringfügigen, verschiedenartigen und verstreuten Prozessen, die sich überschneiden, wiederholen oder nachahmen, sich aufeinander stützen, sich auf verschiedenen Gebieten durchsetzen, miteinander konvergieren – bis sich allmählich die Umrisse einer allgemeinen Methode abzeichnen ... Aber beinahe immer haben sie sich durchgesetzt, um in konkreten Situationen bestimmten Erfordernissen zu genügen: hier eine industrielle Neuerung, dort der Ausbruch epidemischer Krankheiten, anderswo die Erfindung des Gewehrs und die Siege Preußens. Gleichwohl fügen sie sich insgesamt in allgemeine und wesentliche Transformationen ein, die herauszuarbeiten sein werden« (SP, 177). »Es handelt sich nicht um die List der großen Vernunft, die noch in ihrem Schlaf am Werk ist und dem Unbedeutenden einen Sinn gibt, sondern um die Listen der aufmerksamen 'Böswilligkeit', die alle Wässerchen auf ihre Mühlen leitet. Die Disziplin ist eine politische Anatomie des Details« (SP, 178). »Einzeln genommen haben die meisten dieser Verfahren eine eigene Geschichte hinter sich. Das Neue im 18. Jahrhundert liegt darin, daß sie durch ihre Zusammenfügung und Verallgemeinerung ein Niveau erreichen, auf dem die Formulie-

rung des Wissens und die Steigerung der Macht sich gegenseitig in einem geregelten Prozeß verstärken. Die Disziplinen treten damit über die Schwelle der 'Technologie'« (SP, 287).

Diese »Technologie« findet sich in den Wissenschaften von den Disziplinen, den Sozialwissenschaften: »Diese Wissenschaften (vom Menschen), an denen sich unsere 'Menschlichkeit' seit über einem Jahrhundert begeistert, haben ihren Mutterboden und ihr Muster in der kleinlichen und boshaften Gründlichkeit der Disziplinen und ihrer Nachforschungen. Diese spielen vielleicht für die Psychologie, die Psychiatrie, die Pädagogik, die Kriminologie und so viele andere seltsame Kenntnisse eben die Rolle, die einst die schreckliche Macht der Inquisition für das ruhige Wissen von den Tieren, den Pflanzen, der Erde gespielt hat. Andere Macht, anderes Wissen« (SP, 290).

Aber auch damit wird das historische Problem nur verschoben. Die Zusammenfassung der Einzelentwicklungen geschieht durch die Wissenschaften, die ihre Ergebnisse und die Erfahrungen damit systematisieren. Aber wie vereinheitlicht sich die Macht, die hinter diesem Wissen steht? Man könnte meinen, die Einheitlichkeit dieser Macht besteht in ihrer Diffusion, ihrer Verschiebung ins Detail, wo sie sich nicht mehr als Macht dingfest machen läßt. Nur ist der Prozeß damit weiterhin aufgespalten, der allgemeine Begriff findet kein allgemeines Substrat. Dieses Ergebnis hat nur Implikationen für die historische Ableitung: Es ist kein einheitlicher, geschlossener Prozeß zu erwarten, jedenfalls nicht von Foucault dargestellt. Damit fällt aber die Hoffnung, die wir einleitend geäußert haben: Die politische Erklärungsebene, deren Darstellung wir erwartet haben, wird auch von Foucault verfehlt.

Dazu kommt eine weitere Komplikation der historischen Entwicklung: Foucault findet noch ein drittes Modell der Strafenpolitik, vertreten von den Reformern des 18. Jahrhunderts, unter ihnen Beccaria. Diese Reformer sind es, die das Prinzip der »Gräßlichkeit« und des Terrors überwunden haben, nur war ihr Ziel nicht das Gefängnissystem. Sie führen das Prinzip der Sparsamkeit und Verhältnismäßigkeit der Strafe ein. »In einem seine eigenen Effekte kalkulierenden Strafsystem muß das Exempel mit der größtmöglichen Diskretion auf das Verbrechen verweisen, muß es den Eingriff der Macht so sparsam gestalten wie nur möglich und im Idealfall jedes weitere Auftreten von Verbrechen und Strafe verhindern. Das Strafexempel ist nicht mehr ein Manifestationsritual, sondern ein Verhinderungszeichen« (SP, 119). Der möglichst ökonomische Schutz der Gesellschaft tritt in den Vordergrund, Abschreckung wird zentral. Eine möglichst enge Assoziation von Verbrechen und Strafe muß in den Köpfen hergestellt werden, »... es geht um den Geist oder vielmehr um ein Spiel von Vorstellungen und Zeichen, die diskret, aber mit zwingender Gewißheit im Geiste aller zirkulieren« (SP, 129). Diese enge Assoziation soll durch »eine Verbindung von Gleichheit, Analogie, Ähnlichkeit« (SP, 134) hergestellt werden und dementsprechend kreisen die Phantasien der Reformer um »Spiegel-Strafen«: »Wer in seinem Verbrechen gewalttätig war, wird körperliche Schmerzen erleiden; der Taugenichts wird zu einer mühevollen Arbeit gezwungen werden; der Niederträchtige wird eine entehrende Strafe erleiden« (SP, 135). Alle diese Strafen, die trotz neuer Philosophie so sehr anders gar nicht sind, müssen auch nach wie vor öffentlich sein. Aber »trotz der Grausamkeiten, die stark an die Martern des Ancien Régime erinnern, ist in diesen Analogie-Strafen ein ganz anderer Mechanismus am Werk« (SP, 135). Sie müssen nicht mehr terroristisch wirken, sondern mit Sicherheit und Regelmäßigkeit eintreten. »Die Zeremonie der Züchtigung beruht nicht mehr auf der schreckenerregenden Wiederherstellung der Souveränität, sondern auf der Wiederinkraftsetzung des Strafgesetzbuches, auf der kollektiven Fixierung des Bandes zwischen der Idee des Verbrechens und der Idee der Strafe« (SP, 141). Das Gefängnis hat in diesem System nur einen bescheidenen Platz; es spricht die Phantasie nicht genügend an und es ist traditionell (als Armenhaus und als Polizeigefängnis) dem Verdacht der Willkür, Unkontrollierbarkeit und despotischen Parajustiz ausgesetzt.

Dieses System hat sich nur zur Hälfte durchgesetzt, in dem Aspekt, in dem es um »Rechtssicherheit« geht, nicht als System von »pittoresken«, in den Vorstellungen haftenden Strafen. An deren Stelle trat vielmehr die einförmige, nur zeitlich abgestufte Gefängnisstrafe, die »Disziplin«. Tatsächlich sind also in der historischen Entwicklung zwei Übergänge zu erklären.

Die Zwiespältigkeit des ersten Übergangs wird von Foucault zunächst sehr deutlich herausgearbeitet: Es geht um die Kontrolle des Souveräns und um die des Volks. Beide gehören zusammen: »Eben die monarchische Souveränität, die dem Souverän eine in die Augen springende, schrankenlose, persönliche, regellose und unstetige Macht auflud, ließ auf seiten der Untertanen den Raum für eine stetige Gesetzwidrigkeit offen: diese war gleichsam jenem Machttyp zugeordnet. Wer darum gewisse Vorrechte des Souveräns anfocht, stellte damit auch das Funktionieren der Gesetzwidrigkeiten in Frage« (SP, 111). Über den Kampf gegen die Willkür der Fürsten und wer ihn führte sagt Foucault freilich fast nichts. Die andere Seite der Reform hingegen wird höchst plausibel gemacht: »Mit den neuen Formen der Kapitalakkumulation, der Produktionsverhältnisse und des rechtlichen Status des Eigentums sind alle volkstümlichen Praktiken, die unauffällig oder geduldet oder gewaltsam die Gesetzwidrigkeit gegenüber Rechten verkörperten, in die Gesetzwidrigkeit gegen Güter umgeschlagen« (SP, 110). Das macht die bisher tragbaren

»volkstümlichen Gesetzwidrigkeiten« unerträglich. »Es wird notwendig, eine andere Bestrafungsstrategie und neue Techniken zu entwickeln, um die Ökonomie der Verausgabung und des Exzesses durch eine Ökonomie der Kontinuität und der Dauer zu ersetzen. Die Strafrechtsreform hat also dort ihren Ausgang genommen, wo sich der Kampf gegen die Übermacht des Souveräns mit dem Kampf gegen die 'Untermacht' der erkämpften und geduldeten Gesetzwidrigkeiten trifft« (SP, 111). Dieses zweite Ziel, so meint Foucault, blieb vorrangig. Was geschah mit dem ersten?

Wenn wir die aufklärerische, utilitaristische Reform einmal grob mit dem Strafrecht des als Klasse aufsteigenden Bürgertums gleichsetzen, so ist es unwahrscheinlich, daß eine Klasse, die auch nach der politischen Macht greift, dieses erste Ziel aufgeben sollte. In der Tat war das auch nicht der Fall. Nur interessiert das Foucault nicht sehr, für ihn ist es ein Nebenergebnis: »Zwar zeichnet sich die neue Strafgesetzgebung durch eine Milderung der Strafen, eine sorgfältigere Kodifizierung, eine beträchtliche Verringerung der Willkür und einen stärkeren Konsens hinsichtlich der Strafgewalt aus (zuungunsten der Gewaltenteilung bei der Ausübung der Strafgewalt), aber sie beruht auf einer Umwälzung der traditionellen Ökonomie der Gesetzwidrigkeiten und einem strengen Zwang zu ihrer neuartigen Bewältigung« (SP, 113).

Spätestens an dieser Stelle in der Rekonstruktion von Foucaults Darstellung wird deutlich, daß man einer Mystifikation aufgesessen ist: Foucault will und kann überhaupt nicht die »Geburt des Gefängnisses« beschreiben, er hat entweder das Thema verfehlt oder dem Buch einen irreführenden Untertitel gegeben. Vielmehr beschreibt er idealtypisch drei verschiedene Arten von sozialer Kontrolle. Die historische »Verpackung« ist ihm dafür nur punktuelles Material und Vorwand – und gerät dementsprechend schief.

Das wird am deutlichsten an der Datierung seines Materials. Der Zeitraum, der ihn hier beschäftigt, ist der zwischen 1760 und 1840, den er als den »großen Transformation« bezeichnet (SP, 24). Für ihn wird zunächst einmal nicht mehr behauptet als die »Einschränkung der Marter«. Die überzeugendsten Belege dafür sind die Hinweise auf die Technisierung der Hinrichtung (»bereits im Jahre 1760 hatte man in England ... eine Erhängungsmaschine ausprobiert ... Sie wurde vervollkommnet und schließlich im Jahre 1783 endgültig eingeführt« – SP, 20; »die seit März 1792 in Verwendung befindliche Guillotine ...« – SP, 21) und den Rückzug der Strafe aus der Öffentlichkeit (SP, 15 ff.), der aber erst ganz am Ende des behandelten Zeitraums erfolgte. Jedenfalls in der ersten Hälfte des Zeitraums, bis 1800, entsprach dem keinerlei Milderung der Strafandrohungen, eher im Gegenteil: »Die Strenge des Gesetzes ... hat sogar zugenommen, denn Blackstone zählte 1760 in der englischen Gesetzgebung 160 Kapitalverbrechen, während man 1819 auf 223 kam« (SP, 23).

In diese Zeit bis 1800 gehört aber der zweite Block von Daten, mit denen Foucault arbeitet: die literarischen und in den parlamentarischen Archiven aufbewahrten Äußerungen der französischen Strafrechtsreformer vor der Revolution. Alle hier zitierten Aussagen liegen zwischen 1764 (Beccaria) und 1791 (dem Jahr des reformierten Strafgesetzes). Ihnen wird das Modell der »Zeichentechnik der Bestrafungen« entnommen, das nie voll realisiert wurde.

Im Abschnitt über die Disziplin bewegen sich die Belege über ziemlich große Zeiträume: für die Disziplin im Militär liegen sie zwischen 1614 und 1777, für die Schule zwischen 1583 und 1816, für die Manufaktur/Fabrik zwischen 1667 und 1809. Im Abschnitt IV: »Gefängnis« stammen die Belege ziemlich ausschließlich aus den Jahren 1830–1850 (wobei 1838 offenbar ein besonders gutes Jahr für die Foucault'schen Nachforschungen war). Nur einmal (SP, 254) wird in diesem Zusammenhang die »große Einsperrung im 17. Jahrhundert« erwähnt. Das Amsterdamer Rasphuis und sein Gründungsjahr 1596 werden einmal (SP, 155 f.) erwähnt, dann springen auch an dieser Stelle die Belege sofort ans Ende des 18. Jahrhunderts. Das heißt aber: Während der Beginn der »Disziplin« überhaupt sehr wohl spätestens ins 17. Jahrhundert verlegt wird, behandelt Foucault das Gefängnis und seine Disziplin in der ersten Häfte des 19., wo von seiner »Geburt« keine Rede mehr sein kann. Die liegt, wie Foucault selbst in »Wahnsinn und Gesellschaft« (besonders 77 ff.) gezeigt hat, im 17. Jahrhundert.

Die historische Frage stellt sich also ganz anders, als man bei Lektüre von »Überwachen und Strafen« glauben gemacht wird, wenn man sich die historische Abfolge nicht wie oben aus den Fußnoten neu zusammenstellt: Disziplinierung und Einsperren waren längst vorhanden, als die Reformer sich gegen Willkür und Grausamkeit der Justiz auszusprechen begannen. Dabei ging es, wie das Ergebnis zeigt (und das nicht nur in Frankreich), weniger um geringe Grausamkeit der Strafen als um »Rationalisierung« des Strafensystems. Die Folter freilich wurde im aufgeklärten Absolutismus abgeschafft. Damit bleibt als Frage, warum die grausamsten (durchaus nicht alle) Körperstrafen allmählich verschwanden, warum die Phantasien mancher Reformer vom »Strafen-Theater« nicht verwirklicht wurden und warum der (vorhandene) Apparat der Einschließung sich immer stärker in einen zur »Reform« der Eingeschlossenen umwandelte.

2. Dienstanweisung für einen Unterteufel [1]

Den Nachweis für den ersten Punkt, daß Foucaults Darstellung aus einer Verwaltungsperspektive erfolgt, wollen wir zunächst an »Volonté de Savoir« führen. Dort wird argumentiert, daß man – im Gegensatz zur verbreiteten Annahme einer zunehmenden Unterdrückung von Sexualität – tatsächlich seit dem 17ten Jahrhundert eine gewaltige Vermehrung und Differenzierung von Diskursen über Sexualität beobachten kann. Was einst das Monopol der Kirche und ihrer Geständnisrituale war, hat sich seither auf eine lärmende Vielzahl von Institutionen aufgeteilt: Ärzte und Psychiater, besonders forensische, Pädagogen und Verwalter, alle darauf aus, ihre spezielle Art von Geständnis-Prozedur hysterischen Frauen, onanierenden Kindern, Perversen und dem »Fortpflanzungs-Verhalten« der Bevölkerung insgesamt überzustülpen. Durch die Installierung ihrer Diskurse hätten diese Institutionen »Sexualität« im großen Maßstab erst »hergestellt«, indem sie sie nicht unterdrückten, vielmehr strukturierte Möglichkeiten schufen, über sie zu reden. »Alles in allem sind wir die einzige Zivilisation, in der eigene Aufseher dafür bezahlt werden, daß sie jedem zuhören, der sich ihnen über seinen Sex anvertrauen will« (VS, 16). Was also geschah, war nicht eine Verstärkung von Unterdrückung, sondern die Entwicklung einer subtileren Kontrolle durch ein System von teils erzwungenen, teils freiwilligen Geständnissen, ein System, in dem sich Kontrolle und Lust vermischen, in dem eine »scientia sexualis« die »ars erotica« ersetzt und einen Teil ihrer Funktionen mit übernommen hat.

Wenn wir das als grobe Skizze des Hauptarguments in »Volonté de Savoir« akzeptieren, dann ist jetzt nach den Belegen zu fragen. Zweifellos sind die genannten Geständnis-Institutionen in der Tat entstanden, aber sie haben nicht nur den Diskurs über Sexualität verändert, sondern auch die Öffentlichkeit, in der dieser Diskurs geführt wird. Foucault beschreibt das auch zumindest implizit, wenn er zum Beispiel meint: »Man darf also nicht schlechthin von der fortgesetzten Zunahme dieses diskursiven Wachstums reden, sondern muß darin eher eine Verstreuung der Brennpunkte, an denen diese Diskurse gehalten werden, eine Veränderung ihrer Formen und eine komplexe Ausbreitung ihres Verbindungsnetzes sehen« (VS, 47). Trotzdem behandelt er aber diese verschiedenen Öffentlichkeiten als einheitlich und vergleichbar. Dazu kann man schon den Verdacht haben, daß Foucault auch jene frühe Öffentlichkeit des kirchlichen Sexual-Diskurses, die er als seinen Ausgangspunkt nimmt, nicht ganz zutreffend darstellt: Das Monopol der Kirche und ihrer Beichtstühle ist wahrscheinlich nie so ganz selbstverständlich und akzeptiert gewesen, wenn man etwa an die sexuellen Obertöne mancher mystischer Schriften denkt oder an die Unterstellung mehr oder weniger bizarrer

Sexualpraktiken, die in den Anklagen gegen Häretiker und Hexen immer im Zentrum standen. Außerdem gab es offenbar einen aristokratischen Sexual-Diskurs gleichzeitig, wie er in den Liedern der Minnesänger überliefert ist, und wahrscheinlich auch eine volkstümliche Tradition von ausschweifenden sexuellen Erzählungen, wenn man annimmt, daß Schreiber wie Boccaccio, Chaucer, Villon, Rabelais nicht nur ihre privaten Fantasien zu Papier brachten, sondern auch volkstümliche Motive aufnahmen. Daher war auch damals der Diskurs nicht so einheitlich und die nachfolgende Zunahme in Menge und Differenziertheit nicht ganz so dramatisch wie Foucault das voraussetzt. Dazu wissen wir auch, jedenfalls für heute, daß die verschiedenartigen Diskurse, die Foucault zu einem zusammenfaßt, an (und gegen) ganz verschiedene Bevölkerungskategorien gerichtet sind: Der der Gerichtspsychiater bezieht sich auf die Unterschicht, der der Psychoanalytiker eher auf ein gehobenes Publikum. Wie sehr Foucault solche Differenzierungen großzügig übergeht, wird brennpunktartig deutlich an der Stelle (VS, 45f), wo er zwischen der gerichtsmedizinischen Untersuchung eines zum »Sexualtäter« definierten französischen Landarbeiters im Jahr 1867 und dem anonym veröffentlichten »My secret life« eines Victorianischen Libertins keinen Unterschied, nur mehr Gemeinsamkeit, die des Geständnisses, zu sehen vermag.

Gibt es da wirklich keinen Unterschied zwischen dem abgepreßten Geständnis eines Sub-Proletariers und der hochstilisierten Selbstdarstellung eines Bürgers? (Und warum wurde selbst letztere anonym veröffentlicht?)

Noch bemerkenswerter als dieser Mangel an Unterscheidung zwischen verschiedenen Diskursen und ihren Öffentlichkeiten ist aber eine unkommentierte Gemeinsamkeit der von Foucault analysierten Diskurse, die deutlich wird, wenn man die jeweils zeitgenössischen Quellen überprüft, die Foucault heranzieht: Sie sind alle (mit Ausnahme von deSade und »My secret life«) Texte, die von Vorgesetzten in einer Hierarchie zu Nutz, Frommen und Anleitung der Funktionäre in der vordersten Linie organisierter Sozialkontrolle geschrieben wurden – von Theologen für den einfachen Seelsorger, von Pädagogen für Lehrer und Erzieher, von Professoren der »Polizey-Wissenschaft« für Verwaltungsbeamte, von Gerichtsmedizinern für Richter, von Professoren der Medizin und speziell Psychiatrie für den einfachen Doktor und die Eltern »gefährdeter« Kinder. Es gibt da (außer den beiden genannten) im gesamten Buch keine Ausnahme. Nun ist das sicher eine nicht uninteressante Ebene in der Kontrollhierarchie, aber ebenso sicher eine, die mehr über die Ideologien und (mehr oder weniger wohlmeinenden) Absichten als über die Realitäten von Sozialkontrolle etwas aussagt. Die Kontroll-Fantasien auf dieser Verwaltungsebene können sehr viel oder praktisch nichts bedeuten, je

nach den institutionellen Arrangements, die zur Verfügung stehen, um die Kontrolleure der vordersten Linie dazu zu veranlassen, auch nur den Versuch zu ihrer Verwirklichung zu machen. Und sie können sehr viel oder noch weniger Bedeutung für die eigentlichen Adressaten dieser Kontrolle haben, je nachdem, wie diese Kontroll-Fantasien durch die Apparate, in denen sie nach unten transportiert werden, verstärkt oder gefiltert dort anlangen. Vorhandensein oder Fehlen der entsprechenden bürokratischen und/oder Propaganda-Maschinen und der Zugang, den die Schreiber solcher Kontroll-Fantasien zu ihnen haben, machen daher den entscheidenden Unterschied dafür aus, was diese Fantasien für das Alltagsleben bedeuten.

Wir meinen, daß sich aus diesen unreflektierten Eigenheiten und Einseitigkeiten der herangezogenen Evidenz und ihrer Verarbeitung einiges an der theoretischen Position Foucaults, besonders seiner Theorie der Macht erklären läßt. Bevor wir darauf eingehen, sollen aber die beiden hier herausgearbeiteten Merkmale seiner Darstellung – Vermischung getrennter Diskurse und einseitig administrative Perspektive – nochmals an einem komplizierteren Beispiel, diesmal aus »Surveiller et Punir«, vorgeführt werden.

3. Das Geheimnis der spurlos verschwundenen »Straftheater«

In »Surveiller et Punir« präsentiert Foucault drei Modelle von Sozialkontrolle: das »terroristische« des Absolutismus, das »disziplinäre« der nach-revolutionären Zeit und das »signifikatorische« der Aufklärer, in dem Sicherheit der Bestrafung, sichtbare und »verständliche«, auf die Art der Tat verweisende Strafen, das universelle »Straftheater«, im Mittelpunkt stehen. Nach der Frage, warum sich langfristig das Disziplinarmodell durchsetzte, kommt in dem Buch sofort die, warum im speziellen dieses Disziplinarmodell das "signifikatorische" verdrängen konnte, wurde doch in dessen Namen das terroristische Modell kritisiert und angegriffen, während sich das disziplinäre (nach Foucault) nicht in offener Auseinandersetzung, sondern unmerklich und nicht-diskursiv in das System von Recht und Strafe sozusagen einschlich. Am Schluß von Teil II (SP, 170) stellt sich Foucault die Frage nach dem Versagen des »signifikatorischen« Modells explizit: »Das Problem stellt sich also folgendermaßen: Wie kommt es, daß sich das dritte Modell schließlich durchgesetzt hat? Wieso hat das zwanghafte, körperliche, isolierende und verheimlichende Modell der Strafgewalt das repräsentative, szenische, zeichenhafte, öffentliche und kollektive Modell verdrängt? Warum hat sich die physische Vollstreckung der Bestrafung (die von der Marter zu unterscheiden ist) mitsamt ihrer institutionellen Basis, dem Gefängnis, gegenüber dem gesellschaftlichen Spiel der Strafzeichen und dem geschwätzigen Fest, das sie in Umlauf bringt, durchgesetzt?« Die Frage bleibt in dem Buch tatsächlich unbeantwortet, es sei denn, Allgemeinheiten wie die folgenden (und ähnliche) wären einem als Antwort akzeptabel: »Das Gefängnis, diese düsterste Region im Justizapparat, ist der Ort, wo die Strafgewalt, die ihr Geschäft nicht mehr mit offenem Antlitz zu treiben wagt, stillschweigend ein Feld von Gegenständlichkeit organisiert, damit die Bestrafung als Therapie und das Urteil als Diskurs des Wissens öffentlich auftreten kann. Man versteht nun, daß die Justiz so umstandslos ein Gefängnis adoptiert hat, das doch nicht das Kind ihrer Gedanken war. Sie war ihm diese Anerkennung schuldig« (SP, 328). »Daß das Zellengefängnis mit seinem Zeitrhythmus, seiner Zwangsarbeit, seinen Überwachungs- und Registrierungsinstanzen, seinen Normalitätslehrern, welche die Funktionen des Richters fortsetzen und vervielfältigen, zur modernen Strafanlage geworden ist – was ist daran verwunderlich? Was ist daran verwunderlich, wenn das Gefängnis den Fabriken, den Schulen, den Kasernen, den Spitälern gleicht, die allesamt den Gefängnissen gleichen?« (SP, 292). Was wir bekommen, sind Analogien, im Grunde die nur stilistisch variierte Aussage, daß die Disziplin sich im Strafvollzug durchsetzte, weil sie sich auch sonst überall durchsetzte, aber keine Erklärung dafür, warum das »Straftheater« unterging. Wir meinen (und werden im folgenden zu zeigen versuchen), daß dieses Ausbleiben einer Antwort auf eine der entscheidenden Fragen des Buchs darauf zurückzuführen ist, daß Foucault nicht imstande ist, zwischen verschiedenen Diskursen und ihren Öffentlichkeiten zu unterscheiden.

Man muß sich dazu das Aussehen der literarischen und intellektuellen Szene im vor-revolutionären Frankreich, in der Zeit also, in der das »signifikatorische« Modell diskutiert wurde, das schließlich den Weg in die Gesetzbücher und die organisierte Kontrollwirklichkeit nicht fand, bewußt machen, was wir im Anschluß an Darnton (1971) tun wollen. Nach seiner Darstellung gab es damals zwei streng getrennte Schichten von Literaten und Intellektuellen: Auf der einen Seite standen die »philosophes« der Salons, »le monde« mit den Geistesheroen Voltaire, Montesquieu, Buffon und einer langen Reihe von mehr oder weniger modischen, aber unbedeutenden Figuren. Sie alle lebten hinreichend auskömmlich, und zwar weniger von Gehältern oder Tantiemen, als vielmehr von »literarischen Pensionen, 'gratifications' und 'traitements'«, die staatlich vergeben wurden (Darnton, 1971, 86), außerdem von Sinekuren: »Die Zweige der königlichen Familie waren beladen mit Vorlesern, Sekretären und Bibliothekaren – mehr oder weniger Ehrenposten, *für* die man arbeiten mußte, nicht

aber *in* ihnen, und die man erwarb durch Antichambrieren, durch improvisierte Lobgesänge, durch Kultivieren von Bekanntschaften in den Salons, durch Zugang zu den richtigen Leuten. Und natürlich war es dabei immer von Vorteil, Mitglied der Académie Française zu sein« (Darnton, 1971, 89). Um in diesen Kreis der »Hoch-Aufklärung« und in die Nähe seiner Gratifikationen zu gelangen, brauchte man Protektion, »nicht die alte höfische Spielart der Patronage, sondern eine neue Art, die darin bestand, die richtigen Leute zu kennen, die richtigen Fäden ziehen zu können, und Bekanntschaften zu 'kultivieren', wie man es im 18ten Jahrhundert kannte« (Darnton, 1971, 85). Und natürlich mußte man auch staatsfromm sein: »... die Monarchie unterstützte ernsthafte Gelehrte, vielleicht sogar mit der Absicht, eine neue intellektuelle Elite heranzuziehen. Sie unterstützte auch aus Mildtätigkeit. Und sie nützte ihre Finanzen, um Schriften, die das Regime gut dastehen ließen, zu fördern« (Darnton, 1971, 88). Auf der anderen Seite stand eine diesem System entsprechende, aber viel größere Subkultur von Schreibern, die es nicht geschafft hatten. Darnton zitiert einen zeitgenössischen Beobachter: »Paris ist voll von jungen Männern, die ihr bißchen Fertigkeit für Talent halten, von Büroangestellten, Buchhaltern, Advokaten, Soldaten, die sich selbst zu 'Autoren' machen, Hungers sterben, sogar betteln, und Pamphlete produzieren« (Darnton, 1971, 94). Und nachdem »Talent« ist, was es ist, nämlich eine Post-festum-Rechtfertigung für Erfolg, zu dem man mit mehr oder weniger obskuren Mitteln gekommen ist, kann es nicht überraschen zu hören, daß die etablierten Autoren für dieses »intellektuelle Proletariat« nicht allzuviel übrighatten und erwartungsgemäß den Zugang dieser Leute zu den respektablen Journalen und den genannten Einkommensquellen kontrollierten, was heißt: diese beiden Ressourcen monopolisierten.

Man konnte sie auch nicht umgehen, denn es gab keinen Markt für literarische Produkte, Privilegien und Monopole herrschten. »Unter diesen Umständen fungierte die Gilde der Buchhändler viel wirksamer, als die Polizei das gekonnt hätte, als Zensor gegenüber nicht-privilegierten Büchern, und nicht-privilegierte junge Männer wie Brissot wurden in eine verzweifelte Situation getrieben, nicht so sehr, weil ihre Schriften radikal waren, sondern weil die Monopole sie daran hinderten, überhaupt auf den Markt zu kommen« (Darnton, 1971, 99). Diese »Grub Street« der Literatur, wie Darnton sie nennt, hatte allerdings ihre »alternativen« Publikationsorgane, ihre Pamphlete und Schmähschriften, und konnte damit eine gewisse Öffentlichkeit erreichen. Es kann wieder nicht überraschen zu hören, daß diese Situation diese Schreiber radikalisierte, und zwar in einer durchaus gezielten Weise: »Die vor der Revolution verfaßten Schriften von Männern wie Marat, Brissot und Carra drücken keinerlei allgemeine und unbestimmte Anti-Establishment-Haltung aus; sie brodeln vielmehr ganz gezielt mit Haß gegen die literarischen 'Aristokraten', die die 'Gelehrtenrepublik' übernommen und sie in eine 'Despotie' umgewandelt hätten. Diese Männer wurden in den Tiefen dieser intellektuellen Unterwelt Revolutionäre und bezogen aus dieser Erfahrung die Jakobinische Entschlossenheit, die 'Aristokratie des Geistes' wegzufegen« (Darnton, 1971, 98). Und diese unmittelbare Erfahrung war auch verallgemeinerbar: »Dieser Ton von moralischer Empörung war typisch für die Schmähschriften und offenbar mehr als eine rhetorische Pose. In ihm drückte sich das Gefühl einer totalen Verachtung für eine total korrupte Elite aus. Wenn die Schmähschriften daher auch vielleicht keine geschlossene Ideologie zu vermitteln hatten, so doch jedenfalls eine revolutionäre Weltsicht: Sie zeigten, daß soziale Fäulnis die französische Gesellschaft auffraß, und zwar von der Spitze ausgehend nach unten. Und ihre pornographischen Details waren geeignet, diesen Punkt auch einem Publikum nahezubringen, das den 'Contrat Social' nicht verstand und das bald 'Le Père Duchesne' lesen sollte« (Darnton, 1971, 110).

Es gab also (mindestens) zwei ganz getrennte »Öffentlichkeiten« in jenem vor-revolutionären Frankreich, eine integrierte, abhängige, finanziell gesicherte und reformistische »Hoch-Aufklärung« und ein deklassiertes, verachtetes, vulgäres und radikales »intellektuelles Proletariat« mit einer revolutionären Haltung. Beiden scheint aber eines gemeinsam gewesen zu sein: keine oder wenig politische Erfahrung, wie das im übrigen wohl auch für den größten Teil der Bevölkerung im Ancien Régime galt. »Eine 'Öffentlichkeit' in irgendeiner kohärenten Form existierte nicht im Frankreich des 18ten Jahrhunderts; und soweit sie existierte, war sie von direkter politischer Teilnahme ausgeschlossen. Daraus resultierte politische Naivität ...« (Darnton, 1971, 108f.). Der konservative, aber scharfe Beobachter Tocqueville beschrieb das so: »Es war kein Zufall, daß die Philosophen des 18. Jahrhunderts ganz allgemein Begriffe entwickelt hatten, die diejenigen, die der Gesellschaft ihrer Zeit noch zugrunde lagen, so entgegengesetzt waren; diese Ideen waren ihnen ganz natürlich durch den Anblick gerade dieser Gesellschaft, die sie alle vor Augen hatten, eingegeben worden. Die Betrachtung so vieler ungerechter oder lächerlicher Privilegien, deren Last man immer mehr fühlte und deren Ursache man immer weniger wahrnahm, trieb oder riß vielmehr den Geist aller dieser Männer gleichzeitig zur Idee der naturgegebenen Gleichheit der gesellschaftlichen Bedingungen hin. Beim Anblick so vieler unregelmäßiger und seltsamer Institutionen, Schöpfungen eines anderen Zeitalters, die niemand untereinander in Einklang zu bringen noch den neuen Bedürfnissen anzupassen versucht hatte, und die, wie es schien, ihre Existenz verewigen wollten, nachdem sie ihre Bedeutung verloren hatten,

wurde diesen Männern gar bald alles von alters her Überlieferte verleidet, und sie kamen ganz natürlich auf den Gedanken, die Gesellschaft ihrer Zeit nach einem vollständig neuen Plan einzurichten, den jeder von ihnen nur im Licht seiner Vernunft entwarf. Und gerade die Lage dieser Schriftsteller ließ sie in Fragen der Regierung an allgemeinen und abstrakten Theorien Geschmack finden und diesen blindlings vertrauen. Bei der fast gänzlichen Entfernung von der Praxis, in der sie lebten, konnte keine Erfahrung die stürmische Hitze ihres Naturells mäßigen; nichts machte sie auf die Hindernisse aufmerksam, die das tatsächlich Bestehende selbst den wünschenswertesten Reformen bereiten konnte; sie hatten keinen Begriff von den Gefahren, welche stets auch die notwendigsten Revolutionen begleiten. Ja, sie ahnten sie nicht einmal; denn der gänzliche Mangel aller politischen Freiheit bewirkte, daß ihnen die Sphäre der öffentlichen Angelegenheiten nicht nur unvollkommen bekannt, sondern sogar unsichtbar blieb. Sie hatten darin nichts zu tun und konnten auch nicht einmal sehen, was andere darin taten. Es fehlte ihnen daher auch jene oberflächliche Kenntnis, die der Anblick einer freien Gesellschaft und das Geräusch all dessen, was darin gesprochen wird, selbst denen gibt, die am wenigsten mit der Regierung zu tun haben. Eben deshalb wurden sie viel kühner in ihren Neuerungen, verliebter in allgemeine Ideen und Systeme, viel entschiedenere Verächter alter Weisheit und vertrauten ihrer individuellen Vernunft noch mehr, als man es gewöhnlich bei den Autoren erlebt, die spekulative Bücher über Politik schreiben« (Tocqueville, 1856, 124f.).

Es scheint möglich, noch einen dritten gleichzeitigen Diskurs zu unterscheiden, einen, der unter Juristen stattfand und der lose mit dem der »Hoch-Aufklärung« verbunden war. Diese Juristen waren im Geschäft der Justiz auf hohen Posten tätig, wie etwa Le Peletier de Saint-Fargeau, avocat général von Paris, oder Bexon, der seinen »Code de sûreté publique« 1807 für den König von Bayern schrieb. Es waren Leute wie sie, von denen man auch annehmen kann, daß sie in der Verfassungsgebenden Versammlung das Sagen hatten. Über ihre Tätigkeit dort schreibt Hampson (1963, 117): »Vielleicht die eigentliche Ruhmestat der Constituante war ihre Reform des Rechtssystems ... Hier hatte die bemerkenswerte Qualität der Abgeordneten die Möglichkeit, sich bemerkbar zu machen, denn in der Verfassungsgebenden Versammlung war die Blüte der juristischen Talente Frankreichs vertreten.« Wir können auch annehmen, daß ihr Diskurs die größte Nähe zu staatlicher Macht hatte und damit Einfluß auf politische Entscheidungen gewinnen konnte. Man sollte freilich auch nicht übersehen, daß diese Leute mit dem Strafvollzug wenig zu tun hatten – auch heute gibt es noch genug Richter, die nie ein Gefängnis von innen gesehen haben.

Wir wollen mit dieser Information über den Zustand der damaligen Öffentlichkeit zu Foucault zurückkehren, speziell zu seinem Kapitel über die Straftheater »Die Milde der Strafen« (SP, 133ff.). Wenn wir dort die Quellen untersuchen, die er heranzieht, stellen wir fest, daß er unbekümmert und ohne Unterscheidung aus allen drei Diskursen zitiert, die wir auseinanderdifferenziert haben. Das geht so weit, daß er ungehemmt in einem Argument (und in einem Absatz: wir nehmen hier als Beispiel den zweiten auf Seite 136) z.B. den Abbé Mably, der offensichtlich zu den etablierten »philosophes« zählt, den radikalen Außenseiter Brissot, der in Gefängnisfragen wußte, wovon er sprach, war er doch Strafgefangener wie Polizeispitzel gewesen (vergleiche Darnton, 1968), und den Juristen Lacretelle, Mitglied der Académie und einer von Ludwig XVI. eingesetzten Strafrechtsreformkommission, zitiert – und so im Text eine wilde Diskurs-Collage produziert, eine Mixtur, von der man nicht weiß, was sie in dieser Vermischung belegen soll.

Damit löst sich dann auch das Geheimnis der verschwundenen Straftheater: Es ist überhaupt nur aus dieser Diskurs-Verwirrung entstanden. Die Verwirrung besteht darin, daß z.B. die radikale Kritik Brissots mit Vorgängen in der Constituante kontrastiert wird – mit der Implikation, es handle sich dabei um Teile eines einheitlichen Diskurses. Brissot etwa bekämpft das Gefängnis als Instrument von Despotismus: »Was wird man von den geheimen Gefängnissen sagen, die vom verhängnisvollen Geist des Monarchismus erfunden worden sind und in erster Linie den Philosophen vorbehalten sind, in deren Hände die Natur ihre Fackel gelegt hat und die ihr Jahrhundert zu erleuchten wagen, oder jenen stolzen und unabhängigen Seelen, die nicht so feige sind, daß sie die Übel ihres Vaterlandes verschweigen? Von den Gefängnissen, deren unheilvolle Tore durch geheimnisvolle Briefe geöffnet werden, damit ihre unseligen Opfer darin für immer begraben werden? ...« (SP, 153). Das wird kontrastiert etwa mit dem Entwurf zum Strafgesetz, »der der Verfassungsgebenden Versammlung von Le Peletier vorgelegt wurde. Der eingangs formulierte Grundsatz lautet, daß es ’genauer Beziehungen zwischen der Natur des Delikts und der Natur der Bestrafung bedarf’: Schmerzen für die Gewalttätigen, Arbeit für die Faulen, Ehrlosigkeit für die Verkommenen. Die tatsächlich vorgeschlagenen Strafen sind jedoch drei Formen der Haft ...« (SP, 150). Statt aus solchen Widersprüchen getrennte Diskurse oder einen Kompromiß zwischen entgegengesetzten Interessen zu erschließen – und diese Interessen zu identifizieren und ihre Argumente auseinanderzuhalten – macht Foucault daraus einen »Übergang ... (der) sich beinahe in einem Augenblick vollzogen hat« (SP, 150), einen Übergang zu einer offenbar selbsttragenden »Disziplin« als neuer »politischer Anatomie«, an der niemand Identifizierbarer ein Interesse hat, die sich geräuschlos in verschiedenen Institutionen (Schule, Spital, Armee, Fabrik) unabhängig durchsetzt und so eines Tages auch das Strafvollzugssystem erreicht. Eine solche idealistische (wenn nicht mystische) Darstellung historischer Entwicklungen verdankt sich offenbar dem großartigen und großzügigen Verlust des historischen Details, den Foucault sich hier erlaubt.

Diese Vermischung getrennter Diskurse (was auch heißt: dieser Verlust des Konflikt-Elements in historischen Entwicklungen) tritt nochmals und mit fatalen Folgen in Foucaults Hauptkapitel über das Gefängnis (»Totale und asketische Institutionen«) auf. Nicht nur werden dort, wie bereits gezeigt, etwa dreißig Jahre einfach übersprungen, sondern es wird auch zu einem ganz anderen Diskurs in einer anderen Öffentlichkeit übergewechselt: zu dem der Gefängnisleiter- und verwalter. Und Foucault ist sich dessen auch bewußt: »Die meisten von ihnen (von den Leuten, auf deren Zeugnis sich Foucault hier stützt) waren übrigens nicht Philanthropen, welche die Gefängnisinstitution von außen kritisierten, sondern auf diese oder jene Weise Angehörige der Gefängnis-Administration, also offizielle Techniker« (SP, 299, Fn. 7). Wie hätte die »Technologie der Macht« wohl ausgesehen, wenn Foucault auch für das vor-revolutionäre Frankreich die Direktoren von Asylen, Arbeitshäusern und Korrektionsanstalten hätte zu Wort kommen lassen?

4. Die Erfindung und die Verallgemeinerung der Disziplin.

Im Gegensatz zu einer gängigen Wissenschaftsauffassung, die nur »wahr« oder »falsch« kennt, geht es uns in solcher Kritik an Foucault in erster Linie darum, von ihm zu lernen. Die Kritik ist notwendig, um in reflexiver Wendung (vergleiche dazu Steinert 1973, Falk / Steinert 1975) der perspektivischen Verzerrung Einsichten in die gesellschaftliche Realität zu gewinnen, die sich in eben dieser Verzerrung bemerkbar macht. Wenn Michel Foucault den historischen Vorgang der Disziplinierung der Arbeitskraft einseitig aus bürokratischer Sicht darstellt, ist das nicht vielleicht ein Hinweis darauf, welche Rolle gerade die Verwaltung in diesem Vorgang gespielt hat? Wenn Michel Foucault die Auseinandersetzungen um die Durchsetzung dieser Disziplinierung in einer frappierenden Weise vernachlässigt, die getrennten und gegeneinander gesetzten politischen Diskurse ineinander schiebt und so zur Konzeption eines »selbsttragenden« Prozesses ohne eigentliche Interessen und Interessenten gelangt, ist das nicht vielleicht ein Hinweis darauf, wie genau diese Bürokratie mit ihren Experten ihre Interessengebundenheit zu verleugnen versteht, damit real ihre Macht gesellschaftlich diffundiert erscheinen läßt und die Polarisierung der Konflikte auflöst?

Das stehende Heer der Soldaten.

Disziplinierung des Menschen

Das maschinengekoppelte Heer der Arbeiter.

Das sitzende Heer der Angestellten.

Halten wir zur Beantwortung der so gestellten Fragen zunächst einmal fest, daß die *Verallgemeinerung* der »Disziplin« über geschlossene Anstalten ihren Ursprung im Absolutismus hat (was man »Überwachen und Strafen« nicht so ohne weiteres entnehmen kann). In Frankreich wurde eine spezialisierte (und zentralisierte) Polizei unter Ludwig XIV. (ab 1667) aufgebaut, nachdem schon unter Ludwig XIII. die Zentralisierung der Verwaltung eingesetzt hatte. »Das französische Polizeisystem des späten 17ten Jahrhunderts sollte an Autorität zunehmen, vielfach wieder in Frage gestellt werden, aber in seinen Grundzügen bis zu seinem heutigen Tag unverändert erhalten bleiben« (Bayley 1975, 345). Ein stehendes Heer gab es in Frankreich schon 1445 (Finer 1975, 125), und Foucault selbst erwähnt die Verordnung von 1719, in der der Bau einer großen Zahl von Kasernen angeordnet wurde. Es gibt daher überhaupt keinen zwingenden Grund, warum die Herkunft der »Disziplin« so rätselhaft und »dezentral« bleiben muß, wie Foucault das darstellt. Den vereinheitlichenden Prozeß, den er, wie oben ausgeführt wurde, in das »Wissen« verlegt, kennt die Geschichtswissenschaft schon lange: Es ist der der Entstehung des absoluten Staats, durch den auch, in Form des Merkantilismus, die Entwicklung des kapitalistischen Wirtschaftssystems staatlich gestützt kräftig vorwärtsgetrieben wurde.

»Das offensichtliche Paradox des Absolutismus in Westeuropa bestand ja darin, daß er einen Apparat zum Schutz des aristokratischen Eigentums und der aristokratischen Privilegien darstellte, daß aber die diesen Schutz gewährleistenden Mittel *zugleich* die grundsätzlichen Interessen der aufkommenden Handels- und Manufakturklasse absichern konnten ... Mit anderen Worten: jede dieser staatlicherseits initiierten Maßnahmen und Aktivitäten erfüllte eine bestimmte Teilfunktion im Prozeß der *ursprünglichen Akkumulation,* die ihrerseits die notwendige Basis für den schließlichen Sieg der kapitalistischen Produktionsweise war« (Anderson 1974, 49f). Mit der absoluten Monarchie wird auch schon lang der Begriff der »Disziplin« in Zusammenhang gebracht, so zum Beispiel von Oestreich (1969 d), der von einem Vorgang der »Fundamentaldisziplinierung« spricht und dabei auch (relativ) klare Abhängigkeiten angibt: »Die Sozialdisziplinierung ist das politische und soziale Ergebnis des monarchischen Absolutismus« (188). »Die Fundamentaldisziplinierung stellt sich uns als ein genereller Vorgang dar, der durch den monarchischen Absolutismus bewußt gefördert und unabhängig gelenkt wurde und sich auf den verschiedensten Gebieten abspielte« (195). Wenn man also nach der vereinheitlichenden Macht sucht, dann wäre vielleicht diese »bewußte Förderung« zu untersuchen, und von ihr findet man bei Foucault nichts.

Es ist fast absurd, wenn Foucault, der der »großen Einsperrung« des 17. Jahrhunderts ein ganzes Buch gewidmet hat, hier gerade in einem Absatz und höchst nebenbei eine Beziehung zwischen ihr und dem Gefängnis des 19. Jahrhunderts herstellt – und dabei diese Beziehung noch höchst schwammig beläßt: »Das System der großen klassischen Einsperrung wurde zwar zum Teil (nur zum Teil) abgetragen, an einigen Punkten aber bald wieder erneuert, umgebaut, weiterentwickelt. Vor allem wurde es mittels des Gefängnisses vereinheitlicht: vom Gefängnis aus wurden die gesetzlichen Strafen auf der einen Seite und die Disziplinarmechanismen auf der anderen einbezogen ... Ein feines und abgestuftes Kerkernetz, das sowohl aus kompakten Institutionen wie aus allgegenwärtigen Prozeduren besteht, hat die willkürliche massive und schlecht integrierte Einsperrung des klassischen Zeitalters abgelöst« (SP, 382f.). Hier blitzt plötzlich ein historischer Prozeß auf, in dem es im fraglichen Zeitraum der ersten Hälfte des 19. Jahrhunderts durchaus nicht um die »Geburt« des Gefängnisses geht, sondern um seine Weiterentwicklung und Perfektionierung, um seine Anerkennung durch die Justiz, in deren Vorfeld es schon lang die entscheidende Rolle gespielt hatte. (»Das Gefängnis ist nicht das Kind der Gesetze oder des Justizapparates; es untersteht nicht dem Gericht als gelehriges oder ungeschicktes Instrument seiner Urteile und Anforderungen; vielmehr ist das Gericht dem Gefängnis angeschlossen und untergeordnet« – SP, 395.)

Aus der Perspektive einer historischen Rekonstruktion des Vorgangs bleibt es unverständlich, warum Foucault diesem vergleichsweise linearen Ablauf nicht im Detail nachgeht und stattdessen lieber das Panopticum als »so etwas wie ein Ei des Kolumbus im Bereich der Politik« (SP, 265) feiert – als historischen »Sprung« also, dessen Ursachen und Mechanismen aus eben diesem seinem Charakter heraus nicht angebbar sind.

Max Weber (1922), der die Disziplin vor allem am Beispiel des Militärs abhandelt, weist ihr zwar keinen historisch ausgezeichneten Ort zu, beobachtet sie vielmehr durch die Jahrtausende. Er betont aber besonders die Konzentration der Betriebsmittel als Voraussetzung der Disziplin, in der Kriegsführung ebenso wie in der Fabrik oder in der Verwaltung: »Dieser gesamte Rationalisierungsprozeß geht hier (in der 'taylorisierten' Fabrik) wie überall, vor allem auch im staatlichen bürokratischen Apparat, mit der Zentralisation der sachlichen Betriebsmittel in der Verfügungsgewalt des Herrn parallel« (873). Der Absolutismus entspricht diesem Kriterium jedenfalls besser als die Zeit davor. Hier, im Merkantilismus, findet sich die Verbindung des Interesses an Disziplinierung mit dem, diese Disziplin »produktiv« werden zu lassen, »die mögliche Nützlichkeit von Idividuen (zu) vergrößern« (SP, 270).

Was schließlich den »Niedergang« der körperlichen Strafen angeht, so ist er einerseits ein Vorgang, der ebenfalls spätestens im 17. Jahrhundert schon eingesetzt hat (vergleiche dazu Steinert/Treiber 1978), andererseits einer, der – von der Folter abgesehen – so abrupt auch wiederum nicht endete: Gerade die Jahre 1792 bis 1795 mögen da die aufgeklärten Reformer überrascht haben. Immerhin ist aber plausibel, daß eine »rationale« Herrschaft durch Disziplin sich auf Dauer mit Exzessen von Strafwut schlecht verträgt. (Die Technisierung, neben der Disziplin das zweite Element von »Rationalisierung«, kann da allerdings einiges ausgleichen, wie schon das Beispiel der Guillotine zeigt, erst recht aber das der durchtechnisierten und -organisierten Massaker des 20. Jahrhunderts.)

Das wichtige Prinzip, daß man das Strafrecht nicht isoliert studieren kann, sondern nur in seiner Verklammerung mit dem gesamten Kontrollsystem einer Gesellschaft, ist zur Beantwortung dieser Frage nach den Gründen der »Entkörperlichung« des Strafens wahrscheinlich ausreichend. Wenn die »gräßliche« Strafe einer Macht entspricht, »die mangels einer lückenlosen Überwachung ihre Bekräftigung in aufsehenerregenden Kundmachungen sucht« (SP, 75), dann wird sie mit dem Aufbau einer solchen »lückenlosen Überwachung« entbehrlich. Dieses Prinzip, das Strafrecht nicht isoliert zu betrachten, hätte allerdings auch bei den anderen Fragen von Nutzen sein können: Zum Beispiel ist bei den vorrevolutionären Justizreformern zu vermuten, daß es ihnen nur unter anderem um das Strafrecht, in erster Linie aber um die Verankerung der Vertragsfreiheit im Zivilrecht ging (vergleiche zum Beispiel Tigar/Levy 1977, besonders Kapitel 18), von wo sich, wenn man so will aus »Systemzwang«, bestimmte Folgerungen für das Strafrecht ergaben. Und besonders nachteilig wirkt sich die Vernachlässigung dieses Prinzips der Nicht-Isolation des Strafrechts dort aus, wo Foucault in diesem Buch für den Strafvollzug das ausläßt (oder als bekannt voraussetzt?), was er selbst in »Wahnsinn und Gesellschaft« ausführlich dargestellt hat: das Arbeitshaus, das Hospital und das Asyl als funktionale Äquivalente und Vorläufer des Gefängnisses, die jetzt nur aus dem stillen Bereich der Verwaltung in die auffälligen und ideologisch besetzten »Höhen« der Justiz gehoben werden.

Nun ist Foucault nicht der erste Sozialwissenschaftler, dem es Probleme macht, die Entwicklung der abendländischen Disziplinierung einerseits auf einen geschlossenen begrifflichen Nenner zu bringen und andererseits den Komplikationen des historischen Details doch einigermaßen gerecht zu werden. Tocqueville etwa mit seinem Prozeß der »Demokratisierung« (Tocqueville, 1856; vergleiche dazu auch Steinert/Treiber 1975) oder Max Weber mit dem der »Rationalisierung« haben durchaus analoge Schwierigkeiten, auf die wir gleich noch näher eingehen wollen.

Zunächst aber sind zwei notwendige begriffliche Unterscheidungen einzuführen, deren Nichtbeachtung uns für einen Teil der Schwierigkeiten verantwortlich zu sein scheint. Die erste Unterscheidung läßt sich Foucault entnehmen: Es ist die von »Disziplinierung« als »Technik« und als zentrale (und allgemein durchgesetzte) Form der Vergesellschaftung in einer bestimmten Gesellschaftsformation. Bei Foucault tritt diese Unterscheidung auf, wenn er vom Vorgang der »Verallgemeinerung der Disziplin« spricht und darauf hinweist, daß da Vorläufer bestanden hatten. Wir haben oben schon angemerkt, daß Foucault aus dieser Unterscheidung allerdings nur recht eingeschränkte Schlüsse zieht. Wichtig wird sie nämlich, wenn man die Disziplinierung der Arbeitskraft als Merkmal kapitalistischen Produzierens auffaßt, weil man dann die »Vorformen« der Disziplinierung in ihrer Entstehung anders erklären muß und gleichzeitig die Verallgemeinerung der Disziplin aus diesem einheitlichen Vorgang verstehen kann, also nicht notwendig den Schluß Foucaults mitmachen muß, daß es hier keinen allgemeinen Ursprung gibt, daß die Disziplin vielmehr in einzelnen Institutionen sich unabhängig entwickelt habe (was ein Abdanken von Gesellschaftstheorie bedeutet). Wir sehen bei Beachtung dieser Unterscheidung von Technik und Vergesellschaftungsform keinen Grund, nicht beide Vorgänge getrennt und unterschiedlich zu erklären. Schließlich gilt das für andere Techniken auch, daß sie schon lange zur Verfügung standen, nicht erst mit dem kapitalistischen Produzieren erfunden wurden (oder gar ihrerseits dieses hervorgebracht hätten), in ihm aber in spezifischer Art in Dienst genommen wurden und damit erst ihre besondere Bedeutung bekamen (und dementsprechend weiterentwickelt wurden – das noch aus der Volksschule geläufigste Beispiel ist wahrscheinlich das Schießpulver der Chinesen).

Die zweite notwendige Unterscheidung ist inhaltlicher Art und besteht im Auseinanderhalten von Selbstdisziplin und Fremddisziplinierung. Man kann die Wichtigkeit dieser Unterscheidung sehr schön am ersten Abschnitt von Max Webers »Protestantischer Ethik« studieren, wo zunächst an einigen Stellen der »Geist des Kapitalismus« für beide, Arbeiter wie Unternehmer, in Anspruch genommen wird (1965, 31f., 45), dann aber sehr klar für den Unternehmer von Selbstdisziplin, für den Arbeiter von Fremddisziplinierung gesprochen wird. (Besonders deutlich ist das an der Stelle – Seite 57 –, wo die hier unerklärte "Entstehung" des kapitalistischen Unternehmers unmittelbar darin besteht, daß dieser »die Weber für seinen Bedarf sorgfältig auswählte, ihre Abhängigkeit und Kontrolle zunehmend verschärfte, sie so aus Bauern zu Arbeitern erzog«. Der »Geist des Kapitalismus« ergreift die in unterschiedlicher Position an ihm Beteiligten also in durchaus unterschiedlicher Weise.)

Damit läßt sich vielleicht einige Ordnung in die historischen Abläufe bringen: Die »Technik der Disziplin« kann dann durchaus vorkapitalistisch als Selbstdisziplin von Eliten entwickelt worden sein. Wir halten das Kloster für das früheste und folgenreichste »Labor« zur Entwicklung dieser Technik in unserem Kulturraum, das, wenn es auch zu anderen Zielen geschaffen wurde, doch auch die nicht zuletzt ökonomischen Vorteile dieser Technik deutlich demonstrierte. In der entscheidenden Wende zur Fremddisziplinierung stand die Technik – »ausgebaut« in der geschlossenen Anstalt – zur Verfügung und wurde direkt oder abgewandelt, immer auch von der zugehörigen (religiösen) Ideologie gestützt angewendet. Die Entstehung der Selbstdisziplin des Adels, wie sie Elias für die »höfische Gesellschaft« analysiert, entsteht nach ihm analog aus den Zwängen des »geschlossenen« königlichen Hofs. Die Zwanghaftigkeit der dort entwickelten Etikette läßt freilich vermuten, daß die »Disziplin« in diesem Beispiel eher ein dünner Firniß war, daß hier die Unterscheidung zwischen Selbstdisziplin und (gegenseitiger) Fremddisziplinierung schwerfällt. Eine ähnliche (mit der des Adels sich überschneidende) Entwicklung läßt sich für das Militär annehmen, wo der Zusammenhang von Selbstdisziplin (der Anführer) und Fremddisziplinierung (der gemeinen Soldaten) besonders offensichtlich ist. In der Produktion sind vorkapitalistische Elemente von Disziplin im »Elitenzusammenschluß« der Zünfte nicht zu übersehen – und die spätere kapitalistische Selbstdisziplin kann ihre Herkunft aus dieser handwerklichen Selbstdisziplin (sei es beim Facharbeiter, sei es beim kleinen Selbständigen) ohnehin nicht verleugnen. Davon deutlich zu unterscheiden ist aber die kapitalistische Fremddisziplinierung, die jeden Lohnarbeiter ergriff, egal ob er dem entgegenkam oder nicht, und die ihr Werk der Zurichtung von zuverlässigen Menschen unter Verwendung der Technik verrichtete, die am frühesten und konsequentesten im Kloster entstanden war. Dem kam sicher entgegen, daß die Klöster sich nicht nur als erfolgreiches Vorbild, sondern auch als unmittelbare Exekutoren dieses Erziehungsauftrags anboten. Diesen Strang an Zusammenhängen zwischen Kloster und Fabrik (auch in seinen Komplikationen) deutlich zu machen, ist die zentrale Absicht dieses Buchs. Das Kloster, so meinten wir plausibel machen zu können, ist die Institution, die gerade auch an den Nahtstellen des Übergangs zur »verallgemeinerten Disziplinierung« in der Führung von Asylen und Waisenhäusern, in der Ausbildung und Schulung, bis hin zur Führung von de-facto-Arbeiterquartieren, immer wieder direkt oder (z.B. als Vorbild für Gefängnisse) indirekt auftaucht. Daß darüber hinaus die Kirche das große Vorbild für eine zentralisierte Verwaltung war (und sich am Aufbau einer zentralisierten staatlichen Verwaltung auch unmittelbar beteiligte) – die wesentliche Voraussetzung und mit erster Aus-

druck der verallgemeinerten Fremddisziplinierung –, ist nicht zu übersehen. Das Kloster hat die Technik der Disziplin nicht nur entwickelt und tradiert, sondern sie zum Teil auch direkt in den Dienst der verallgemeinerten Disziplin gestellt. (Das heißt nun umgekehrt natürlich nicht, daß das Kloster »Ursache« oder sonst treibende Kraft dieser Disziplinierung seit den Anfängen des Kapitalismus wäre, aber es hat doch wesentlich zur Entwicklung der *Technik* der Disziplin beigetragen.)

Der abendländische Prozeß der Sozialdisziplinierung ist also durchaus nicht »stromlinienförmig«, vielmehr »ausgefranst« in Vorläufer, Funktionsveränderungen, unterschiedliche Grundlagen und Erscheinungsformen zu verschiedenen Zeiten – stromlinienförmig erscheint er in der sozialgeschichtlichen Darstellung nur durch extreme Abstraktion und einseitig gewählte Perspektiven. In solcher Abstraktion setzt dann auch leicht der Vorgang ein, in dem ein solcher Prozeß »verdinglicht«, damit als »selbsttragend« verstanden und – weil sich die materiell-reale Basis der Abstraktion verflüchtigt – zu etwas Ähnlichem wie einer die Entwicklung steuernden »Idee« wird. Als nächstes werden dann in Umkehrung des gedanklichen Vorgangs konkrete Entwicklungen als »Ausprägungen«, »Erscheinungsweisen«, »Oberflächenphänomene« der tragenden Idee, Tendenz, Logik, etc. abgeleitet. Das passiert ansatzweise auch Michel Foucault, wenn er, in seiner »bürokratischen Sicht« verfangen, eben diese Bürokratie in ihrer Politik nicht mehr wahrnehmen kann, wenn ihm – worauf wir bereits hingewiesen haben – die »Wissenschaft« zur vereinheitlichenden Instanz der Disziplinierung gerät, wenn so die Macht diffundiert und ihre materielle Basis verliert. (Damit soll übrigens die Wissenschaft nicht »exkulpiert« werden. Wir werden auf ihre Rolle noch zurückkommen.)

Tatsächlich hat das alles seine solide und handfeste Grundlage in den Bedürfnissen und Notwendigkeiten der alltäglichen Sicherung des Überlebens. Das Kloster diente zwar der geistlichen Perfektionierung, aber es war zugleich ökonomische Einheit. Es sicherte die Reinheit des Glaubens, aber auch das Überleben der Mönche. Bei Borst (1979, 530) heißt es dazu: »Das Benediktinerkloster war noch immer eine Gemeinschaft für sich, eine Familie unter dem Vater Abt, aber ohne Frauen und Blutbande, eine Gemeinde der dauernd Zusammenwohnenden, aber ohne wirtschaftliche Sorgen und Gelüste, ein Bund von Freiwilligen, aber ohne private Spielräume; mit einem Wort, eine Elite, die das ganze Leben forderte und formte und mit ihrer rücksichtslosen Exklusivität den Adel besonders anzog.« Das Kloster als Formierung einer Elite verschaffte sich damit die Vorteile jeder Elite: die gemeinsame Stärke nach außen durch Verzicht auf interne Auseinandersetzung, gemeinsam mit der Monopolisierung von Ressourcen im Zusammenschluß, in dem Fall zunächst die Mono-

IN DORMITORII STRVCTVRA VIRGO LABORAT.
CLARUS IN PRIMO DVM PROBAT ASTRA PETIT.

Zisterzienser-Laienbrüder beim Errichten des Klosters Schönau. Zeichnung des 16. Jahrhunderts nach älterem Vorbild. Nürnberg, Germanisches Nationalmuseum.

Die Nützlichkeit der Disziplin I

Zisterzienser beim Spalten eines Baumes. Miniatur einer Handschrift aus dem Zisterziensermutterkloster Cîteaux vom Anfang des 12. Jahrhunderts. Dijon, Bibliothèque municipal, Ms. 173.

Benediktiner versuchen, einen Felsbrocken aus dem Erdreich zu heben. Fresko von Luca Signorelli (um 1441 – 1523) in der Benediktinerabtei Monte Oliveto Maggiore.

Mönche bei der Feldarbeit. Englische Miniatur vom Anfang des 12. Jahrhunderts. Florenz, Biblioteca Medicea-Laurenziana Plut. 12, cod. 17, folio 1^v.

Die selige Francesca Romana mit Schwestern im Weinberg. Fresko im Kloster Tor de' Specchi, Rom. Schule des Antoniazzo Romano, um 1469.

Zisterzienser bei der Feldarbeit. Detail vom Bernhardi-Altar des Klosters Zwettl in Österreich. Gemälde des Jörg Breu des Älteren, um 1500.

Mönche beim Baumfällen. Miniatur einer Handschrift aus dem Zisterziensermutterkloster Cîteaux vom Anfang des 12. Jahrhunderts. Dijon, Bibliothèque municipal, Ms 173, folio 41^r.

polisierung besonderer Gottgefälligkeit und damit Vorbildlichkeit. In Arbeit und Gebet entstand dabei aber zugleich ein Wirtschaftsbetrieb, dessen Potential nicht zu verachten war.

Solange die geschlossene Anstalt mit ihrer methodischen Lebensführung als solche Elitenveranstaltung auftritt, eignet sich die Disziplin auch noch zum Ausdruck von Protest: die religiöse Virtuosität mönchischen Lebens reagiert auf die Unordnung sonstigen religiösen wie weltlichen Lebens. Darin ist aber zugleich ein »Kulturimperialismus« angelegt. Anders als der Einsiedler ist der Mönch Vorbild, kann er über sein Tätigsein die Botschaft vermitteln, daß seine Art der Lebensführung zumindest in Elementen allgemein verbindlich sein könnte. Und seine Wirkung beruht mit darauf, daß er nicht nur eine Ideologie anzubieten hat. »Mittelalterliche Mönchsorden konnten geistliche Bedürfnisse des Augenblicks nicht nur in sittliche Normen übersetzen, sondern *in Lebensgemeinschaften verkörpern,* weil sie Bruderschaften von Freiwilligen bildeten, die den ganzen Menschen forderten. Dadurch rissen sie die Laien aus den Verflechtungen ihres Alltags in größere Zusammenhänge des Miteinanderlebens und erzwangen immer wieder die Absage an verkrustete Einrichtungen, die Prüfung herkömmlicher Bräuche« (Borst 1979, 537, unsere Hervorhebung). Die Disziplin ist auch und gerade in ihren Vorformen als Selbstdisziplin keine luftige, ideologische Konstruktion, sondern die harte, vorfindliche Realität der in der geschlossenen Anstalt sich organisierenden Elite. »Nicht Virtuositäten auf religiösem oder kulturellem Gebiet, sondern diese Regeln haben das kleine Buch Benedikts von Nursia zum grundlegenden Werk des Mittelalters gemacht und seinen Orden bis heute lebendig erhalten« (Borst 1979, 530f.).

Wie sehr schon die mittelalterlichen Klöster eine gottgefällige Disziplin nicht nur organisierten, sondern sie zugleich »nützlich« werden ließen, ist besonders an den Zisterziensern ablesbar. Dieser Orden entstand nach dem Niedergang der Benediktiner mit dem Anspruch, »die Regel des Heiligen Benedikt in ihrer ursprünglichen Reinheit wiederherzustellen« (Southern 1975, 241). Mit diesem zunächst geistlich-elitären Anspruch »brachten die Zisterzienser einen kämpferischen und aggressiven Zug in ihre Kontakte mit der Außenwelt und waren besonders stolz auf die Strenge und Einzigartigkeit ihrer inneren Disziplin« (Southern 1975, 240). Dieses besonders hochgezüchtete asketische Ideal hatte aber nicht nur geistliche, sondern höchst weltliche Folgen, war Grundlage eines bemerkenswerten ökonomischen Erfolgs. »Die Strenge ihrer inneren Disziplin, das Fehlen eines Bildungsideals, die Einfachheit des Ritus, das Fehlen von Reliquien, all das sollte Besucher und (so wird man vermuten dürfen) Gaben von Gönnern fernhalten … Indem die Zisterzienser diese Einkünfte verschmähten, glaubten sie, der Welt zu entsagen; in Wahrheit

entsagten sie nur einem Schatten der Welt. Ihre Prinzipien zwangen sie dazu, an den Rand des besiedelten Europa zu gehen; aber die weitsichtigste wirtschaftliche Klugheit hätte sie eben in diese Richtung gewiesen. In einer expansiven Gesellschaft lag die Zukunft dort« (Southern 1975, 244). Am wirtschaftlichen Erfolg der Zisterzienser war vermutlich besonders auch eine »Erfindung« beteiligt: die der »Laienbrüder«, denen gegenüber sehr deutlich Selbstdisziplin in Fremddisziplinierung umschlug oder sich auf das glücklichste damit verband. Die »Laienbrüder« waren Angehörige des Klosters mit allen Pflichten, aber ohne die Rechte »vollwertiger« Mönche. Es handelte sich (in den Worten Southerns, 248) um »eine Art klösterlicher Vasallität«. »Solange für die Laienbruderschaft Nachwuchs zur Verfügung stand und das System mit vollen Kräften arbeitete, brachte es den Zisterziensern große wirtschaftliche Vorteile: eine disziplinierte Arbeitsgruppe, die keine Löhne forderte, keine Familien zu unterstützen hatte und ihre Arbeitskraft nicht zurückhalten konnte, das war ein Idealrezept für landwirtschaftliche Erfolge, besonders wenn sie in klar umrissenen Einheiten organisiert waren« (Southern 1975, 248). Eine Organisation dieser Art wäre selbst heute noch und war jedenfalls in den Frühzeiten kapitalistischen Produzierens das Ideal, dem der Unternehmer (für »seine« Arbeiter) nachstrebt.

Und der Erfolg der Zisterzienser lag nicht nur in der landwirtschaftlichen, sondern auch in der gewerblichen Produktion (vergleiche: Die Zisterzienser 1980, 203 – 236). Ihre Klöster waren tatsächlich frühe Fabriken. [2] »Eine Quelle des 13. Jahrhunderts über die Rolle der hydraulischen Energie in der Zisterzienserabtei von Clairvaux zeugt von der Bedeutung der Mechanisierung für die mittelalterliche Wirtschaft. Dieses Dokument ist ein wahres Loblied auf die Technologie und hätte für jedes einzelne der 742 Klöster des Zisterzienserordens gelten können. Von Portugal bis Schweden, Schottland oder Ungarn waren sie alle nach dem gleichen Muster errichtet und besaßen auch das gleiche System der Wassernutzung« (Gimpel 1980, 10). Diese Nutzung der fortgeschrittensten Technologie ermöglichte nicht nur Rationalisierung in der Landwirtschaft. Die Zisterzienser waren besonders auch in der Eisenindustrie erfolgreich: »Die Abtei von Clairvaux, mitten in einer erzreichen Gegend Burgunds, verstand es, bis ins 18. Jahrhundert einen großen Teil der Eisenvorkommen der Umgebung durch Schenkung oder Kauf in ihre Hand zu bringen. Zwischen der Mitte des 13. und dem 17. Jahrhundert waren die Zisterzienser auch in der Champagne die größten Eisenproduzenten. Im 18. Jahrhundert besaßen sie die Hälfte der erzverarbeitenden Anlagen auf dem Plateau von Langres, nachdem sich schon vor 1330 8 bis 13 'Eisenfabriken' in ihrem Besitz befunden hatten« (Gimpel 1980, 44). Interessant für unseren Kontext ist

Typische Adäquanzverhältnisse

	Phase der Krieger: Vom 9. bis zur Mitte des 11. Jhdts.		Phase der Bauern: Von der Mitte des 11. bis zum Ende des 12. Jhdts.	Phase der (Stadt-) Bürger (Handel u. Gewerbe): ab dem 12. Jhdt.
'Protesttypen' (Gegenentwurf) in der Ablehnung immer auch Anlehnung an:	**Benediktiner**	**Ritterorden: Templer, Johanniter**	**Zisterzienser**	**Bettelorden: Franziskaner, Dominikaner**
	– „Die Gönner u. Gründer sahen in den 'bekutteten' Meistern der Klöster die geistliche Entsprechung der weltlichen Krieger" (Southern 1975, 213) – Ostentative Demonstration des angehäuften Reichtums			
	Gehorsam gegenüber den 'Kleinlichkeiten' der Regel als asketisches Ideal Arbeit/**Fremdarbeit** („Zehnte")	Glaubenskämpfer (Bekämpfung der Ketzerei durch Kampf)	Arbeit als asketisches Mittel 'par excellence' Eigene Arbeit in Grangien und „Fabriken" durch Konversen (Stadtferne)	– akademische Disziplin/ Armutsideal – Predigt (Bekämpfung der Ketzerei durch Predigt) Seelsorge 'Bettel'
Vorherrschende 'Sozialtypen'	**Grundherr**	**„Ritter"**	**Bauer**	**Bettler** ←→ Antityp des 'rechtschaffenen Handwerkers' (Stadtbürger)
	der gegenüber der 'Welt' die 'Pflicht' hat, sein Geld auszugeben („den Reichtum zu genießen"), und dem die ostentative Geldausgabe zum Ruhm gereicht	dessen spezifische Lebensführung und Standesehre auf den individuellen Heldenkampf (Kampfspiel) zugeschnitten ist, worin auch eine Distanzierung von körperlicher Arbeit zum Ausdruck kommt.		
	Fremdarbeit (Produkten-, Arbeits- und Geldrente)	–	Eigene Arbeit zur Sicherung der Subsistenzmittel	Die Beschaffung der Subsistenzmittel erfolgt qua „Abschöpfung" (Bettel) vom handel- und gewerbetreibenden Bürgertum der Stadt
Sozio-ökonomische Struktur	stagnierende Agrargesellschaft		Territorial (z.B. Ostkolonisation) u. wirtschaftlich expandierende Agrargesellschaft	'Stadtkultur' – Stadt als Sitz von Handel, Gewerbe u. Universitäten

dabei noch eine Spekulation, die Jean Gimpel über den Zusammenhang von geistlicher Disziplin, weltlicher Disziplin und Technisierung anstellt: Nachdem die geistliche Disziplin weltlich »nützlich« gemacht worden war, erweist sich der verbleibende geistliche Anteil als Hindernis, das Technisierung erzwingt. Es »führten die Gebetspflichten, denen sich sowohl Mönche wie Laienbrüder während mehrerer Stunden im Tag widmen mußten, in den Niederlassungen der Zisterzienser zu einem ausgeprägten Mangel an Arbeitskräften, was die Mönche zu einer weitgehenden Mechanisierung ihrer Betriebe zwang« (Gimpel 1980, 236). Die Segnungen und Gefahren der Disziplin werden also schon an den Zisterziensern des 13. Jahrhunderts deutlich: »Diese Puritaner des klösterlichen Lebens verfielen der Strafe des Puritanismus: sie wurden reich, weil sie dem Glanz des Reichtums entsagten, und mächtig, weil sie klug investierten« (Southern 1975, 250). An der Entwicklung der Klöster und der Ordensgründungen läßt sich im übrigen eine deutliche Abhängigkeit vom jeweiligen Stand der Entwicklung (und der damit verbundenen Probleme) der feudalen Ökonomie ablesen.[3] Die Benediktiner lebten als geistliche Feudalherren, ihre Klöster erfüllten Funktionen, die einem funktionierenden Feudalismus entsprachen: »Manchmal erhielten Klöster Gebiete so groß wie halbe Grafschaften. Die Herrscher konnten dieses Land umso bereitwilliger geben, da es weiterhin vieles lieferte, was der Herrscher brauchte: Mitarbeit bei der Regierung, Heertruppen und geistigen Beistand im Krieg, einen ehrenwerten Unterhalt für unversorgte Mitglieder der Familie und eine Hoffnung auf ewige Erlösung für alle« (Southern 1975, 218). Die Disziplin diente hier wirtschaftlich einer geordneten Verwaltung feudalen Reichtums und der Erfüllung der feudalen Verpflichtung auf Großzügigkeit. Mit dem Erreichen der wirtschaftlichen Grenzen dieses Systems, vor allem im Knappwerden von Land, schlug die Stunde der Zisterzienser mit ihrem aggressiven und expansiven Einsatz der Disziplin, wie wir ihn dargestellt haben. Ihnen folgten die Bettelorden – diese Hippies unter den geistlichen Brüdern, die mit ihrem Versuch, religiöse Virtuosität außerhalb des Klosters zu praktizieren, erst als Protest gegen eine städtische Ökonomie – und als »Schmarotzer« an ihr – entstehen konnten. Dementsprechend muß hier die Selbstdisziplin andere, stärker »vergeistigte« Formen annehmen (Southern 1975, 263, 267 ff.). Sie braucht hier eine andere Methodik, die sich weniger auf äußere Regelmäßigkeiten stützen kann. Wenn wir, wie Holl (1979) das tut, die Franziskaner aus einer Auflehnung gegen den in den Städten bereits deutlich heraufdämmernden Kapitalismus mit seiner spezifischen Disziplin verstehen, dann ist auch klar, daß die Form der Anstaltsdisziplin nicht mehr so gut geeignet ist, gerade dazu Ablehnung und Protest zu formulieren.

Grundsätzlich gilt das ebenso für die anderen Elitenzusammenschlüsse, die auf ihre Mitglieder disziplinierend wirkten und die wir oben erwähnt haben. Der disziplinierte höfische Adelszusammenschluß diente der Sicherung politischen Überlebens. Der disziplinierte Zusammenschluß der Handwerker in Zünfte diente der Meisterung und Kontrolle der Marktrisiken. Auch vor einem entwickelten Kapitalismus gab es also genügend Basis für Disziplin in Form von Selbstdisziplin – und in diesen Zusammenschlüssen wurde, speziell auch gegenüber jeweils neuen Mitgliedern, die Technik der Disziplinierung entwickelt und tradiert. Wichtig ist dabei, daß sie nicht als Ideologie entstand, sondern als konkrete soziale Organisation. »Disziplin« als Herrschaftsform basiert nicht auf einer luftigen abstrakten Konstruktion à la Panopticum (die Foucault zum Paradigma erhebt), sondern auf der realen Existenz »totaler Institutionen«, die als Eliteanstalten ihre unter anderem ökonomischen Vorteile unter Beweis zu stellen verstanden (und in denen sich dann auch entsprechende Ideologien ausbilden konnten).

Die spannende zweite Phase der Entwicklung tritt dann ein, wenn diese Technik als Fremddisziplinierung primär nach außen gewendet wird. Das geschah zunächst im monarchischen Absolutismus als »große Einsperrung« der Armen, Kranken, Vagabunden, Bettler, auch hier zum Teil mit einem ökonomischen Kalkül, der freilich nicht besonders gut aufgegangen zu sein scheint, ansonsten aber in Durchführung und Ausweitung der zentralen Verwaltung des Staats. Die Manufaktur hat sicher als Modell das Arbeitshaus ermutigt, schon vom Bedarf her aber sicher nicht gefordert (in dem Sinn, daß sie entsprechend disziplinierte Arbeitskräfte gebraucht hätte). Mit der Entwicklung des Fabriksystems und der immer weiteren Durchsetzung kapitalistischen Wirtschaftens hat sich dann die »Disziplin« als verallgemeinerte Form der Vergesellschaftung durchgesetzt.

Auch hier ist es sinnvoll, sich die politische Ökonomie dieser Verallgemeinerung der Disziplin nochmals klarzumachen. Die Disziplin kann sich allgemein durchsetzen, weil sie eine neue ökonomische Basis bekommt: die der Investition in die Arbeitskraft. Spitzer (1979) hat das deutlich herausgearbeitet: Unter feudalen Produktionsverhältnissen geschah die Abschöpfung von Mehrprodukt durch schlichte Wegnahme eines Teils des Produzierten, wie das Produkt zustande kam, kümmerte den Feudalherrn nicht. »Nachdem vor-kapitalistische Regime sich weit mehr für die *Ergebnisse* als für die *Methoden* der Ausbeutung interessierten, konnten die Details der Gesellschaftsverwaltung 'verpachtet', 'untervermietet' oder sonst an Statthalter, Agenten, Zwischeninstanzen oder vorhandene lokale Eliten delegiert werden, ohne die Grundlagen und Mechanismen der Klassenherrschaft zu gefährden« (Spitzer 1979, 197). Mit der Durchsetzung kapitalistischer Produktionsverhältnisse änderte sich das: Es zeigte sich bald, daß Produktivitätssteigerungen auch durch genauere Kontrolle der Arbeitskraft und der Arbeitsvorgänge zu erreichen waren. Die arbeitsfähige Bevölkerung wurde zunehmend nicht mehr als »fertiges Produkt«, das für einfache und direkte Ausbeutung verfügbar war, verstanden, sondern als Basis für Investitionen. »Die Handhabung der heimischen Bevölkerung konnte nicht länger extensiv und rein abschöpfend bleiben, sie mußte intensiv und von den Prinzipien der guten Investition gesteuert werden« (Spitzer 1979, 198). Daraus ergibt sich folgerichtig eine verstärkte Aufmerksamkeit auf die Unterscheidung von »guten« und »schlechten Risiken« der Investition, d.h., ein Sortieren der Arbeitskräfte, wie es Schulen, Gefängnisse, Fürsorge und therapeutische Einrichtungen leisten. Die ersten Schritte dieses Sortierens und Klassifizierens leistete der monarchische Absolutismus mit seiner (durchaus vor-kapitalistischen) Wirtschaftsdoktrin des Merkantilismus. Auch das bedingungslose Streben nach einer aktiven Handelsbilanz führte neben dem Bestreben, die schlichte Zahl der Arbeitskräfte im Land zu erhöhen, auch schon zu einer massiven Sortierung und in der Folge beginnenden Disziplinierung der Arbeitskräfte. Blaich (1973, 91) faßt das so zusammen: »Zusätzliche Maßnahmen waren freilich notwendig, um im Rahmen einer wachsenden Bevölkerung den Produktionsfaktor Arbeit quantitativ und qualitativ zu verbessern, nämlich: (1) Abschaffung des 'Müßiggangs' und Gewöhnung der Bevölkerung an regelmäßige Arbeit. (2) Förderung der 'Kinderarbeit'. (3) Ausbau des Bildungssystems, um Spezialisten insbesondere für die exportintensiven Wirtschafts- und Gewerbezweige heranzuziehen. (4) Aufhebung aller 'Armengesetze', nach denen 'Arme' von kirchlichen und staatlichen Stellen so ausgiebig unterstützt wurden, daß sie nicht zu arbeiten brauchten.« Auch und gerade auf dem Gebiet der Disziplinierung der Arbeitskraft erweist sich der feudal-absolutistische Staat als kräftiger Wegbereiter eines kapitalistischen Wirtschaftens. Die Entstehung des Arbeitshauses und die Ausbreitung der geschlossenen Anstalt als Mittel der Sortierung und beginnenden Nützlichmachung speziell von »Randgruppen« hat also eine massive wirtschaftliche Grundlage in den finanziellen Bedürfnissen der absoluten Fürsten. Der Kapitalismus konnte, nachdem das Bürgertum den feudalen Staat beseitigt hatte, mit Gewinn auf den Grundlagen aufbauen, die eben dieser feudale Staat gelegt hatte.

Dabei ist auffallend, wie in allen diesen Fällen immer wieder die geschlossene Anstalt als Modell der Disziplinierung auftritt. Und immer wieder hat auch die Kirche mit ihrer besonderen Erfahrung mit geschlossenen Anstalten und ihrer Verfügung über sie die Hand im Spiel. In den nächsten Abschnitten dieser Arbeit werden einige Beispiele solcher »Übergangsinstitutionen« noch genauer beschrieben.

Fassen wir vorher nochmals kurz zusammen: Die materielle Grundlage der »Disziplin« war immer das reale Vorhandensein von sozialen Arrangements zur Erzeugung von Disziplin, in erster Linie »totale Institutionen«. Diese Arrangements entstanden und perpetuierten sich unter wechselnden Umständen mit wechselnden Funktionen, zunächst hauptsächlich als Elitenanstalten mit den entsprechenden Vorteilen. Die früheste Anstalt dieser Art war das Kloster. Das »Wissen« um die Disziplin ist gerade im Fall der Selbstdisziplinierung selber Teil dieser Disziplin, wird zu ihrer Erzeugung und Festigung eingesetzt. Die merkwürdigen Wissenschaften der Seelenlenkung (Exerzitienanleitungen, Pädagogik, Psychiatrie, Kriminologie) haben diese sozialen Arrangements überhöht und selbst in ihnen als Werkzeuge und Teil der Technik der Disziplin fungiert. Sicher haben aber nicht diese Wissenschaften die Verallgemeinerung der Disziplin im 19. Jahrhundert getragen, vielmehr waren das – auf der »großen Einschließung« des 18. Jahrhunderts aufbauend – die Bedürfnisse eines sich durchsetzenden kapitalistischen Produzierens. Dabei ist deutlich, daß der Arbeiter zunächst dem schlichten und brutalen Zwang der Not ausgesetzt wurde[4] – seine Disziplinierung kam im großen Stil erst spät und unter besonderen Umständen: als Facharbeiter und zur Erzielung von Betriebstreue besonders vordringlich, später immer mehr ausgeweitet und unter Einbeziehung auch des »Privat«lebens. Das Interesse an Disziplin tritt auf und verallgemeinert sich mit der Monopolisierung der Betriebsmittel, im Kloster der Techniken zu gottgefälligem Leben, im Militär mit dem stehenden Heer, in der Verwaltung mit ihrer Zentralisierung, in der Güterproduktion mit der Trennung des Produzenten von den Betriebsmitteln. Vorbereitende und den Rand sichernde Institutionen wie die Schule, das Arbeitshaus, die Psychiatrie und das Gefängnis treten hinzu.

»Ora et labora« – Bete und arbeite. Emblem in der Pfarrkirche St. Peter und Paul in Berglern, Landkreis Erding. Fresko, wohl um 1735.

Titel von Friedrich Harkorts »Bienenkorb-Brief« Nr. 9, 1849.

»Labor omnibus unus« - Bienenkorb als Sinnbild des Fleißes. Aus »Emblematische Gemüths=Vergnügung«, Augsburg 1693, Seite 23, Nr. 11.

IV. Zur »Wahlverwandtschaft« von Klosterdisziplin und weltlicher Anstaltsdisziplin oder die Multifunktionalität der »methodischen Lebensführung«

1. Vorbemerkung

Kaserne, Zucht- und Arbeitshaus, Internat und Irrenanstalt – die bekanntesten weltlichen Prägeapparaturen – scheinen mehr oder weniger vollständig jene Disziplinierungstechniken zur Anwendung zu bringen, die der Baukastensatz der klösterlichen Disziplinierungstechniken enthält. Daß dem so ist, obwohl das Kloster unbestritten außerweltlichen Zielen dient, ist ein Beleg der These von der »Paradoxie der Wirkung gegenüber dem Wollen« (Weber): daß nämlich das Resultat sozialer Aktivitäten oftmals in geradezu paradoxem Verhältnis steht zu den mit diesen Aktivitäten ursprünglich verfolgten Intentionen. Beachtet man diesen Hinweis, so läßt sich der Prozess der Verweltlichung jener Strukturen und Disziplinierungstechniken, die das Kloster (für seine außerweltlichen Zwecke) entwickelt hat, ohne große Schwierigkeiten »denken« und damit auch analysieren.

Die Plausibilität des Vergleichs von Kloster- und Fabrikdisziplin – jeweils »operationalisiert« durch das jeweils erreichte Niveau an "Methodisierung der Lebensführung" – auf der Ebene der jeweils herangezogenen strukturellen Vorkehrungen und Techniken zur Erzeugung und Aufrechterhaltung eben dieser "methodischen Lebensführung", soll dadurch erhöht werden, daß nach solchen Institutionen Ausschau gehalten wird, wo klösterliche Disziplin und weltliche Erziehungsarbeit, der es im wesentlichen um die Vermittlung einer »methodischen Lebensführung« geht, unmittelbar aufeinander treffen. Als eine solche Institution mit »Nahtstellencharakter« erweist sich das *Jesuitenkolleg*, das die klösterliche Disziplin unmittelbar in weltliche Erziehungsarbeit umsetzt: die klösterlichen »Kniffe« zur »Verteilung der Individuen im Raum« und zur »Bemächtigung der Zeit« (Foucault) bilden den Kern der weltlichen Erziehungsarbeit, die bei den Techniken der Exerzitien, der Prüfung und der genauen Regelbeobachtung ihren Rückhalt findet. Auch das *Waisenhaus in Halle,* das von der spirituellen Aristokratie der Pietisten gegründet wurde, ist ein Beispiel

für eine solche Institution mit »Nahtstellencharakter«, insofern nämlich, als die von dieser spirituellen Aristokratie organisierte soziale Kontrolle, die in der Richtung der Erzeugung einer »methodischen Lebensführung« wirkt, die weltliche Erziehungsarbeit im Waisenhaus beeinflußt, bei der die asketisch-pädagogische Rolle der Arbeit im Mittelpunkt steht; im übrigen hat die weltliche Erziehungsarbeit des pietistischen Waisenhauses der »schwarzen Pädagogik« (Rutschky) zu manchen Anregungen verholfen.

Die beiden genannten Institutionen unterscheiden sich im wesentlichen darin, daß die eine von einer spirituellen Aristokratie von Mönchen, die außerhalb der Welt stehen (»außerweltliche Askese«), und die andere von einer spirituellen Aristokratie prädestinierter Heiliger, die innerhalb der Welt stehen (»innerweltliche Askese«) geleitet wird; in dem einen Fall ist also die klösterliche Disziplin unmittelbar am Werk, in dem anderen Fall mittelbar, beide Institutionen – das Jesuitenkolleg wie das pietistische Waisenhaus – verdanken ihre Existenz dem »Erfindungsgeist« religiöser Virtuosen.

Mit einem dritten und letzten Beispiel: der Entdeckung des Asyls in der nachkolonialen Epoche Amerikas soll die Multifunktionalität (der auf klösterlichem Erfindungsgeist beruhenden) »methodischen Lebensführung« demonstriert werden, um die These der »Wahlverwandtschaft« von Kloster- und Anstaltsdisziplin, einer Variante der Fabrikdisziplin, wie sie im Staubschen Arbeiterquartier praktiziert wurde, plausibler erscheinen zu lassen. Die Konstrukteure der damaligen Asyle beziehungsweise asylähnlicher Einrichtungen waren ursprünglich ausgezogen, um in bewußter Abkehr von klösterlichen Vorbildern der Alten Welt, die sie auf Informationsreisen kennengelernt hatten, völlig neue Institutionen zu schaffen, die jedoch, den Intentionen ihrer Schöpfer zuwiderlaufend, in kurzer Zeit zu jenen Strukturen und Disziplinierungstechniken zurückfanden, die das Kloster entdeckt und zur Entfaltung gebracht hatte. Das Versagen des amerikanischen

Erfindungsgeistes bei der Neukonstruktion des Asyls, der »Rückfall« auf die vom Kloster entdeckten und entwickelten Strukturprinzipien, die diesen Apparat zur Umformung von Individuen kennzeichnen, hängt offensichtlich mit der »inneren Logik« zusammen, von der diese Institutionen vom Typ der Gesinnungswandel-Maschine bestimmt werden: daß nämlich »ein tiefer Wandel des Herzens, eine religiöse Bekehrung oder eine klinische Heilung erforderlich seien« (Erikson 1978, 178), um jene Widerstände abzubauen beziehungsweise zu beseitigen, die einer »zweiten Menschwerdung« und dem damit verbundenen Gesinnungswandel im Wege stehen. Wo immer also Institutionen vom Typ der Gesinnungswandel-Maschine konstruiert werden, wird deren Funktionsweise vom Prototyp der Bekehrungs-Maschine: vom Kloster bestimmt.

2. Institutionen mit »Nahtstellencharakter«

2.1. Zur Prägeapparatur der Jesuiteninternate oder die Kleinlichkeiten der Regel: das »Detail als eine Kategorie der Askese«

Die Jesuiteninternate entstanden im 16. Jahrhundert[1] und kopierten allein schon im Ausleseverfahren, den Aufnahmebedingungen (einschließlich der Probezeit) und der Einteilung der Zöglinge in Klassen die bewährten Praktiken des Jesuitenordens. Die Jesuitenpädagogik des 16. Jahrhunderts (die sich zum Ziel setzte, die »mores christiani« zu vermitteln) saß auf den klösterlichen Strukturprinzipien der sozialen Kontrolle auf. Hierzu gehört zunächst das Prinzip der Isolierung der Zöglinge von der Außenwelt: »... einer der großen Grundsätze der jesuitischen Internatserziehung (war) die Sicherung der ruhigen Abwicklung der Erziehungsarbeit durch die Sorge für den Abschluß der Zöglinge von der Außenwelt. Wie ernst es mit diesem Grundsatz genommen wurde, zeigen die immer wiederkehrenden Einzelvorschriften. Sie gehören gewissermaßen zum eisernen Bestand der Jesuitenpädagogik des 16. Jahrhunderts« (Schröteler 1940, 351, 219). Mittel zur Kontrolle der Außenbeziehungen waren: Kontrolle des Briefverkehrs, der Besuche, des Ausgangs (Verbot, ohne Erlaubnis und ohne Begleitung auszugehen) und die Institutionalisierung des Pförtneramtes (vergleiche Schröteler 1940, 351-357). Das Prinzip der »totalen Kontrolle«, der größtmöglichsten Verhaltenstransparenz im Innern wird verwirklicht durch die vollzogene Ausdifferenzierung in Abteilungen und Klassen (Schröteler 1940, 362) sowie durch die Institutionalisierung einer festen Tagesordnung: »Die ganze Zeit und die einzelnen Teile des Tages sollen (die Zöglinge) richtig einteilen, ordnen und verwenden; alle sollen prompt beim Ertönen des Zeichens aufstehen, beten, die Messen und die Vorlesungen hören, zu Tisch gehen, eine Stunde nach Tisch sich in ihr Zimmer zurückziehen und alles andere tun, was der Brauch heischt« (Regeln des Ignatius für das Germanicum von 1522, das für die übrigen Internate Vorbildfunktion erhielt, zitiert nach Schröteler 1940, 357f.). Die Einteilung des Tagesablaufs führt zu Zeit-Intervallen, denen organisierte Aktivitäten, die unter Aufsicht erfolgen (an der Aufsicht wurden die Zöglinge beteiligt über die Institute der »syndici« oder »observatores« beziehungsweise »Zensoren« oder »Dekurionen«), zugeordnet werden. Da diese Zeit-Intervalle (zeitliche Blocks) nicht nahtlos aneinander stoßen, müssen sie verbunden beziehungsweise »überbrückt« werden. Dies geschieht durch »Reihen«, das heißt durch eine spezifische Form der Ordnung, »in der die Zöglinge gemeinsam beim Weg zur Schule, Kirche und auf den gemeinsamen Spaziergängen miteinander gingen« (Schröteler 1940, 371).

Nicht nur der gesamte Tagesablauf,[2] sondern auch die einzelnen Aktivitäten (die meistens gemeinsam betrieben werden) sind genau geregelt. Die Institutionalisierung der Regel mit detaillierten, kleinlichen Vorschriften und die »systematische Sorge für die Beachtung dieser Regel« – das Ausmaß der Beachtung der Regel signalisiert den Fortschritt in der Erziehungsarbeit – stellen die beiden »Kniffe« dar, die eine methodische Lebensführung garantieren (Mertz 1898, 57f.). Die Begründung, die beispielsweise Cortesone[3] für das Aufstellen und Befolgen der Regel gibt, demonstriert dieses Erziehungsziel überdeutlich:
»Aus der Beobachtung der Regeln erwachsen folgende Vorteile: 1. Man erreicht leichter das erstrebte Ziel; 2. es entspricht tugendhaften Menschen, gemäß der Regel zu leben, wie Lasterhafte ohne Regel ihr Dasein führen; 3. kraft des Gehorsams werden die indifferenten Handlungen zu Tugendakten; 4. die Regelbeobachtung hilft zur guten Ausnutzung der Zeit; 5. man gewöhnt sich an eine bestimmte Ordnung; 6. dazu kommt das Verdienst bei Gott und 7. die Erleichterung des Weges zur Tugend, indem durch häufige Akte eine gute Gewohnheit erworben wird.
Die Mittel, diese Vorteile zu erreichen, seien: 1. sich in allem und vor allem dem Gehorsam zu unterwerfen; 2. Freude an der Regelbeobachtung haben, indem man an das über alles erstrebenswerte Ziel denkt; 3. sich nicht einlassen auf Dinge, die die Beobachtung der Regel hemmen; 4. immer mehr auf seiten derer stehen, die die Regel beobachten als auf seiten jener, die sie übertreten; 5. sich gern um die Beobachtung der Regeln mühen, indem man bedenkt, daß nichts Großes ohne Anstrengung erreicht wird; das gilt vor allem von der Tugend, deren Wurzel bitter, deren Früchte aber süß sind; 6. die Erwägung des Nutzens treuer Regelbeobachtung und des Schadens ihrer Unterlassung;

Die Kaserne der Soldaten Jesu – das Collegium Germanicum Hungaricum in Rom.

Das Collegium Germanicum in Rom, Frontansicht

Das Kloster Santa Saba bei Rom, der Vorläufer des Collegium Germanicum.

7. gern mit solchen verkehren, die in der Regelbeobachtung treu sind und sich vor anderen hüten; sich in dem Geiste erhalten, mit dem man ins Kolleg eingetreten ist, d.h. in dem festen Willen, seine Pflicht zu tun, und an das Versprechen zu denken, das man diesbezüglich abgelegt hat« (Schröteler 1940, 406f.).

Hinter der genauen Regelbeobachtung steht das Prinzip der »sittlichen Buchführung«, die dem Zögling wie seinem Erzieher über eine tabellarisch-statistische Buchführung die Kontrolle (Evaluation) der Lernziele und die dabei erzielten Fortschritte ermöglichen soll. Zu diesem Zweck wurde der »Catalogus« erfunden: die Angehörigen des Erziehungspersonals machten »jedesmal jedem, den sie zu ermahnen hatten, in der Zöglingsliste ein Zeichen. Diese Liste wurde 'Katalog' genannt« (Schröteler 1940, 409, Fn 219). Diese Strichliste stellt die Basis dar zur Verhängung von negativen Sanktionen, die bei der Erziehungsarbeit überhaupt einen breiten Raum einnehmen (Schröteler 1940, 379 ff.). Zur Veranschaulichung der Handhabung dieses Sanktionsmechanismus' sei wiederum Cortesone zitiert: »Wer gefehlt habe, solle etwas zahlen, wie Papier, Bilder, Federn. Am Ende der Woche oder des Monats möge man diese Dinge an jene verteilen, die sich besonders gut aufgeführt (haben)« (Schröteler 1940, 409).[4]

Die »Werthöhe« der einzelnen Regelvorschriften ist typischerweise gering, wie die von Schröteler mitgeteilten und im Katalog festgehaltenen Regelverstöße zeigen: »Er stand zu spät auf ... Er ging ohne das 'Zeichen' auf den Abort, er sprach zur Zeit des Stillschweigens« (Schröteler 1940, 409 f.). Die geringe »Werthöhe« der Regelvorschriften sowie die kleinliche Buchhaltung kleinlicher Verstöße machen deutlich, daß das »Detail« eine »Kategorie der Theologie und der Askese« (Foucault 1975, 179) ist: »Jedes Detail ist wichtig, weil in den Augen Gottes keine Unermeßlichkeit größer ist als ein Detail. Und weil nichts zu klein ist, als daß es nicht durch einen seiner einzelnen Willensentschlüsse gewollt worden wäre. In diese große Tradition der Erhabenheit des Details fügen sich alle Kleinlichkeiten der christlichen Erziehung, der Schul- und Militärpädagogik und schließlich aller Formen der Dressur ohne weiteres ein. Für den disziplinierten Menschen ist wie für den wahren Gläubigen kein Detail gleichgültig – nicht so sehr, weil darin ein Sinn verborgen ist, sondern weil es der Macht, die es erfassen will, dazu Gelegenheit bietet. Charakteristisch ist die große Hymne an die 'kleinen Dinge' und ihre ewige Bedeutsamkeit, die Jean-Baptiste de la Salle in seiner Abhandlung über die Verpflichtungen der Brüder der christlichen Schulen gesungen hat. Die Mystik des Alltags sollte in die Disziplin des Details einmünden. 'Wie gefährlich ist es, die kleinen Dinge zu mißachten. Es ist eine wahrhafte tröstliche Betrachtung für eine Seele wie die meinige, die kaum zu großen Taten fähig ist, daran zu denken, daß die Treue zu den kleinen Dingen durch einen unauffälligen Fortschritt uns zur erhabendsten Heiligkeit emporführen kann: weil die kleinen Dinge auf die großen vorbereiten ...' Die Kleinlichkeit der Reglements, der kleinliche Blick der Inspektionen, die Kontrolle über die kleinsten Parzellen des Lebens und des Körpers werden im Rahmen der Schule, der Kaserne, des Spitals oder der Werkstätte jenem mystischen Kalkül des unendlich Kleinen und Großen bald einen weltlichen Inhalt, eine ökonomische oder technische Rationalität verleihen« (Foucault 1975, 179f.).

Auch an der Säkularisation der Übung, einer ursprünglich (individuell und kollektiv praktizierten) klösterlichen Technik zur Vervollkommnung (d.h. zur Erreichung von Gottnähe) sind die Jesuiten maßgeblich beteiligt. Sie institutionalisieren die Übung (in der Form eines Initiationsrituals oder in der Form der Prüfung) an ihren Kollegs und an den von ihnen beeinflußten Universitäten. Die Übung ist der adäquate Ausdruck für den Zustand der Veralltäglichung (ursprünglich) charismatischer Qualitäten einzelner religiöser Virtuosen: diese charismatischen Qualitäten sind nunmehr zum Gegenstand ''methodischen Betriebs'' geworden, lehrbar und lernbar für viele. Wo immer der ''methodische Betrieb'' darauf abzielt, eine höchste Stufe der Vervollkommnung zu erreichen, ist er so angelegt, daß nach einer Probezeit Stufen der Bewährung zu durchlaufen sind, die mit differenzierten Prüfungsstufen gekoppelt werden und deren Bestehen Voraussetzung dafür ist, von Stufe zu Stufe aufsteigen zu können (im übrigen die günstigsten Voraussetzungen zur Steigerung des Wettkampfes (Paulsen 1919, 428) der Zöglinge untereinander). Für die Jesuiten-Kollegs und die Jesuiten-Universitäten war demnach charakteristisch: »eine systematische Abfolge von Studienstufen und Prüfungen (sowie) schriftliche Klausuren ...« (Prahl 1978, 121; Paulsen 1919, 428, 432). Wo immer ein Höchstmaß an Vollkommenheit angestrebt wird, wird das Merkmal einer besonderen Qualitätsstufe genutzt, um eine Auslese vorzunehmen. Aus diesem Grund findet sich bei allen »Gemeinschaften«, die eine spirituelle Aristokratie heranzüchten (wollen), das Institut der Probezeit und des Initiationsritus, der die Grenze markiert, die ein Auserwählter überschreitet, um von nun an ein »neues Leben« zu beginnen. Das im 16. und 17. Jahrhundert an den Universitäten praktizierte Aufnahmeritual der Deposition, wie es von Prahl ausführlich geschildert wird, veranschaulicht besonders deutlich den Herrschaftsaspekt bei der Aufnahme in den Kreis der »Wahrheitssucher«:

»Der Vorsteher der Ceremonie, Herr Depositor genannt, ließ die jungen Leute, welche unter die Studenten aufgenommen zu werden wünschten, Kleider von verschiedenem Zeug und verschiedenen Farben anziehn. Man schwärzte ihnen das Gesicht, an ihre Hüte, deren Krempen heruntergebügelt waren, befestigte man

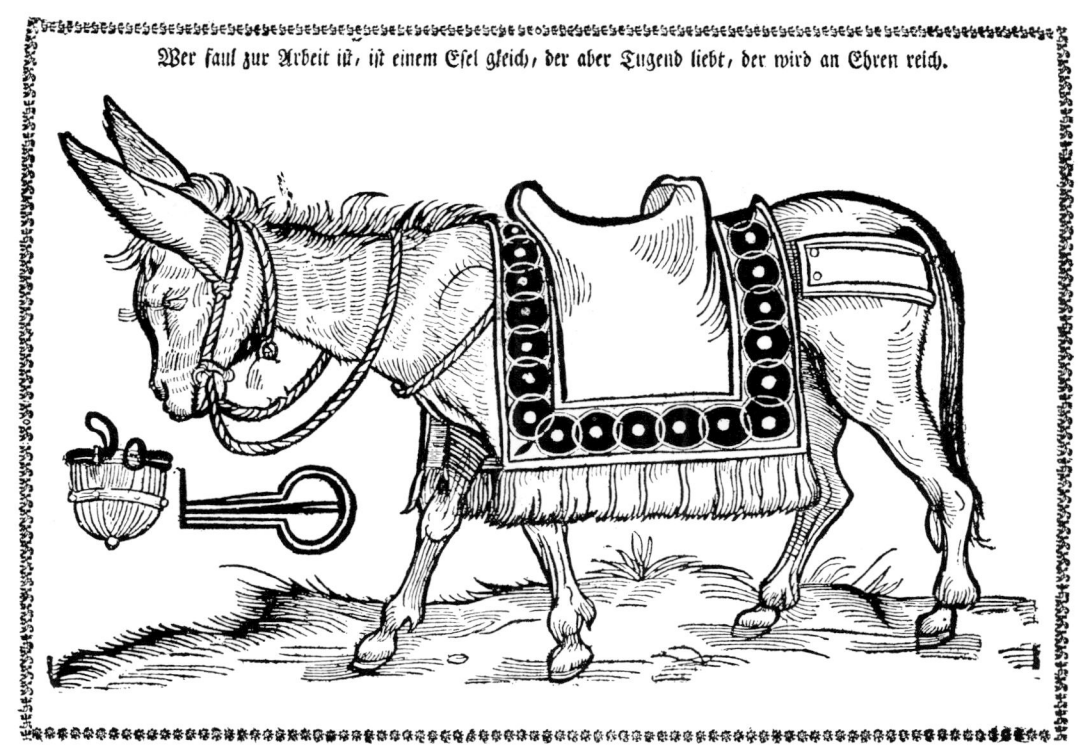

Wer faul zur Arbeit iſt, iſt einem Eſel gleich, der aber Tugend liebt, der wird an Ehren reich.

Schaut hier iſt der Eſelmann,
Der die Ohren ſpitzen kan,
Kommt her, und ſehet zu,
Er iſt hurtig wie ein Kuh,
Wann man ihm gibt Butterweck,
Flieget er, gleich wie ein Schneck,
Sein Kopf iſt ſo wohl geſtalt,
Als die Eſſe in dem Wald.

Seine Ohren ſind ſo klein,
Daß drein geht ein Eimer Wein,
Seine Augen ſind ſo ſcharff,
Daß er hundert Brillen bedarff,
Er iſt ehe nicht geſund,
Bis das Futter hange am Mund,
Wunder eſſen, wann er friſt,
Drauff der Furtz ſein Muſie iſt.

Dann die Trummel iſt ſein Freud,
Futer-Sack der Seelen Bad,
Nummer wunder wird zu faul,
Legt man ihm den Zaum ins Maul,
Legt man auf ſein Laſt und Joch,
Thut er dann kan gut zwuoch,
Muß man ihn mit Peitſchen ſchlagen,
Und die Haut voll Stockfiſch ſchlagen.

Eben alſo wann die Jugend,
Nicht will lernen Kunſt und Tugend,
Tröget ſie vor ihren Lohn,
Einen Eſelskopf davon,
Vor den Heller und den Weck,
Kriegen ſie oft Ruth und Steck,
Vor die Ehre Schand und Spott,
Das es heiſt: Erbarm es Gott.

Spottbild eines Esels zur Abschreckung fauler Kinder. Flugblatt des 17. Jahrhunderts. Nürnberg, Germanisches Nationalmuseum.

Transformations- und Mutationsprozesse:
Wie lernt der Esel aufrechtgehen

Schulszene. Lehrer mit Rute, im Hintergrund Schüler mit aufgesetztem Eselskopf. Holzschnitt, Augsburg, 1479.

Depositionsszene im 17. Jahrhundert. Zeitgenössischer Kupferstich. Nürnberg, Germanisches Nationalmuseum.

lange Ohren und Hörner, setzte ihnen in die Mundwinkel lange Schweinszähne ... . So, scheußlicher und lächerlicher verkleidet als die, welche von der Inquisition zum Scheiterhaufen geführt werden, ließ der Depositor sie nun aus dem Depositionszimmer heraus und trieb sie mit einem Stock vor sich her wie eine Herde Ochsen oder Esel, in einen Saal, wo die Zuschauer sie erwarteten. Er hieß sie da in einen Kreis sich stellen, in dessen Mitte er stand, schnitt ihnen Gesichter, ... verspottete sie über ihren seltsamen Aufzug ... Er sprach von den Lastern und Fehlern der Jugend und zeigte, wie nöthig es sei, daß sie durch Studien gebessert, gezüchtigt und geschliffen würden. Darauf legte er ihnen verschiedene Fragen vor, die sie beantworten mußten. Aber die Schweinszähne, die sie im Munde hatten, hinderten sie am deutlichen verständlichen Sprechen, so daß sie mehr wie Schweine grunzten, weshalb der Depositor sie auch Schweine nannte, ihnen einen leichten Stockschlag auf die Schultern und einen Verweis gab. Diese Zähne, sagte er, bedeuten Unmäßigkeit, da jungen Leuten durch Übermaß in Essen und Trinken der Verstand verfinstert wird. Dann zog er aus einem Sack eine hölzerne Zange, mit welcher er ihren Hals zusammendrückte und sie so lange schüttelte, bis die Zähne auf die Erde fielen. Wenn sie gelehrig und fleißig wären, sagte er, so würden sie den Hang zur Unmäßigkeit und Gefräßigkeit ebenso verlieren, wie diese Schweinszähne. Dann riß er ihnen die langen Ohren ab, wodurch er ihnen zu verstehen gab, sie müßten fleißig studieren, wollten sie nicht den Eseln ähnlich bleiben. Weiterhin nahm er ihnen die Hörner, welche brutale Rohheit bezeichneten, und holte darauf aus einem Sack einen Hobel. Jeder Bean mußte sich zuerst auf den Bauch, dann auf den Rücken und auf beide Seiten legen, in jeder Stellung hobelte er ihnen den ganzen Leib und sagte: Litteratur und Künste würden ebenso ihren Geist glätten (polir). Nach einigen anderen lächerlichen Ceremonien füllte der Depositor ein großes Gefäß mit Wasser, das er den Novizen auf den Kopf goß und sie dann mit einem großen Lumpen unsanft abtrocknete. Da die Posse mit diesem Abwaschen zu Ende war, ermahnte er die gehobelte, gestriegelte und gewaschene Gesellschaft: sie solle ein neues Leben anfangen, böse Neigungen bekämpfen und böse Gewohnheiten ablegen« (Prahl 1978, 125f.).

Diese zum Ritual erstarrte Aufnahmeprüfung der Deposition zeigt anschaulich, daß offensichtlich der Akt der »Bekehrung« bzw. des Gesinnungswandels nicht unbedingt ein überwiegend spiritueller Vorgang sein muß, sondern (selbst beim Eintritt in das »Reich des Geistes«) in weit höherem Maß durch die Anwendung äußerer Gewalt bestimmt wird (vgl. auch Prahl 1978, 127). Die Symbolik des Rituals (die sich der Eselsohren und der Schweinezähne bedient) führt auf drastische Weise vor, wie das Gefälle zwischen

noch nicht Qualifizierten und schon Qualifizierten künstlich gesteigert wird, so daß das Verhältnis zwischen Wissensvermittler und Wissensempfänger, zwischen dem Bekehrten und dem noch zu Bekehrenden immer auch ein Herrschaftsverhältnis ist. Bemerkenswert an diesem Herrschaftsverhältnis ist, daß seine strukturellen Voraussetzungen im Verlauf des Bekehrungsprozesses abgebaut werden – dies signalisiert das Entfernen der Schweinszähne und der Eselsohren – dann nämlich, wenn die signalisierte innere Bereitschaft zum Mitmachen die äußere Stütze legitimer Gewaltsamkeit, die den Bekehrungsvorgang auslöst, überflüssig erscheinen läßt. Dann ist auch der Zeitpunkt erreicht, wo der von außen gesetzte Zwang vom Bekehrten uminterpretiert wird in ein freiwilliges Mitmachen.

2.2 Exkurs: Zur Wirkung des Neustoizismus auf die Disziplinierung und Methodisierung der Lebensführung oder die geistig-moralische 'Aufrüstung' (Standesmoral) des sitzenden Heeres der Beamten und des stehenden Heeres der Soldaten

Die bisher vorgetragenen Überlegungen verfolgen das Ziel, die »Wahlverwandtschaft« zwischen Kloster- und Fabrikdisziplin auf der Ebene des Vergleichs jener Strukturen und Techniken nachzuweisen, die jeweils zur Herstellung einer »methodischen Lebensführung« herangezogen werden. Das Erkenntnisinteresse richtet sich also in erster Linie auf die Rekonstruktion der im Kloster und im Arbeiterquartier jeweils praktizierten konkreten Maßnahmen zur Disziplinierung und Systematisierung der Lebensführung. Diese Maßnahmen im Sinne der "äußeren" (organisierten) sozialen Kontrolle der Lebensführung werden in der Regel ergänzt durch ethische Pflichtvorstellungen, von denen praktische Antriebe zum Handeln ausgehen, die ebenfalls in der Richtung einer systematischen Disziplinierung und Methodisierung der Lebensführung wirken können.

War bislang, wenn auch eher am Rande, die Rede von der Wirkung solcher (hier: religiös überhöhter) ethischer Pflichtvorstellungen (z.B. in der Form des Hinweises auf die »außerweltliche Askese« des Mönchtums und die »innerweltliche Askese« des Pietismus), so interessiert im folgenden, aus weiter unten näher zu erörternden Gründen, die Wirkung der »innerweltlichen neustoischen Askese« auf die Rationalisierung der Lebensführung. Wir beschränken uns dabei auf den Neustoizismus, wie er von Lipsius (1547–1606) gelehrt wurde. Die Beschäftigung mit Lipsius drängt sich geradezu auf: der Stoizismus, den Lipsius lehrt, ist stets aufs

Praktische, auf die Befähigung zum praktischen Handeln, ausgerichtet und betont – insbesondere durch die Proklamation der "constantia" – unter direkter Bezugnahme auf die Grundtugenden der römisch-stoischen Askese die Notwendigkeit von Selbstbeherrschung und Selbstzucht, um sich auf diese Weise gegenüber dem "Schicksal" behaupten und das individuelle Leben bewältigen zu können, für dessen Gestaltung der Mensch nunmehr selbst die Verantwortung zu tragen hat. Die stoische Pflichtlehre des Lipsius verdient auch deshalb Beachtung, weil sie unmittelbare Auswirkungen auf das sich im Umbruch befindliche Heerwesen der damaligen Zeit hatte: durch die Formulierung und Postulierung eines Katalogs militärischer Tugenden (im Sinne der Ausbildung eines spezifischen soldatischen Berufsethos) und durch die Formulierung von täglich zu praktizierenden, jedoch unmittelbar auf das Gefecht bezogenen Exerzieranweisungen, so daß von einer Gleichstellung von moralischer Erziehung und mechanischem Drill (Oestreich 1957, 313), von Übung und Lehre (hier ist der direkte Bezug auf die antike Literatur, auf Seneca, ganz deutlich; Oestreich 1969a, 22) gesprochen werden kann. Der militärische Bereich ist in diesem Zusammenhang deshalb von besonderem Interesse, weil er als der »große Erzieher« zur Disziplin (Weber 1922, 647) anzusehen ist. Der Neustoizismus des Lipsius' interessiert in dem hier zur Diskussion stehenden Zusammenhang vor allem infolge seiner »Wahlverwandtschaft« mit dem Calvinismus einerseits und dem Jesuitentum andererseits. Der Stoizismus »strebt zwar nach dem römischen Vorbild, nimmt aber zugleich weltanschauliche Elemente des aktiven Calvinismus und des die Willensfreiheit betonenden Jesuitentums, des Meisters der Affekte, auf« (Oestreich 1969a, 21), eine Einsicht, die Oestreich unter Berufung auf G. Schmoller an anderer Stelle erneut aufgreift:
»Gustav Schmoller, einer der besten Kenner der inneren Staatszustände des 17. und 18. Jahrhunderts, hat das Beamtentum dieser Zeit immer wieder mit einer ecclesia militans, einem weltlichen Orden verglichen. So scheint mir die 'innerweltliche Askese' des Calvinismus, deren Wirkungen auf den kapitalistischen Geist Max Weber feststellte, eine gewisse politische Entsprechung zu besitzen, nämlich die Einwirkung einer innerweltlichen neustoischen Askese und Kampfmoral auf den sittlich-militanten Geist der Träger des neuzeitlichen Machtstaates, auf Heer und Beamtentum« (Oestreich 1969, 64; mit dem Hinweis auf Borkenau (1976, 179) wäre zu präzisieren, daß es sich hierbei zunächst nicht um die Schaffung einer Massenmoral, sondern einer Standesmoral (Standesethik) handelte).
Gerade die Beschäftigung mit dem militärischen Bereich und dem Disziplin-Begriff, den Lipsius für diesen Bereich konzipiert hat, zeigt besonders anschaulich gemeinsame Züge von ziviler,

militärischer und kirchlicher Welt, ein Zusammenhang, der sich überdies auch aus der Biographie des Lipsius (Oestreich 1969c) rekonstruieren läßt.
»Eigentümlich, wie der ehemalige Jesuitenzögling von Köln, der ursprünglich selbst das Kleid der Patres anziehen wollte, die beiden tragenden Grundelemente der in ihrem militärischen Aufbau so oft bewunderten Societas Jesu: exercitia und constitutiones, wieder in den soldatischen Disziplin-Begriff als exercitia und ordo wendet und bedeutungsvoll als tragende Teile der Disziplin voranstellt (...). Die methodischen Grundgedanken des Soldaten Loyola wirken auf das neuzeitliche Heer ein. Tägliche Übung und hierarchische Ordnung, blinder Gehorsam und strenge Disziplin bestimmen nach dem Vorbild des jesuitischen Vorkämpfers der ecclesia militans und nach dem Exempel der römischen Legionen den Geist des von Lipsius erneuerten Kriegswesens« (Oestreich 1969a, 21f.).
Der neue Disziplin-Begriff (Hermann 1979, 105ff) des Lipsius enthält in enger Anlehnung an die antike Literatur vier Elemente: Übung, Ordnung, Zwang und allgemeine Beispielgebung durch Lohn und Strafe. Diese vier Elemente fungieren zugleich als die adäquaten Mittel zur Erreichung des mit der Disziplin anvisierten Zieles: die »Erziehung des Soldaten zu einer militärisch-körperlichen Stärke und zur Entfaltung geistig-sittlicher Kräfte« (Oestreich 1957, 306; vergleiche auch die einschl. Beiträge in der Aufsatzsammlung 1969), wobei die beiden zuerst genannten Mittel zur Verwirklichung des ersten Teilzieles und die beiden zuletzt genannten Mittel zur Verwirklichung des zweiten Teilzieles dienen sollen.
Die tägliche Übung, aus der schließlich der systematische Drill und die methodisch-rationale Ausbildung der neuzeitlichen Heere hervorgehen, erscheint Lipsius als eine an das Soldaten-Handwerk, an den Soldatenberuf, zu stellende selbstverständliche Forderung: was für jede andere Kunst als selbstverständlich gelte, daß nämlich nur Übung den Meister mache, habe auch für den Soldatenberuf zu gelten. In der Einführung einer nach antikem Vorbild gestalteten systematischen Schulung der Soldaten: dem Exerzieren nach detaillierten Exerzieranweisungen (mit Ankündigungs- und Ausführungskommandos), lag dann auch der Schwerpunkt der ersten modernen Heeresreform, wie sie von den Oraniern (Hahlweg 1941, 30ff.) in unmittelbarem Rückgriff auf die Arbeiten des Lipsius (Oestreich 1957, 304) erfolgreich durchgeführt wurde. Die Bedeutung des Exerzierens, die in dieser Reform zum Ausdruck kommt, erklärt sich zum einen aus der direkten militärischen Notwendigkeit – das Exerzieren und die dabei gedrillten Elementarbewegungen waren noch unmittelbar bezogen auf die taktischen Operationen des Gefechts – zum anderen aus seiner Nützlichkeit für die Erzeugung von »Haltungs-

Adolf von Menzel, Preußische Grenadiere. Zeichnung, um 1860.

Der Zwang zum Selbstzwang

Militärisches Exerzieren, aus: H.F. von Fleming, *Der vollkommene deutsche Soldat*, Leipzig 1726.

disziplin« (Heiseler 1966, 117 ff.): der Fähigkeit, einen Befehl automatisch durch eine vorgegebene Reaktion (Gehorsam) zu beantworten. In dem Maße wie für das Exerzieren der unmittelbare Gefechtsbezug verloren geht und die spezifischen Strukturbedingungen der »kasernierten Vergesellschaftung« hinzutreten (zuerst in Frankreich unter Ludwig XIV (Delbrück 1920, 270)), dient das Exerzieren in der Form des Drills ausschließlich der Einübung von »Haltungsdisziplin«. Der Drill auf dem Kasernenhof zielt nunmehr darauf ab, bei aller Äußerlichkeit der vorgeschriebenen Bewegungsabläufe, eine innere Eingestelltheit zu erzeugen, die auf dem mit dem Drill gegebenen Entlastungsmoment aufbaut: denn die tägliche Übung (Drill) entlastet den Soldaten zunehmend davon, die Verbindung von Befehl und Reaktion bewußt herzustellen.

Zielt die tägliche Übung auf die Ausbildung des einzelnen und der Gruppe ab, so meint Ordnung die »logisch-hierarchische Durchordnung der militärischen Körper« (Oestreich), um sowohl die Beweglichkeit der Truppenteile beim Marsch und in der Schlacht als auch eine klare Befehlsführung zu garantieren.

Dienen tägliche Übung, Ordnung und das System der positiven und negativen Sanktionen (Belohnungen und Strafen) – gerade in der Frage der ”Zucht” zeigen die Zuchtordnungen des bürgerlichen und kirchlichen Lebens, Polizeyordnungen, Kriegsartikel und Kirchenordnungen, eine enge »Wahlverwandtschaft« (vergleiche Oestreich 1957, 309) – vornehmlich der Festigung des äußeren Gefüges des Heerwesens, so erfährt dieses Gefüge eine wesentliche Stabilisierung durch eine dem Soldaten anzuerziehende »innere Haltung« (Berufsethos), wie sie in der (unmittelbar auf die stoische Askese bezogenen) Aufforderung zur sittlichen Erziehung, zum Selbstzwang (im Sinne einer asketischen Selbsterziehung) des Soldaten, zum Ausdruck kommt – eine Aufforderung, die ganz in die Richtung einer systematischen Disziplinierung und Methodisierung der Lebensführung wirkt.

Im Militär am notwendigsten wurde dieses Prinzip der innerweltlichen neustoischen Askese auch wirksam in der Bürokratie, die wie das Militär von der disziplinierenden Wirkung der prudentia civilis erfaßt wurde (Oestreich 1976, insbesondere 19 ff.; zur Weiterentwicklung und Wirkungsweise der politischen Klugheitslehre vergleiche Brückner 1977), die als Kunst- und Pflichtenlehre des politischen Handelns eng mit der Praxis verknüpft blieb und nicht zu einer theoretischen Wissenschaft im Sinne einer »allgemeinen Staatslehre« tendierte. »Als Kunst der praktischen Lebensführung gewinnt der Neustoizismus unmittelbar große Macht über den einzelnen; als Weltanschauung wirkt er neben und mit den stärksten religiösen Kräften der Zeit, dem Calvinismus und dem Jesuitentum, auf die verschiedensten Lebensgebiete ein, auf die Literatur und das Recht, den Staat, das Er-

ziehungswesen und die Gesellschaft, die Wirtschaft und das Kriegswesen« (Oestreich 1969a, 34). Zusammen mit den genannten religiösen Bewegungen arbeitet der Neustoizismus an einer systematischen Disziplinierung und Methodisierung der individuellen Lebensführung, so daß durch ihn das Leben selbst als eine unter methodisch-rationalen Gesichtspunkten anzugreifende Aufgabe erscheint.

Auch der Pietismus, die politisch-soziale Reformbewegung der lutherischen Kirche, hat Impulse vom Neustoizismus erhalten, die sich insbesondere in dem »Zwang« zur methodischen Übung und zu ständiger Selbstkontrolle äußern (Oestreich 1969b, 149). »Auch in Franckes ’pietistischer Klugheit’ ist diese Rationalisierung des Lebens zu finden, wenn auch hier Gottes Ehre als alleiniges Ziel aller Klugheit betont wird« (Brückner 1977, 142). Es dürfte demnach kein Zufall sein, daß in der Bibliothek der Franckeschen Stiftung in Halle die Werke von Lipsius in zahlreichen Ausgaben vorhanden waren (Oestreich 1969b, 149).

Im folgenden soll als eine weitere Institution mit »Nahtstellencharakter« das von A. H. Francke in Halle gegründete Waisenhaus betrachtet werden, dessen Umsetzungsfunktion uns hier besonders interessiert: wie nämlich der in der pietistischen Ethik angelegte Zwang zur Systematisierung der Lebensführung durch spezifische strukturelle Vorkehrungen des Waisenhauses und durch spezifische, im Waisenhaus-Alltag praktizierte Techniken umgesetzt beziehungsweise gesteigert wird zu jener »methodischen Lebensführung«, der unser Erkenntnisinteresse gilt.

2.3. Die Prägeapparatur des pietistischen Waisenhauses (in Halle) oder die »Arbeit als die Religion« säkularisierter Gesinnungswandel-Maschinen

»Laborare est orare, arbeiten heißt beten.« (Carlyle) [5]

Das von August Hermann Francke in Halle gegründete Waisenhaus weist insofern die geforderten Merkmale einer Institution mit »Nahtstellencharakter« auf, als die »Trägerschaft« des Waisenhauses ganz der pietistischen Ethik anhängt, also eine von »innerweltlicher Askese« beseelte Vereinigung religiöser Virtuosen bildet – darin vergleichbar den von »außerweltlicher Askese« beseelten religiösen Virtuosen der Mönche – die das Privileg der Zulassung der Auserwählten zum Abendmahl zu einer wirksamen sozialen Kontrolle der »Vereins- respektive Sektenmitglieder« nutzen, von der ein Zwang zur »methodischen Lebensführung« ausgeht, andererseits aber im institutionellen Rahmen des Waisenhauses (gegenüber Nicht-Sektenmitgliedern) eine weltliche Erziehungsarbeit [6] betreiben, die – ganz im »Geiste« pietisti-

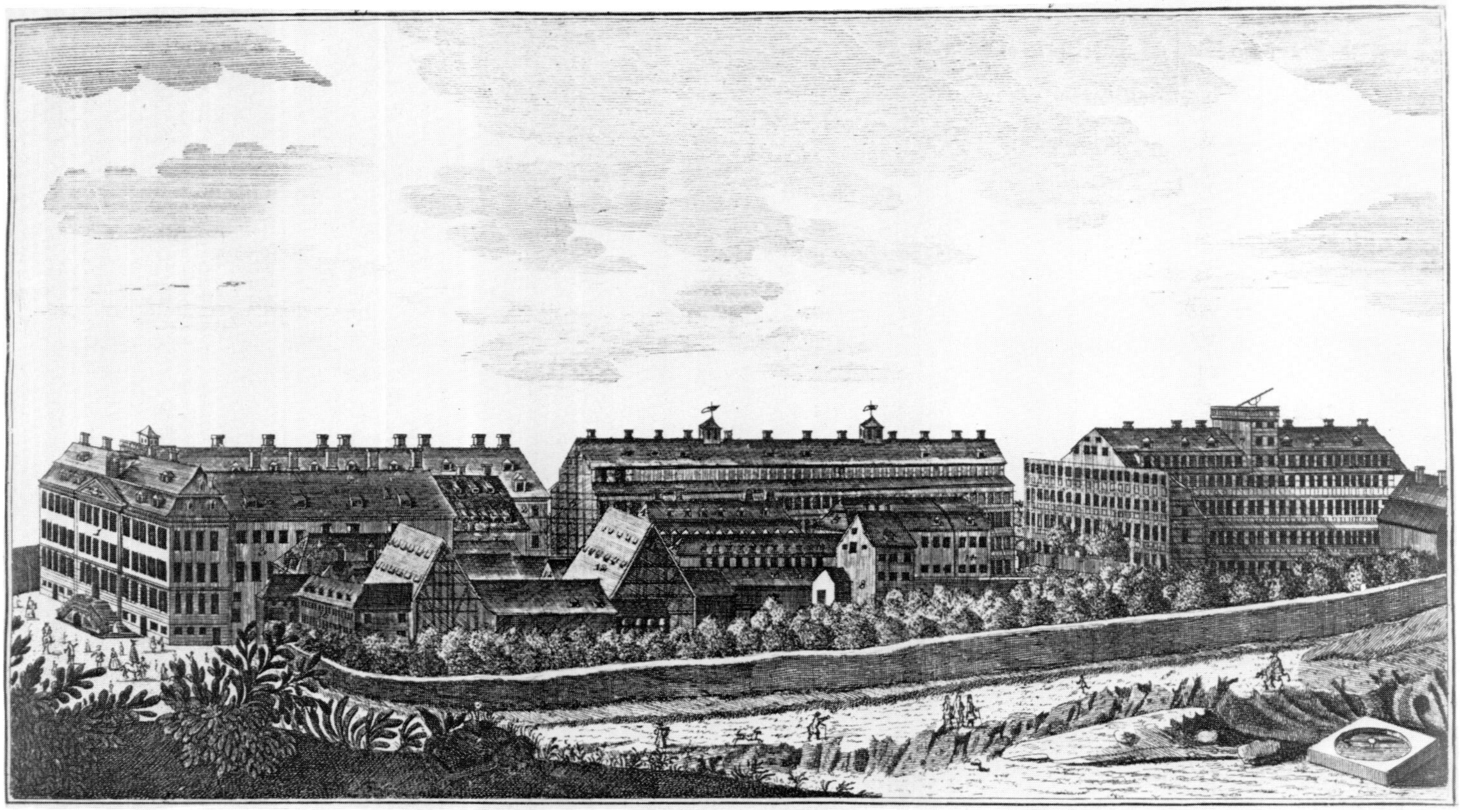

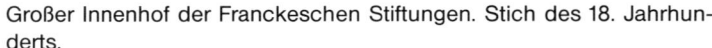

Seitenprospekt der Franckeschen Stiftung. Stich von Gründler, 1749.

Großer Innenhof der Franckeschen Stiftungen. Stich des 18. Jahrhunderts.

Fassade des Waisenhauses in Halle. Stich von Gründler, 1749. Mit den zur Sonne fliegenden Adlern im Giebelfeld und dem Spruchband: »Aber die auf den Herrn harren, kriegen neue Kraft, daß sie auffahren mit Flügeln wie Adler«.

Nachweisung.

(Der einfache Punkt · deutet die Eingangsthüren an, der Doppelpunkt ·· die Thorwege.)

A. Das Vordergebäude des Waisenhauses.

B. Wohnhaus der Waisenknaben, und teutsches Knaben-Schulhaus.

C. Das (neue) Mädchenhaus.

D. Das alte Mädchenhaus.

   a. Der Hof daneben.

E. Das englische Haus.

F. Das Singesaals- und Speisesaals-Gebäude.

   b. Das Backhaus.

   c. Das Brauhaus.

   d. Wohnung des Vorwerks-Päehters.

   e. Schlacht- und Wasch-Haus.

   f. Scheuern.

   g. Viehställe.

   gg. Holzställe.

   h. Büchermagazin für den Buchladen.

G. Das lange Gebäude (für Studenten und Schüler.)

   i. Hinterhöfe des Waisenhauses.

   k. Hintergebäude des Waisenhauses.

H. Das Bibelhaus.

I. Die Bibeldruckerey.

   l. Das Bibelmagazin.

   m. Das Sprützenhaus.

K. Die Krankenpflege.

L. Die Bibliothek.

M. Das neue Oeconomie-Haus, oder das Traiteur-Haus.

N. Das königliche Pädagogium.

   n. Die Flügelgebäude am Pädagogium.

   nn. Vorhöfe der Flügelgebäude.

   o. p. Die Hintergebäude am Pädagogium.

   q. Das (ehemalige) Brauhaus des Pädag.

   r. Denkmal des Stifters.

   rr. Lustgarten.

   s. Der botanische Garten des Pädagog.

   t. Die Allée des Pädagog. in der Plantage.

O. Die Berg-Scheuern und Baumagazine.

P. Die Werkstätten auf dem Bauhofe.

Q. Die Fahrstrase des Waisenhauses.

R. Das Eingangsthorweg zum Waisenhause.

S. Das innere rothe Thor.

T. Das äußere rothe Thor.

V. Der Apotheker-Garten.

W. Das schwarze Thor im Feldgarten.

   v. Wohnung des Röhrmeisters.

   w. Das Farbehaus.

   x. Henneckens Haus, oder das Gartenhaus in der Plantage.

   xx. Die (ehemalige) Sandgrube.

   y. Die Seiden-Cocons-Tirage.

   yy. Die Obstbaum-Schule in der Plantage.

   z. Spatziergänge im Feldgarten und in der Plantage.

   zz. Das Gewächshaus im Waisengarten.

   1. Die goldene Rose (Directorwohnung.)

2. 3. (jetzt ein Haus.) Officianten-Wohnung.

4. Haus für die Witwen der Directoren.

5. Das Frauenzimmer-Stift (sonst, das Rauhschiff.)

6. Das Burjan'sche Haus.

7. Die goldene Krone.

8. Das Trautmann'sche Haus.

9. Das Kettner'sche Haus. (vulg. das Nehpult)

10. Das Vidum'sche Haus.

11. Das Haus des jüdischen Instituts, am großen Berline.

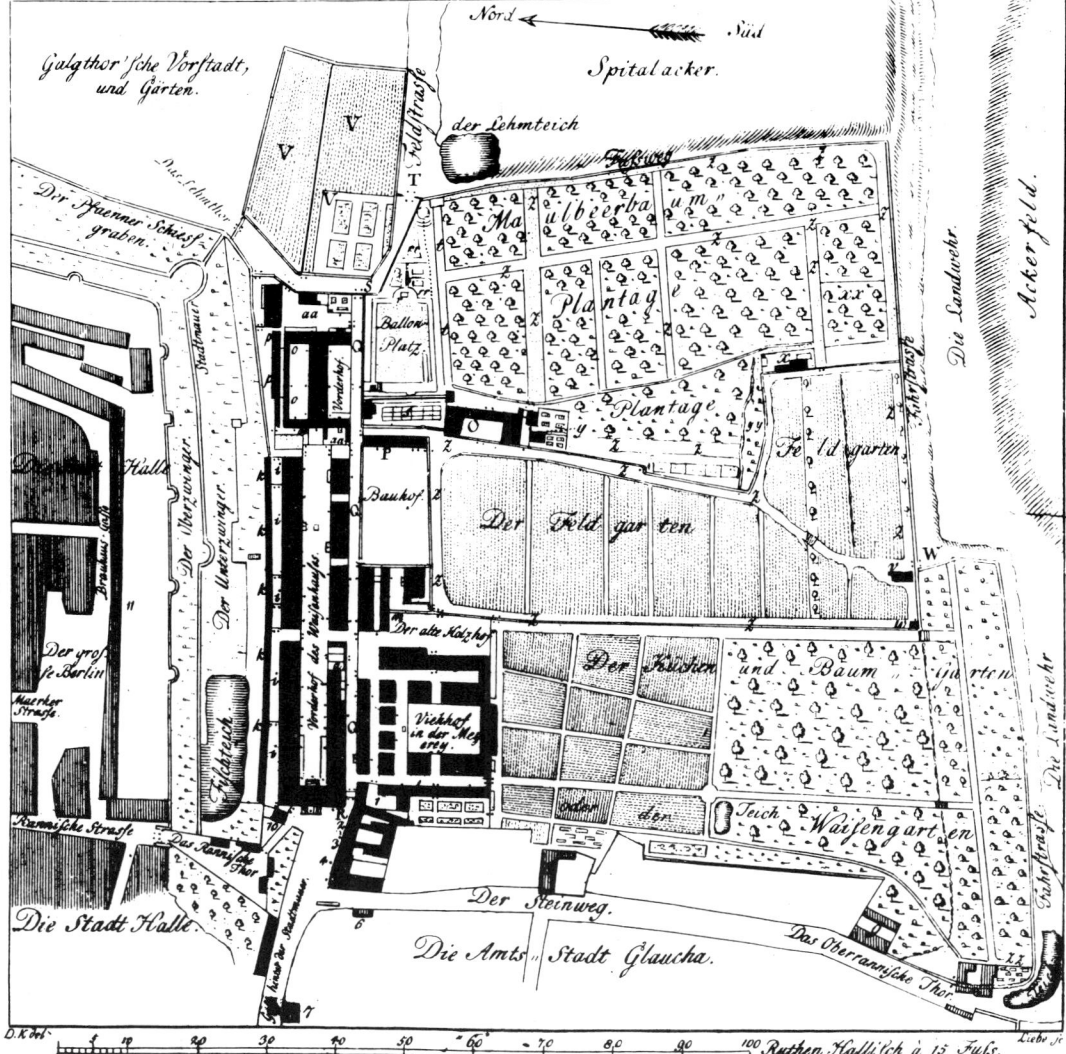

scher Ethik (und den daraus ableitbaren praktischen Konsequenzen für das Handeln) – auf die Vermittlung eben dieser »methodischen Lebensführung« aus ist.

Allerdings geht es bei der im folgenden zu behandelnden Problematik weniger um den Nachweis eines Zusammenhangs zwischen calvinistischer Berufs- und Arbeitsethik und der Gründung von Zucht- und Arbeitshäusern in auf protestantischem Territorium gelegenen Städten, wie er von einer ganzen Reihe von Autoren[7] plausibel nachgewiesen wird. Daß vor der Gründung von Zucht- und Arbeitshäusern in vielen Städten, gleich welcher Konfession, Bettelordnungen existierten, die im Vorgriff auf das Zucht- und Arbeitshaus bereits ein Erziehungsprogramm verkündeten, das Arbeitspflicht und soziale Anpassung als wichtige Maximen postulierte, hängt zum einen mit der Anfang des 16. Jahrhunderts zum Abschluß gebrachten Entwicklung innerstädtischer Machtstrukturen zusammen; so gesehen erscheint die Arbeitspflicht der Armen und Bettler als »eine konsequente Weiterführung und Ausweitung obrigkeitlicher, sozial und politisch motivierter Polizeimaßnahmen, welche ... durch die religiöse Programmatik kirchlicher Zuchtordnungen wesentlich mitgetragen wurde« (Fischer 1976, 271). Die Bettel- und Armenpolitik ist ein Indikator für die vollzogene Kompetenzausweitung der schon zur »Obrigkeit« gewordenen städtischen Magistrate, deren allgemein erhobene Forderung nach Wohlverhalten als Gegenleistung für die Gewährung von Almosen auf der Interessenlage der zünftighandwerklichen »Mittelschicht« aufsaß, deren untere Lagen ständig vom sozialen Abstieg bedroht waren, so daß gerade von jenen, die an der Grenze des sozialen Abstiegs patrouillierten, das Leitbild vom »rechtschaffenen Handwerker« besonders gepflegt wurde, dessen Konturen dadurch an Schärfe gewannen, daß ihm die negative Symbolfigur des Bettlers gegenüber gestellt wurde. Die obrigkeit–herrschaftliche Komponente, die in der Armen- und Bettlerpolitik spätmittelalterlicher Städte zum Ausdruck kommt, ist zum anderen unmittelbar auf die Tendenz zur zunehmenden Polarisierung der Sozialstruktur in den Städten des ausgehenden Mittelalters zu beziehen und auf die damit verbundene Zunahme sozialer Unruhen in der Vorreformationszeit.

Im folgenden geht es in erster Linie um den Nachweis, daß die organisatorische Binnenstruktur des Waisenhauses in Halle – eine weltliche Einrichtung – und das dort propagierte Erziehungsprogramm unmittelbar die pietistische Arbeitsethik (Vontobel 1946) widerspiegeln und die »innerweltliche Askese« in der pietistischen Version auf die »außerweltliche Askese« des Klosters verweist. Im übrigen drängt sich der Vergleich mit dem Kloster schon deshalb auf, weil sowohl die pietistischen Glaubenszirkel wie die klösterlichen Gemeinschaften auf einem Zusammenschluß religiös qualifizierter Mitglieder beruhen, d.h. in beiden Fällen eine spirituelle Aristokratie begründen, die durch die Kontrolle des Zugangs (und Verbleibs) zum Kreis der Auserwählten eine ethische Zucht betreiben, die Garant ist für die immer wieder herausgestellte »methodische Lebensführung«. (Der in den »Bußpredigten« gegebene Rat Speners, jeder möge sein eigenes Haus in ein Kloster umwandeln (Schwemmler 1926, 36) fügt sich in diesen Kontext).

Der Pietismus erscheint Weber – wie alle nicht-calvinistischen asketischen Bewegungen – »rein unter dem Gesichtspunkt der religiösen Motivierung betrachtet, als Abschwächung (...) der inneren Konsequenz des Calvinismus« (RS I, 128, 128–145). Wenn für Weber der Pietismus trotzdem ein Beispiel ist für das »Eindringen methodisch gepflegter und kontrollierter, d.h. also asketischer Lebensführung auch in die Gebiete der nicht calvinistischen Religiosität« (RS I, 135) – wobei für den hier interessierenden A. H. Francke die Berufsarbeit »das asketische Mittel par excellence war« (RS I, 137) – so ist diese beobachtbare »gleiche asketische Konsequenz (bei) andersartiger Glaubensfundamentierung« für Weber eine »Folge der Kichenverfassung« (RS I, 128, 207 ff., insbesondere 221 f.), ein Gesichtspunkt, den Weber in seinem Aufsatz über die protestantischen Sekten behandelt und der belegt, daß »Webers Arbeit über die Sekten als Teil der Protestantismus-These zu sehen« (Berger 1973, 243) ist.

Bendix (1964, 58f., vergleiche auch Berger 1973, 251) hat die Überlegungen Webers knapp zusammengefaßt, mit denen dieser seine These begründet, daß die soziale Organisation der Sekten die Chance eröffnet, »die ethische Lehre der puritanischen Religiosität in eine methodisch-rationale Lebensführung umzuschmelzen« (Bendix 1964, 59; vgl. auch Hill 1964, 124 ff. und 219 ff.):

»Die puritanischen Sekten stellten einen Spezialfall voluntaristischer Verbindungen von Menschen dar, die den gleichen Lebensstil besaßen und die Ungläubigen von dem geselligen Verkehr ihrer Gruppe ausschließen wollten. Mitglieder der Sekten entwickelten ein starkes Solidaritätsgefühl auf der Grundlage des gemeinsamen religiösen Glaubens, und ihre Überzeugung, daß sie Auserwählte Gottes seien, begründete eine spirituelle Aristokratie prädestinierter Heiliger innerhalb der Welt – im Gegensatz zu der spirituellen Aristokratie der Mönche, die außerhalb der Welt standen (...). Die Zulassung der Glaubensgemeinschaft – besonders das Privileg der Zulassung zum Abendmahl – war das Mittel der organisierten sozialen Kontrolle seit Beginn der Reformation gewesen. Diese Kontrolle der Sekten über ihre Mitglieder 'wirkte ... in der Richtung der Züchtung jener asketischen Berufsethik, welche dem modernen Kapitalismus in der Zeit seiner Entstehung adäquat war' (RS I, 218) (...) Die 'kirchliche' Disziplin der protestantischen Sekten lag in der Hand von Laien. Die

Durchsetzung dieser Disziplin war das Ergebnis des sozialen Drucks auf das Individiuum, das unter den ständig wachen Augen seiner Genossen lebte:

'Das Sekten- (oder Konventikel-) mitglied mußte... Qualitäten bestimmter Art haben, deren Besitz (...) für die Entwicklung des rationalen modernen Kapitalismus wichtig war. Und es mußte, um sich in diesem Kreis zu behaupten, den Besitz dieser Qualitäten dauernd bewähren: sie wurden in ihm konstant und kontinuierlich gezüchtet. Denn wie (...) seine jenseitige Seligkeit, so stand und fiel auch seine diesseitige ganze soziale Existenz damit, daß es sie 'bewährte'. Ein stärkeres Anzüchtungsmittel als eine solche Notwendigkeit der sozialen Selbstbehauptung im Kreise der Genossen gibt es nach aller Erfahrung nicht, und die kontinuierliche und unauffällige ethische Zucht der Sekten verhielt sich deshalb zur autoritären Kirchenzucht wie rationale Züchtung und Auslese zu Befehl und Arrest' (RS I, 234)« (Bendix 1964, 58f.; zum Teil wurden die Originalzitate Webers erweitert; vergleiche auch Lehmann 1977).

Wir bevorzugen im folgenden diese eher "soziologische" Erklärung Webers gegenüber seinem eher "psychologisch" begründeten Erklärungsversuch aus der »Protestantischen Ethik«, wo die Erlangung einer methodischen Lebensführung zurückgeführt wird auf das in der *Angst* verankerte Verlangen des gläubigen Calvinisten, seiner eigenen Erwählung gewiß sein zu können (Berger 1973, 251). [8]

Für Weber wie für Troeltsch sind die sozialen Wirkungen des (deutsch-lutherischen) Pietismus infolge der »kirchlichen Gebundenheit des Sektenmotivs« (Troeltsch) nicht radikal, die bestehenden Verhältnisse umkrempelnd, sondern, im Gegenteil, »staatstragend« und die bestehenden sozialen Strukturen bejahend:

Der Pietismus «brauchte nicht erst zu verbürgerlichen, wie das alte Täufertum, er war von Anfang an bürgerlich und loyal. Er nahm im Sinne des Luthertums die gegebenen Ordnungen in Staat und Gesellschaft hin, wie sie waren, und dachte nicht an eine Christianisierung der Gesellschaftsordnung. Im Gegenteil, er liebte den Anschluß an regierende Gewalten, an den Adel und die höheren Stände und christianisierte nur die Herzen, aber nicht die allgemeinen Verhältnisse. Er trieb innere Mission und heilte soziale Schäden durch eine neue, auf die freie Initiative des Vereins gestellte Art der Kreativität, aber er tastete nirgends die Grundlagen des Gegebenen an (...). Er lehrt die Beseitigung jedes selbständigen Eigenwertes der weltlichen Interessen und Geschäfte, die er sämtlich nur als 'Rentmeister Gottes' zum Nutzen des bürgerlichen Daseins und zur Verwendung für die 'Reichs-Gottes-Arbeit' betreibt (...). Sein Interesse an der Befreiung des 3. Standes, d.h. der Laien, ist rein religiös und kirch-

lich gemeint, als Verselbständigung der persönlichen Innerlichkeit und als Recht der Konventikelbildung (...). Er liefert treue, die Unterordnung als Berufsaskese betätigende Diener, tastet die Verhältnisse nicht an, verpflichtet die Herrschenden nur zu patriarchalischer Güte und Fürsorge und löscht die Standesunterschiede nur im eigentlich religiösen Verkehr aus ...« (Troeltsch 1977, 830f.; derselbe 1966, 514ff., insbes. 524ff.).

Und Weber:

»Wenn eine praktische Konsequenz des Unterschieds wenigstens provisorisch charakterisiert werden soll, so kann man die Tugenden, welche der Pietismus züchtete, mehr als solche bezeichnen, wie sie einerseits der 'berufstreue' Beamte, Angestellte, Arbeiter und Hausindustrielle andererseits vorwiegend patriarchal gestimmte Arbeitgeber in Gott wohlgefälliger Herablassung (...) entfalten konnten. Der Calvinismus erscheint im Vergleich damit dem harten rechtlichen und aktiven Sinn bürgerlich-kapitalistischer Unternehmer wahlverwandter. Der reine Gefühlspietismus endlich (...) ist eine religiöse Spielerei für 'leisure classes'« (RS I, 145).

Dennoch ist, wie Troeltsch an anderer Stelle schreibt, die »Wirkung des Pietismus (...) eine außerordentliche gewesen« (Troeltsch 1966, 530; Oestreich 1969b, 150f.), ein Urteil, das vor allem auf den Halleschen Pietismus zutrifft. Sowohl Deppermann wie Gerth teilen diese Einschätzung des Halleschen Pietismus.

»Der hallesche Pietismus erzog dem preußischen Staat gehorsame, berufstüchtige und sozial verantwortungsvolle Untertanen ... Beide, der preußische Staat unter den ersten beiden Königen und der hallesche Pietismus, wirkten einträchtig zusammen, um die feudalistische Lebensordnung zu überwinden und ein modernes Bürgertum heranzubilden – der Staat durch seine merkantilistische Handelspolitik, der Pietismus, indem er den Untertanen die eigentliche 'solide' bürgerliche Gesinnung einpflanzte« (Deppermann 1961, 173f.) Und Gerth urteilt über Franckes Pädagogium in Halle: dort »(amalgamierten sich) bürgerlich-gewerbliche Ziele und höfische Bildung zum adeligen Berufspolitiker und Beamten und deckten (sich) mit industriepädagogischen Absichten und dem Interesse an einer Beamten- und Diplomatenbildung des merkantilen Absolutismus« (Gerth 1976, 33).

Hinrichs (1971, 1ff., ähnlich auch Schwabe 1964, insbesondere 52ff., 63ff.) geht noch einen Schritt weiter und versucht zu zeigen, daß die übliche Charakterisierung des Pietismus, die eine Hinwendung zur individuellen Religiosität und subjektiver Frömmigkeit zeichnet (Weber: die Dominanz der Gefühlsseite), auf keinen Fall auf den von Francke geprägten halleschen Pietismus zutrifft, da dieser »seinem innersten Wesen nach eine religiös-soziale Bewegung mit weltweiter, universaler Zielsetzung gewesen ist, eine Bewegung, die nicht Geringeres gewollt hat, als die damalige Welt und ihre politischen und sozialen Verhältnisse vom Boden einer vermeintlichen zweiten Reformation aus umzugestalten« (Hinrichs 1971, 1). Hinrichs untermauert seine These[9] mit dem Hinweis auf den Anspruch des halleschen Pietismus, die »Idee einer Generalreformation und einer in deren Diensten stehenden Glaubens- und Kulturmission« von höchst universellen Zielsetzungen verwirklichen zu wollen (vergleiche Hinrichs 1977, 243ff., Belege hierzu auch bei Tönnies 1972, 156ff.).

Selbst wenn man nicht bereit ist, sich in diesem Punkt Hinrichs' Urteil anzuschließen, bleibt auf jeden Fall die Wirkung festzuhalten, die der (hallesche) Pietismus auf seinen Gründer ausgeübt hat: er machte ihn zum »geistlichen Unternehmer«, zu einem »Stinnes im Zeichen des Kreuzes« (Bondi 1977, 263), so daß auch hier das »Gesetz« von der »Paradoxie der Wirkung gegenüber dem Wollen« zutrifft. Franckes »weltweiter Reichsgotteskapitalismus« (Bornkamm) erweist sich als ein »Kombinat« von Produktions- und Handelsunternehmungen, »das nicht nur in seiner Vielfalt, sondern auch im Umfang der Geschäfte und in der Höhe des Profits in Deutschland kaum, wenn überhaupt, seinesgleichen hatte. Einerseits schien der weithin sichtbare Erfolg der Stiftungen der Beweis für den Segen Gottes, der auf dem Werke ruhte, und damit für die Richtigkeit der pietistischen Lehren zu sein, andererseits haben gerade die Erfahrungen seiner geschäftlichen Unternehmungen (Franckes) ökonomisches Denken maßgeblich geformt ... (Es) soll nicht verkannt werden, daß es sich bei Francke durchaus um das Geschäft als Mittel zur Rettung von Seelen handelte (...) Francke meinte Gott, aber sein Gottesdienst verlangte das Geschäft. Die ideelle Verbindung zwischen der Verehrung Gottes und seinen kommerziellen Unternehmen ist also eng und unlöslich ...« (Bondi 1977, 281).

So sehr die Ansichten bezüglich Zielsetzung und Reichweite der sozialen Wirkungen des Pietismus divergieren, so herrscht wiederum Einigkeit bezüglich der Frage, welche Mechanismen verantwortlich zu machen sind für die Erzeugung der dem Pietismus eigenen »innerweltlichen Askese«. Dabei wird insbesondere auf die Wirkung der innerhalb der Sektengemeinschaft praktizierten sozialen Kontrolle, wie sie von Weber in seinem Aufsatz über die protestantischen Sekten beschrieben wurde, abgestellt.

Weber (RS I, 138) wie Hinrichs (1971, 13ff) zeigen, daß die Methodik der Bekehrung – identisch mit der Methode zur Herbeiführung des »Bußkampfes«[10] – das Einfallstor für eine »methodische Lebensführung« auch in die Gebiete der nicht-calvinistischen Religiosität bedeutet. »So fordert der Hallesche Pietismus schon vor der Bekehrung, zu ihrer Herbeiführung, eine asketische Disziplinierung des Lebens, eine Stetigkeit und Geregeltheit der Lebensführung um des Heilsweges willen, wie sie das ältere Luthertum des ursprünglichen Rechtfertigungsglaubens nicht gekannt hatte. Franckes Pädagogik erstrebt wie die Loyolas eine Wiederholung des eigenen Heilserlebnisses in den Zöglingen durch geistige Disziplin und weltfeindlichen Drill. Demgemäß ist auch die pietistische Predigt keine gelehrte und Kontroverspredigt, sondern praktisch, pädagogisch populär. (...) Aber auch nach der Bekehrung hört die Dauerspannung der am Gesetz orientierten Lebensführung des Gläubigen nicht auf. Der 'Durchbruch' ist nicht mehr das abschließende Rechtfertigungserlebnis, sondern gewissermaßen der Durchgang zu einer höheren, diesmal von innen her bewirkten religiös-asketischen Disziplinierung und Systematisierung der Lebensführung, wie sie vor der Bekehrung mehr eine Wirkung und Forderung der äußeren bewußten Methode war« (Hinrichs 1971, 14f.).

Weber und Hinrichs stimmen darin überein, daß für A. H. Francke »die Berufsarbeit ... das asketische Mittel par excellence« (RS I. 137; vergleiche auch Oschlies 1969) war. »Die pietistische Bekehrung mit ihrer systematischen Vorbereitung durch asketisch-disziplinierte Lebensführung und ihrer nachherigen Bewährung und Bewahrung durch eine gleiche seelische Haltung« (Hinrichs 1971, 343) fand ihren unmittelbaren Ausdruck in der »Zügelung und Steigerung der beruflichen Aktivität« und in der »Ablehnung von Aufwand und Genuß, Zerstreuung und Zeitvergeudung« (Hinrichs, a.a.O.). Franckes arbeitsethische Grundsätze:[11] Arbeitsgebot, Verurteilung des Müßiggangs, Forderung nach der richtigen Nutzung der Zeit (Hinrichs 1971, 345ff.; Ahrbeck-Wothge 1964, 119f.), bilden eine Einheit und stellen eine adäquate Antwort dar auf die Probleme der Zeit (u.a. »Verfall« der Arbeitsmoral als eine der Folgen des 30-jährigen Krieges), so daß sie »ein dringendes Anliegen der im status nascendi befindlichen neuen Produktionsverhältnisse« (Bondi 1977, 269, aber auch 291) erfüllen helfen. »Der Pietismus beteiligte sich in Deutschland in führender Weise an der Erschaffung des modernen Arbeitsethos (...). Spener und Francke machten die Arbeit für jeden Gläubigen zur heiligen Pflicht. Rastlose Tätigkeit ist nach pietistischer Lehre das beste Mittel, um 'die bösen Lüste' zu ersticken und der Nächstenliebe sichtbaren Ausdruck zu geben. Faulenzer kommen nach Franckes Überzeugung in die Hölle, und Rentiers sind ein Greuel vor dem Herrn, auch wenn sie ihren Besitz rechtmäßig erworben bzw. ererbt haben. Dem Arbeitsethos entspricht die methodische Lebensführung und eine gleichmäßige Seelenlage. Die Brechung des 'Eigenwillens', das Erkennen der 'göttlichen Providenz' in allen Lebenslagen, die ständige Selbstkontrolle durch das Führen von Tagebüchern[12] und die Aufstellung fester Wochen- und Jahresprogramme, das Lob der 'Gelassenheit': all diese Gesichtspunkte der Franckeschen Pädagogik zielten darauf hin, daß der Mensch seine wechselnden Stimmungen überwand und sich durch nichts in seiner Arbeit für die Verwirklichung des Rei ches Gottes auf Erden beirren ließ« (Deppermann 1961, 174). Franckes religiöses und pädagogisches Programm fügte sich ein in die Anschauungen und Bedürfnisse des sich formierenden Bürgertums und wurde von diesem unter anderem deshalb rezipiert, weil die Sprache, in der das Programm verfaßt war, an die Autorität der Kirche gemahnte:

»Wenn wir … A. H. Franckes ökonomische Gedanken, seine Auffassungen von der Arbeit und Beruf, Kapital und Zins, Reichtum und Armut in ihrer Gesamtheit nehmen, so kennzeichnet sie alle gemeinsam, daß sie die Anschauungen der Bourgeoisie in einem sehr frühen Entwicklungsstadium der kapitalistischen Produktionsweise erstaunlich getreu widerspiegeln. Sie werden in der Sprache des Predigers vorgetragen, als Gebote oder Verhaltensregeln für den bekehrten Christen formuliert, aber wenn man sie ihres theologischen Beiwerks entkleidet, werden sie zu allgemeinen Verhaltensnormen des angehenden Bourgeois oder des Lohnarbeiters der frühkapitalistischen Periode. Der Erfolg des hallischen Pietismus vor allem in Preußen, aber auch in anderen deutschen und außerdeutschen Ländern, ist in erster Linie darauf zurückzuführen, daß er gesellschaftliche Anliegen in der Sprache der Kirchenkanzel verkündete, sie also in jener Ausdrucksform präsentierte, die ihnen nicht nur eine weite Verbreitung sicherte, sondern sie auch mit der Autorität der Kirche, der immer noch größten geistigen Macht der Zeit, verkündete« (Bondi 1977, 280; Dittrich 1976; Merton 1949) [13].

Das institutionelle Arrangement zur Züchtung dieser Arbeitsethik präsentiert das pietistische Waisenhaus in Halle, das im übrigen – so wie Kloster und Jesuiteninternat [14] – als »Wissensapparat« konzipiert war.

»In der Tat war einer der wichtigsten Punkte der Halleschen Anstaltserziehung die *Gewöhnung an ausdauernde Arbeit.* Die Kinder des Waisenhauses wurden fortwährend beschäftigt, auch die Erholung, die 'Rekreationsübungen', waren Arbeit. Um die Kinder, wie er ausdrücklich bemerkt, zur Arbeit zu gewöhnen, hat Francke einen Strick- und Spinnmeister angestellt, der im Spinnen und Stricken unterrichtete. Die Kinder mußten die Wolle sortieren, reißen, krempeln, streichen und spinnen. Über die tägliche Arbeit eines jeden Kindes wurde Buch geführt, damit 'den Faulen ihre Unart vorgestellt werden könne …'.« (Hinrichs 1971, 333f.). Arbeit war zunächst asketisches Mittel, es kam in erster Linie auf die über Arbeit vermittelte Einstellung an und nicht so sehr auf den Ertrag der Arbeit. »Allein die Tatsache des Arbeitens war wichtig – nicht der Inhalt, Erfolg oder Ertrag der Arbeit –, und zwar des ununterbrochenen Arbeitens in einem geschlossenen Raum an einem festen Arbeitsplatz, der bei Strafe nicht verlassen werden durfte« (Kallert 1964, 52). Die erzieherische Wirkung erhoffte man sich dabei durch den Akt der Gewöhnung an Arbeit durch

Arbeit, wobei »Arbeit mit Tätigsein, 'die Hände regen'« (Kallert) gleichgesetzt wurde, so wie Müßiggang mit Nichtstun identifiziert wurde. »Zunächst war die einfache Gewöhnung des Körpers an Arbeit gemeint – an das Verbleiben an einem Platz und an die ununterbrochene Tätigkeit und Bewegung. Der Schaden des Müßigganges lag äußerlich in dem lässigen Ausruhen der Glieder. Deshalb gab es in allen Anstalten kaum Pausen zwischen verschiedenen Tätigkeiten, und die Freizeit war von 'beweglicher Arbeit' (Holz- und Wassertragen, Gartenarbeit) erfüllt. Selbst in den Tagesablauf der Lateinschüler in pietistischen Anstalten, der sonst ganz von Unterricht ausgefüllt war, wurde eine Stunde Handarbeit eingesetzt, um dem Müßiggang (der Glieder) zu begegnen« (Kallert 1964, 53; vergleiche auch Dittrich 1976, 186ff., die die Grenzen der Disziplinierung durch Arbeit aufzeigt).

Diese Methode zur Gewöhnung des Körpers an Arbeit wurde in der Regel ergänzt durch Maßnahmen der direkten Einwirkung auf den Körper des Zöglings in der Form der körperlichen Züchtigung (Kallert 1964, 54). »Das erhoffte Ergebnis der Einwirkung auf den Körper des Züchtlings ging weit über die bloße Abschreckung vom Müßiggang des Körpers hinaus – es wurde von ihr eine unmittelbare Wirkung auf die Seele des Züchtlings erwartet« (Kallert 1964, 54), wobei diese zwangsweise Gewöhnung an Arbeit begleitet wurde von 'geistlicher Belehrung' und – insbesondere in der Franck'schen Anstalt – durch Unterricht. Diese unmittelbar körperliche Einwirkung wie der »sanfte« Zugriff auf die Seele des Zöglings faßte der damals gebräuchliche Begriff der »Zucht« zusammen (Kallert 1964, 54). Auch hier tritt das Moment der Gewaltsamkeit am Erziehungs-resp. Bekehrungsvorgang deutlich hervor (vergleiche auch Welp 1977).

Der »Nutzen« der Arbeit und damit ihre disziplinarische Funktion besteht also in erster Linie nicht in ihrer Produktivität (obwohl Francke diesen Aspekt nicht gering schätzte, vergleiche Ahrbeck-Wothge 1964, 123), »sondern darin, daß sie in die menschliche Mechanik eingreift. Sie ist ein Prinzip der Ordnung und Regelmäßigkeit; durch ihre Anforderungen setzt sie kaum spürbar eine rigorose Gewalt durch; sie unterwirft die Körper regelmäßigen Bewegungen, sie schließt Unruhe und Zerstreuung aus, sie erzwingt eine Hierarchie und eine Überwachung …«[15] (Foucault 1975, 309). Die mechanischen, sich stets wiederholenden Verrichtungen bei der zugewiesenen Hand-Arbeit (im pietistischen Waisenhaus) verweisen direkt auf ihr klösterliches Vorbild: auf die monotone Arbeit des Mattenflechtens des pachomianischen Klosters, die von monoton vorgetragenen, auswendig gelernten Gebeten – Lietzmann nannte diese Form des Betens »geistiges Mattenflechten« – begleitet wurde. So gesehen gewinnt die geistvolle Methapher, die »Arbeit sei die Religion der Gefängnisse« (Foucault 1975, 310) ihren vollen Bedeutungsgehalt

Gefangene im Zuchthaus Coldbath-Fields zupfen Werg bei strengem Redeverbot. Holzstich, 2. Hälfte 19. Jahrhundert.

Franziskanerinnen im Chorgestühl. Miniatur aus einer Handschrift der Zeit um 1430.

Aufseher auf Hochsitzen überwachen Gefangene im Kirchengestühl während eines Gottesdienstes in der Kapelle des Zuchthauses von Pentonville. Holzstich, 2. Hälfte 19. Jahrhundert.

Die Verinnerlichung am Werk

Züchtigung eines Schülers. Zeichnung nach einer verlorenen Wand-
malerei aus Pompeji. Vor 79 nach Christus.

Züchtigung eines Schülers. Initiale aus einer englischen Handschrift.
Mitte 14. Jahrhundert.

Die Dorfschule.
Gemälde von Albert Anker
(1831 – 1910).

(im übrigen scheint die Vorstellung von der Religion als einer Form der Arbeitsdisziplin verbreitet gewesen zu sein (vergleiche Ure 1835); diese Vorstellung findet sich schon, Gaxotte (1951, 53f.) zufolge, bei Colbert, der »die königlichen Manufakturen als eine Art von Klöstern (betrachtet), in denen sich die Arbeiter der Arbeit weihen, wie andere sich dem Dienst Gottes weihen ...«).

2.4. Zur Multifunktionalität der »methodischen Lebensführung«: Die Entdeckung des Asyls in Amerika oder die Wiederentdeckung klösterlicher Strukturprinzipien

Die Reisen, die im 19. Jahrhundert, dem Zeitalter der Gefängnisreformen (vergleiche Foucault 1975, 329ff.) in Europa und von Europa nach Amerika unternommen wurden, um Gefängnissysteme zu studieren und sich auf diese Weise Anregungen für die Reform zu verschaffen – die bekannteste Reise ist wohl jene, die Gustav de Beaumont und Alexis de Tocqueville 1831 (de Beaumont de Tocqueville 1845) unternahmen, um die beiden konkurrierenden Gefängnismodelle von Auburn und Philadelphia zu studieren (vergleiche unter anderem Erikson 1978, 69ff.) – gehören inzwischen zum allgemeinen Bildungsgut. Im übrigen hatte dieses Verfahren der Initiierung von Reformpolitik: der Import von Reformmodellen, die sich bereits bewährt haben (eine Bedingung für die Steigerung der Durchsetzungschancen von Reforminitiativen), seine Vorbilder, wie u.a. das Beispiel der Gründung des pietistischen Waisenhauses in Halle durch Francke zeigt. Auch Francke hatte seinen Gehilfen Neubauer 1697 nach Amsterdam geschickt, mit dem Auftrag, das dortige Waisenhaus, das 1589 in den Räumen des ehemaligen Klarissenklosters eingerichtet worden war (v. Hippel 1932, 4), zu besichtigen. »Neubauer kam mit einer Beschreibung des Amsterdamer Waisenhauses und umfangreichen eigenen Beobachtungen zurück, und in den Jahren 1698–1700 entstand dann auf Grund der Erfahrungen Neubauers nach dem Plane des kurfürstlichen Baumeisters Gädler das große schöne Haus für die Franckeschen Anstalten, mit dem zur Sonne fliegenden Adler im Giebelfeld, der das Hoheitszeichen Friedrich Wilhelms I vorwegnimmt, mit dem Spruchband: 'Aber die auf den Herrn harren, kriegen neue Kraft, daß sie auffahren mit Flügeln wie Adler'« (Hinrichs 1971, 21). Weniger bekannt dürfte dagegen sein, daß auch Amerikaner nach Europa reisten, um sich dort über die verschiedenen Anstaltstypen zu informieren; noch weniger bekannt dürften die Schlußfolgerungen sein, die die amerikanischen Reformer aus ihren Reiseeindrücken zogen. Rothman (1971) verdanken wir einen aufschlußreichen Bericht über eine solche Exkursion nach Europa, die übrigens im gleichen Jahrzehnt stattfand, in dem auch Beaumont und Tocqueville unterwegs waren. Bleibender Reiseeindruck der amerikanischen Reformer ist die Feststellung, daß die meisten kontinental-europäischen Asyle klösterlichen Ursprungs sind beziehungsweise die bewegte Verwendungsgeschichte säkularisierter Klöster aufweisen:
»Pliny Earle, der erste Leiter des Quäker-Asyls in Philadelphia und später Bloomingdale in New York, bereiste Europa 1838/39 und nochmals 1845, und seine Berichte beleuchten die einmaligen Probleme und speziellen Möglichkeiten der Amerikaner, die einerseits freier für Innovationen waren, andererseits aber deutlicher das Fehlen von Vorbildern fühlten. Earle entdeckte, daß die europäischen Asyle häufig nicht mehr waren als ein neuer Name über einem altehrwürdigen Portal. Jedes Gebäude hatte eine lange Geschichte unterschiedlicher Nutzungen – ein Kloster des 14ten Jahrhunderts wurde im 16ten Jahrhundert eine Festung, später ein Armenhaus des 18ten Jahrhunderts und zuletzt eine psychiatrische Anstalt des 19. Jahrhunderts. Earle hielt methodisch fest, daß in Preußen die Asyle von Siegburg, von Brieg und von Owinsk *alle früher Klöster gewesen waren;* daß in Halle das Hospital drei Viertel eines alten Gefängnisses einnahm. Er stellte fest, daß die österreichische Stadt Ybbs ein Gebäude, das nacheinander als Kaserne, Militärhospital und Armenhaus gedient hatte, als Asyl benutzte. Ähnlich hatte die deutsche Stadt Sonnestein ein früheres Schloß in eine Anstalt für Geistesgestörte umgewandelt, und das Dorf Winnental überließ ihnen das Schloß eines Adeligen, *das früher ein Kloster gewesen war.* Die Amerikaner mußten, im Gegensatz dazu, von einem Nullpunkt aus beginnen. 'Es gab keine alten, halbverfallenen Klöster', stellte ein Engländer fest, 'die man in Asyle für die verrückten Armen hätte umwandeln können ... Die Amerikaner mußten ihre eigenen Asyle neu bauen'. Sie hatten die Möglichkeit, etwas Neues zu erfinden, und die Schwierigkeit, nicht zu wissen, was das genau sein sollte« (Rothmann 1971, 153ff.; unsere Hervorhebung und Übersetzung).
Rothman weist nach, daß die koloniale Epoche, die weder Armut noch Kriminalität als soziale Probleme definierte, die ganze Bandbreite der ihr bekannten sozialen Abweichler mit Hilfe eines »Verbund-Systems« verarbeitete, das das Instrument der Verbannung, Formen der direkten Unterstützung an die Haushalte, die am Rande des Existenzminimums wirtschafteten, mit der Einrichtung der »work- und almshouses« kombinierte, die beide als »Familienbetriebe« konzipiert waren. »Das Armenhaus übernahm das Muster der Familie und es folgte diesem Modell so genau wie möglich ... Die Orientierung am Familienmodell bestimmte auch die Tageseinteilung des Armenhauses ... Die Insassen lebten auch so, wie sie in einer Familie gelebt hätten. Sie trugen Alltagskleidung, keine Uniformen ... Sie nahmen ihre Mahlzeiten zusammen ein, gemeinsam mit dem Aufseher und seiner Familie. Sie gingen – ohne Reglementierung – im Haus herum und lebten

so frei von Disziplin und Organisation wie jedes Mitglied eines normalen Haushalts. Zweimal die Woche versammelten sie sich, wie alle guten Christen, zum Gebet … Aber normalerweise funktionierte das Armenhaus wie ein großer Haushalt … Nach dem Vorbild der Familie aufgebaut, aber verstanden als ein letzter Zufluchtsort, war das Armenhaus typisch für die Dienstleistungs-Anstalten des 18ten Jahrhunderts« (Rothman, 1971, 42f.; unsere Übersetzung). Demgegenüber umstellte die nachkoloniale Epoche (»Jacksonian Period«) die ihr bekannten sozialen Abweichler mit einer Vielzahl von totalen Institutionen, die alle jene spezifischen Merkmale besaßen, wie sie vom Kloster entdeckt und entwickelt worden sind. Und dies, obwohl das klösterliche Vorbild ausdrücklich nicht beansprucht werden sollte, wie der oben zitierte Reisebericht des Pliny Earle zeigt.

Die Wiederkehr der klösterlichen Strukturmerkmale bei den einzelnen Anstaltstypen, die Rothman ausführlich beschreibt (z.B. Rothman 1971, 144f., 225ff.), ist Ausdruck einer »Theorie, die einer starren Zeiteinteilung therapeutischen Wert zuschrieb« (Rothman, 1971, 145). Diese Perspektive, die der Vermittlung einer »methodischen Lebensführung« eine therapeutische Funktion zuschreibt, wird über eine *Analyse* gewonnen, die bereits zu diesem frühen Zeitpunkt den herkömmlichen Rahmen der täterfixierten Betrachtungsweise (Kriminalität respektive Abweichung als Ursache individueller Merkmale (»Eigenschaften«) des Täters) verläßt und über eine Kritik an den vorgefundenen Sozialisationsbedingungen (broken-home; ungünstiges soziales Umfeld) – zu diesem Zweck wurden die Lebensläufe von einsitzenden Gefängnisinsassen rekonstruiert (Rothman 1971, 64f.) – vorstößt bis zu einer *Gesellschaftskritik* der Epoche (»Jacksonian Period«).[16] Typisch für diese gesellschaftskritische Dimension der Analyse ist der Versuch, den Wahnsinn zu erklären:

»Der Lebensstil in der neuen Republik schien absichtlich dazu entworfen zu sein, Wahnsinn zu erzeugen. Wohin sich die (Gesundheitsinspektoren) auch wendeten, sahen sie Chaos und Unordnung, vermißten sie Festigkeit und Stabilität. Die überkommenen Traditionen und Abläufe in den Gemeinden lösten sich auf, was zu unglaublichen Belastungen und Spannungen führte. Die anatomischen Folgen dieser Zustände waren klar: das Gehirn war zahllosen Schädigungen ausgesetzt, wurde geschwächt und fiel unvermeidlich der Erkrankung anheim … Sie waren überzeugt, daß die schockierend mobile gesellschaftliche Ordnung der neuen Republik grenzenlose und großartige Wünsche und Erwartungen auslöste und belohnte … Hier lag der Hauptgrund dafür, daß die Amerikaner besonders anfällig für Geisteskrankheiten waren. 'In diesem Land', erklärte Edward Jarvis einer Versammlung der Massachusetts Medical Society, 'in dem kein Sohn zwingend an die Arbeit oder den Beruf seines Vaters

gebunden ist, sondern in dem alle Felder der Arbeit, des Profits oder der Ehre ohne Ausnahme denen offenstehen, die sich in die Schlacht stürzen wollen', und wo 'alle eingeladen sind, sich an dem Kampf um das, was man auf jedem Feld gewinnen kann, zu beteiligen', sei es unvermeidlich, 'daß der Ehrgeiz manche dazu verführt, sich Ziele zu setzen, die sie nicht erreichen können und nach mehr zu streben, als sie jemals bekommen können'. Als Ergebnis davon 'werden ihre geistigen Kräfte aufs äußerste angespannt; sie arbeiten aufgeregt … ihr Gemüt hält nur mühsam der unverhältnismäßigen Belastung stand'« (Rothman 1971, 114; unsere Übersetzung).

Wie weit verbreitet diese gesellschaftskritische Perspektive damals war, zeigen die Ausführungen Tocquevilles, die mit dem bezeichnenden Titel: »Weshalb die Amerikaner inmitten ihres Wohlstandes so ruhelos sind« überschrieben sind. Tocqueville schreibt unter anderem:

»Es ist seltsam zu sehen, wie fieberhaft die Amerikaner nach Wohlstand streben und wie sie immer von einer unbestimmten Furcht geplagt erscheinen, sie hätten nicht den kürzesten Weg dahin gewählt. (…). Sind alle Vorrechte der Geburt und des Besitzes aufgehoben, sämtliche Berufe jedermann zugänglich, und kann man durch eigene Kraft überall an die Spitze gelangen, so ist es, als öffne sich dem Ehrgeiz der Menschen eine unabsehbare und bequeme Laufbahn, und sie bilden sich gerne ein, daß sie zu Großem berufen seien. Aber dies ist eine irre Ansicht, die durch die Erfahrung täglich berichtigt wird. (…). Dieser ständige Widerstreit zwischen den Instinkten, die die Gleichheit erzeugt, und den Mitteln, die sie zu ihrer Befriedigung bietet, quält und ermüdet die Seelen. (…). Diesen Ursachen muß der seltsame Trübsinn zugeschrieben werden, der sich oft bei den Bewohnern demokratischer Gegenden inmitten ihres Überflusses zeigt, und jener Lebensüberdruß, der sie manchmal inmitten eines bequemen und ruhigen Lebens erfaßt. Man klagt in Frankreich über die Zunahme der Selbstmorde; in Amerika kommt der Selbstmord selten vor, aber man versichert, der Irrsinn sei verbreiteter als überall sonst« (Tocqueville 1962, Band 2, 153ff.).

Die Lösung, die sich einer solchen Problemanalyse – einer frühen Version der Anomie-Theorie – aufdrängt, lautet dann: »Entferne (den Verrückten) aus der Familie und aus der Gemeinde und verpflanze ihn in eine künstlich hergestellte und daher von verderblichen Einflüssen freie Umgebung« (Rothman, 1971, 71, 137). Die Konsequenz dieser Forderung liegt ebenfalls auf der Hand:

»Die Aufgabe des Asyls war es, den Opfern einer desorganisierten Gesellschaft Disziplin beizubringen. Daher mußte es sich und seine Insassen von den chaotischen Lebensbedingungen isolieren. Hinter den Mauern des Asyls würden Amtsärzte eine ruhige, stetige und *heilsame Routine* schaffen und verwalten. Einer Formulierung zufolge, die sie und ihre nicht-professionellen Sympathisanten endlos wiederholten, würde es sich dabei um eine 'wohlgeordnete Einrichtung' (well-ordered institution) handeln« (Rothman 1971, 138; unserer Hervorhebung, unsere Übersetzung).

Eine solche »well-ordered-institution« basiert demnach auf der »Wiederentdeckung« der »Vorzüge« einer methodischen Lebensführung, zu deren Erzeugung sie sich »ungewollt« – insofern also dem Prinzip der Paradoxie der Wirkung gegenüber dem Wollen verpflichtet – jener strukturellen Vorkehrungen und Techniken bediente, die bereits im klösterlichen Bausatz vorhanden waren:

»(Die Amtsärzte) entwarfen und schufen eine ordentliche und disziplinierte Routine, eine genau vorgeschriebene, starre Zeiteinteilung, und machten die tägliche Arbeit zum Mittelpunkt des Ganzen. Ein *genauer Zeit- beziehungsweise Stundenplan* und *regelmäßige Arbeit* wurden zu den beiden Hauptmerkmalen der besten privaten und öffentlichen Institutionen und – nach Meinung derer, die sie führten – stellten sie den Schlüssel zur Heilung von Wahnsinn dar ... Das Vertrauen der Amtsärzte in die therapeutische Wirkung einer starren Zeiteinteilung brachte Pünktlichkeit in die Routine des Asyls. Die Anstalt brachte eine von Glockenzeichen diktierte Präzision in das Leben der Insassen ... *Reglementierung, Pünktlichkeit und Genauigkeit wurden zu den Hauptmerkmalen des Asyls,* und diese Eigenschaften paßten wesentlich besser zu einer städtischen und industriellen Gesellschaftsordnung als zu einer kleinräumigen und landwirtschaftlichen« (Rothman 1971, 144 ... 153f.; unsere Hervorhebung, unsere Übersetzung).

Dieses Zitat enthält zwei Hinweise, die für den hier interessierenden Diskussionszusammenhang von allgemeiner Bedeutung sind: zunächst die Bemerkung, daß nur über eine genaue Zeiteinteilung (Zeitdisziplin) und durch regelmäßige Arbeit Ordnung in die Lebensführung der Insassen zu bringen sei (worin die wichtigsten Voraussetzungen zur Heilung von Wahnsinn gesehen werden), zum anderen die Feststellung, daß diese innerbetriebliche rigide Ordnung des Asyls mit ihrer hohen Wertschätzung von Genauigkeit und Pünktlichkeit den Erfordernissen der Arbeitswelt (der industriellen Ordnung) am ehesten entspreche. Beide Hinweise sprechen für die These von der Multifunktionalität der »methodischen Lebensführung«.

Rothman beläßt es indes nicht bei diesen beiden punktuellen Hinweisen, sondern führt auf anschauliche Weise vor, daß auch die Zucht- und Arbeitshäuser sowie die übrigen »totalen und asketischen Institutionen« (Foucault) sich durch einen mehr oder weniger identischen Bausatz an Strukturen und Techniken auszeichnen, die zur Herstellung einer »methodischen Lebensführung« eingesetzt werden (Rothman 1971, 79ff.; 130ff.; 206ff).[17] Gerade das Beispiel des Zuchthauses zeigt mit der Wieder-Entdeckung der Zelle (als dem geeignetsten Ort zum moralischen In-Sich-Gehen) durch die Quäker[18] die überaus große »Wahlverwandtschaft« zum Kloster als dem Prototyp einer »Gesinnungswandel-Maschine«, die sich dadurch auszeichnet, daß sie die bekannten Techniken zur Herstellung einer »methodischen Lebensführung« – vermehrt um jene Techniken, die den »Mortifikationsprozeß« (Goffman) herbeiführen – zur Identitätsumbildung (Bekehrung) der ihr unterworfenen Insassen gezielt einsetzt.

Der organisierte Wahnsinn:

Die Irrenanstalt von Boston aus der Zeit des Bürgerkriegs.

Die Äbtissin von Sigena (Spanien), begleitet von ihren Nonnen, auf dem Wege von den Zellen zum gemeinsamen Gebet.

Universität Frankfurt, Fachbereich Gesellschaftswissenschaften, 29. Etage.

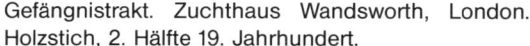

Gefängnistrakt. Zuchthaus Wandsworth, London. Holzstich, 2. Hälfte 19. Jahrhundert.

Die säkularisierte Klosterdisziplin: Jungarbeiterinnen aus dem Fabrikinternat Neufra.

V. An Stelle einer Zusammenfassung:
Das »Fabrikinternat« der Barmherzigen Schwestern
oder
die vollzogene Synthese
von Kloster- und Fabrikdisziplin

Wo immer es – aus welchem »Geist« und zu welchem konkreten Zweck auch immer – um die systematische Vermittlung und Einübung einer »methodischen Lebensführung« geht, gleichen sich die institutionellen Arrangements und technischen »Kniffe« zur Herstellung dieser »methodischen Lebensführung«. Wir glauben gezeigt haben zu können, daß das Kloster diese institutionellen Arrangements und technischen »Kniffe« zur Erzeugung einer »methodischen Lebensführung« erfunden und entwickelt hat bei dem Versuch, seine Insassen mit rationalen Mitteln dem angestrebten Ziel der Gottnähe näherzubringen, was auch mit dem Versuch zu tun hat, einen Prozeß der Identitätsumbildung (Bekehrung) systematisch und kontrolliert herbeizuführen. Aus diesem Grund findet sich vornehmlich dort, wo innerhalb eines institutionellen Rahmens sowohl eine »Bekehrung« beziehungsweise ein »Gesinnungswandel« herbeigeführt als auch der durch die »Bekehrung« hervorgerufene Zustand erhalten werden soll, jenes »set« von Techniken, die nach allgemeiner Erfahrung eine »methodische Lebensführung« garantieren.

Hat man sich erst einmal mit der Einsicht Max Webers vertraut gemacht, im (abendländischen) Mönch infolge der im Kloster (-betrieb) erzielten »methodischen Lebensführung« den ersten, mit streng eingeteilter Zeit lebenden »Berufsmenschen« des Abendlandes zu sehen, dann liegt der Gedanke nahe, daß die »Züchtung« von Berufsmenschen, wie sie im Staubschen Arbeiterquartier (der Intention nach) erfolgte, die Erzeugung einer »methodischen Lebensführung« voraussetzt. Dieser eher selbstverständliche Zusammenhang rechtfertigt, wie es scheint, den eher unselbstverständlichen Vergleich von Kloster und Arbeiterquartier, von Kloster- und Fabrikdisziplin, ein Vergleich, der durch die Einbeziehung der beiden (von religiösen Eliten betriebenen) Erziehungseinrichtungen mit »Nahtstellencharakter«: Jesuitenkolleg und pietistisches Waisenhaus einsichtiger gemacht werden sollte.

Der hier geführte Nachweis über die »Wahlverwandtschaft« von Kloster- und Fabrikdisziplin (oder in Foucaults Terminologie: über die »Nützlichkeit« von (Kloster-) Disziplin) basiert auf empirisch informierten Überlegungen, die ein hohes Plausibilitätsniveau besitzen. So einleuchtend diese Überlegungen auch sein mögen, letztlich fehlt ihnen jene »Beweiskraft« wie sie dem »empirischen Test« zugeschrieben wird, d.h. dem historisch zu erbringenden Beleg, daß ein konkret benennbarer Fabrikherr den Vorteil der von klösterlichem »Geist« erzeugten »methodischen Lebensführung« erkannt und sie unmittelbar für die monotone und regelmäßige Fabrikarbeit nutzbringend eingesetzt hat. Dieser Nachweis kann erbracht werden. Der Unternehmer Ferdinand Gröber hat seiner 1867 in Neufra (bei Riedlingen) gegründeten Textilfabrik ein »Internat« angegliedert, in dem circa 70 junge katholische Arbeiterinnen (vornehmlich aus kinderreichen Bauernfamilien) untergebracht waren und das von katholischen Ordensschwestern, die der Kongregation der Barmherzigen Schwestern (Vinzentinerinnen)[1] angehörten, geleitet wurde:

»Wir befinden uns hier in der von F. Gröber, dem Begründer dieses industriellen Anwesens, errichteten Privatanstalt für katholische Mädchen ... (Diese) verfolgt die anerkennenswerthe Aufgabe, Mädchen im Alter von 14 bis 18 Jahren, welche die Schule durchgemacht haben und geistig und körperlich gesund sind, in den Werkstätten des Unternehmens, deren Arbeit zumeist in Nähen, Stricken und Häkeln besteht, also der Gesundheit keineswegs nachtheilig ist, zu einer für ihr späteres Fortkommen förderlichen gewerblichen Thätigkeit heranzubilden, sie an regelmäßige Arbeit und an Ordnung zu gewöhnen,[2] ihre Kenntnisse zu erweitern und sie zu einem gesitteten Lebenswandel zu erziehen. Die Mädchen, welche sich mit ihrem Eintritt in die Anstalt verbindlich machen müssen, 3 Jahre in derselben zu verbleiben und in dem Etablissement des Unternehmers zu arbeiten, erhalten außer freier Wohnung, Wäsche, Licht und Holz eine völlig freie

Schloß Neufra – der repräsentative Wohnsitz des Fabrikherrn, 1980.

Das Fabrikinternat von Neufra.

Die beiden rechtwinklig aufeinanderstoßenden Fabrikgebäude, die das Internat Neufra umschließen.

und treffliche Verpflegung, ferner einen Lohn von 45 Mk im ersten, von 60 Mk im zweiten und von 80 Mk im dritten Jahre, dem bei befriedigenden Leistungen noch ein entsprechendes Weihnachtsgeschenk hinzutritt ... Um denselben auch gleichzeitig Gelegenheit zur Ausbildung im Hauswesen zu geben, werden die Mädchen abwechselnd den Schwestern auf einige Zeit zur Beihilfe zugeteilt und auf diese Weise in allen Wirthschaftsdingen des Hauses unterwiesen. Das Wohnhaus der Anstalt enthält neben einem dazu gehörigen Gemüsegarten eine Wasch- und eine Backküche, eine große Küche mit Speisekammer, einen Speisesaal, ein Krankenzimmer, ein Badezimmer, die Wohnräumlichkeiten für die Barmherzigen Schwestern und zwei Schlafsäle. Diese luftigen und geräumigen Schlafsäle, welche die Aufnahme von etwa 70 Mädchen gestatten, sind so eingerichtet, daß innerhalb derselben jedes einzelne Mädchen wieder sein vollständig abgesondertes Schlafkabinett mit Bett und Kleiderkästchen besitzt, für deren Ordnung es selbst Sorge tragen muß. An Sonn- und Festtagen finden gemeinschaftliche Spaziergänge sowie Spiele auf den in den ausgedehnten Gartenanlagen des malerisch gelegenen Anwesens eingerichteten Vergnügungsplätzen statt« (Hirschfeld 1889, 86f., eigene Hervorhebung).

Wie es scheint, hat dieser Unternehmer auf dem Gebiet der Arbeitsorganisation das »perpetuum mobile« erfunden: Die im Internat untergebrachten Mädchen hielten mit ihrer Arbeitskraft einerseits den Internatsbetrieb aufrecht, andererseits wurde die im funktionierenden Internatsbetrieb erzeugte methodische Lebensführung zur optimalen Ausnutzung der kaserniert untergebrachten Arbeitskräfte für die regelmäßige Fabrikarbeit, die vor allem Ausdauer erforderte, genutzt. Zugleich wurde durch die im Internatsbetrieb zu verrichtenden Hausarbeiten die durch die Fabrikarbeit eingeleitete und geförderte Rollendifferenzierung (Hausfrau/Mutter – Arbeiterin) in gewisser Weise wieder rückgängig gemacht, da die Hausfrauenrolle auf diese Weise stets präsent blieb. Die Vermutung besitzt eine hohe Plausibilität, daß gerade durch die Stufenfolge der beiden hintereinander geschalteten Sozialisationsinstanzen: auf ein patriarchalisch-strenges Elternhaus folgt das »Klosterinternat«, das Arbeit (gerade in der Form der Küchen- und Hausarbeit)[3] als asketisches Mittel schätzte und die Vorzüge einer methodischen Lebensführung pries, bei den jungen Arbeiterinnen gerade jene Tugenden geformt wurden, die in der Fabrik gebraucht wurden: ausdauerndes, regelmäßiges Arbeiten-Können, Sichfügen-Können und Unterordnung (Ergebenheit). Dienst ist unter diesen Bedingungen immer zugleich Gottesdienst, Arbeit ist bei den hier zu verrichtenden manuellen Tätigkeiten (Nähen, Stricken, Häkeln) die »Religion« der Fabrikhallen[4], von der zunächst eine disziplinierende Funktion ausgeht: Arbeit dieses Zuschnitts verkörpert das Prinzip der Ordnung und Regelmäßigkeit, was schließlich dann auch der Produktivität zugute kommt.

Die von diesem Unternehmer gefundene Lösung, über die Errichtung eines von Klosterschwestern geleiteten Internats die dort erzeugte methodische Lebensführung als »Antriebsenergie« für ausdauernde und regelmäßige Fabrikarbeit zu nutzen, vermittelt auf anschauliche und direkte Art, daß zwischen Kloster- und Fabrikdisziplin ein real existierender Zusammenhang besteht, so daß die von uns immer wieder behauptete »Wahlverwandtschaft« von Kloster- und Fabrikdisziplin sich nicht nur als eine Kategorie der »denkbaren« Möglichkeit erweist. Es kann nicht geleugnet werden, daß sich der Hinweis auf die Vorbildfunktion von Kloster-(anlage) und militärischer Organisation für kollektive Lebens- und Arbeitssituationen (in der Form des Arbeiterquartiers) immer wieder mal findet. So weist beispielsweise Forster darauf hin, daß »(monastisch-karitative Vorstellungen) sich in unterschiedlicher Weise bei der architektonischen Gestaltung der Wohnbauten mit den Erfahrungen aus dem Bau militärischer Lager (verbanden), die optimale Ausnützung, funktionale Planung und Gleichförmigkeit der Elemente erforderten (vergleiche Zarebska 1973). Die monastische Disziplin der Arbeit und der militärische Zweck örtlicher Sicherung blieben Kennzeichen total geplanter Siedlungen auch dann, wenn weder klösterliches Leben noch Verteidigung beabsichtigt waren« (Forster 1973, 2; vergleiche auch Sturm 1977, 82, 84, 105). Dieser Hinweis auf die Vorbildfunktion von Kloster und militärischem Lager für die Konzeption und bauliche Anlage von Arbeitersiedlungen macht sich in der Regel fest an dem gemeinsamen Merkmal der »kollektiven Wohnform«. Die »Spurensicherung« entdeckt dann in der Militärgeometrie der baulichen Anlage von Arbeitersiedlungen den direkten Hinweis auf das militärische Vorbild:[5] die räumliche Ordnung des Arbeiterquartiers kopiert das geometrisch-rechtwinklig angelegte militärische Lager und will auf diese Weise die dort herrschenden Ordnungsvorstellungen auch in der zivilen Welt des Arbeiterquartiers wachrufen, wie überhaupt sich das Verhalten auf öffentlichen Plätzen auf diese Weise leichter kontrollieren läßt. Die Intention der Kontrolle manifestiert sich am deutlichsten in der gewählten Form der zentralen Platzgestaltung: das Grundprinzip der Platzgestaltung ist nicht Kommunikation[6], sondern Ordnung und Kontrolle durch den »zwingenden Blick«, der sich, wie dies bei einigen der von Krupp errichteten Kolonien der Fall ist, in am square aufgestellte Wächterbuden zurückgezogen hat (Günter 1970, 143, 158; Weisser 1975, 49f.). Zugleich weckt die Geometrie der räumlichen Anlage von Arbeiterquartieren die Erinnerung an komplexe Ordnungsutopien, an utopische Gesellschaftsentwürfe[7] (Bollerey/Hartmann 1973; Bollerey 1977; Sturm 1977, 121ff.), u.a. deshalb, weil bei fast allen utopischen Gesellschaftsentwürfen »der Stadtplan geradezu selbstverständlich als Bild der künftigen Gesellschaft dient« (Jeggle et al. 1973, 225). Wenn sich für eine ganze Reihe von Autoren infolge der im militärischen Bereich gefundenen architektonischen Lösung für kollektives Wohnen (das heißt der baulichen Unterbringung einer Vielzahl von Menschen innerhalb übersehbarer Organisationseinheiten) die Kaserne als einziges und unmittelbares Vorbild für die Anlage und den »Betrieb« von Arbeiterquartieren aufdrängt, so hängt dies in erster Linie sicherlich damit zusammen, daß die zeitgenössische Diskussion die Frage, ob Arbeiterkaserne oder Cottage-System, ausführlich behandelte (Jeggle et al. 1973, 226, Fn. 7), und die werkseigenen Siedlungen von Zechenanlagen des Bergbaus die dort verbreitete soldatische Auffassung vom Arbeits- und Betriebsleben kopierten. So sehr auch die kollektive Lebens- und Arbeitssituation des Arbeiterquartiers an das militärische Vorbild erinnert, so verdeckt die naheliegende Parallelisierung von baulicher Form und »militärischem Geist« (der in den Bauformen haust) bei der Übertragung militärischer Bauformen auf den zivilen Bereich (des Arbeiterquartiers) – eine solche Parallelisierung nimmt Günter[8] ausdrücklich vor – ein anderes, weniger offensichtliches Vorbild, das sich hinter den Kasernenbauten versteckt: das Kloster (insofern als vorzugsweise ehemalige Klöster im 19. Jahrhundert als Kasernen benutzt wurden (Lüdtke 1979, 218) verweist die hier benutzte Metapher auf realhistorische Zusammenhänge). Es wird von uns keineswegs bestritten, daß die Disziplin des Heeres die »große Erzieherin« zur Disziplin ist (Weber) und daß die militärische Disziplin »das ideale Muster für den modernen kapitalistischen Werkstattbetrieb ist« (Weber 1922, 647). Bezogen auf die mit der Errichtung von Arbeiterquartieren verbundene Intention der Erziehung und Disziplinierung, übersieht die von Günter angebotene Betrachtungsweise, daß die »Nützlichkeit« der Disziplin (Foucault), aufbauend auf der Multifunktionalität der »methodischen Lebensführung«, im Kloster zuerst entdeckt wurde, wobei diese Entdeckung ganz im Zeichen des Prinzips der Paradoxie der Wirkung gegenüber dem Wollen steht.

Londoner Arbeiterviertel. Holzstich von Gustave Doré (1832 – 1883), 1870.

The Vicar's Close, Wells, Somerset. 14. Jahrhundert.

Die Certosa von Pavia. Kartäuserkloster, gegründet 1396.

VI. Anmerkungen

Zur Einleitung

[1] Die Wahl fiel deshalb unter anderem auf das Staub'sche Arbeiterquartier in Kuchen, weil es, wie wir meinen, trotz relativ günstiger Bedingungen – wie zum Beispiel Überschaubarkeit der baulichen Anlage, relativ gute Literaturlage (einschließlich der von Staub selbst verfaßten Beschreibung, die über seine Motive zur Gründung des Arbeiterquartiers Auskunft gibt) – von wenigen Ausnahmen (zum Beispiel Borscheid 1978) abgesehen, kaum Beachtung gefunden hat, nicht einmal unter der verbreiteten Themenstellung der »Entwicklung des sozialen Wohnungsbaus« (statt vieler: Adelmann 1962, Dösseler 1968, Gauldie 1974, insbesondere 58ff, McCreary 1968, Rothert 1976), geschweige denn unter der hier interessierenden Fragestellung der »Wahlverwandtschaft« von Kloster- und Fabrikdisziplin, die mit dem gemeinsamen Interesse an der Methodisierung und Disziplinierung der Lebensführung zu tun hat. Wir beschäftigen uns im folgenden mit den von Staub mit der Gründung des Arbeiterquartiers verfolgten Intentionen und nicht mit den tatsächlich erzielten Wirkungen. Im übrigen ließ sich A. Staub von der in Mülhausen (Elsaß) von Jean Dollfus errichteten (und vom Staat (Napoleon III) mitfinanzierten) Arbeiterstadt (cité ouvrière) anregen, die zur damaligen Zeit große Publizität in Zeitungen und Fachzeitschriften gefunden hatte (vergleiche unter anderem Kestner 1863 oder den in Rombergs Zeitschrift für praktische Baukunst 1858 abgedruckten Artikel aus der »Augsburger Allgemeinen Zeitung«; vergleiche auch Günter 1970, 135).

[2] Zum Motivbündel, das in der Regel hinter der Errichtung von Arbeiterkolonien steht, vergleiche Niethammer 1976, 63 und Puppke 1966. Die paternalistische Grundhaltung der Unternehmer verdeckt die offensichtliche »Abhängigkeit der Lebensweise und Kultur (der Arbeiterkolonien) von ökonomischen Interessen des Unternehmens . . . .« (Korff 1973, 217).

[3] Vergleiche auch Borscheid 1978, 149ff; Hirschfeld 1889, 42; Le Roux 1868, 27f; weitere Beschreibungen der Kolonie in: IHG 1867, 91f und WIB 1876, 119f.

[4] An der Arbeitersiedlung interessiert uns in erster Linie ihr »Laborcharakter«; sie eröffnet ideale Bedingungen, um die Fabrikation des zuverlässigen Menschen studieren zu können. So gesehen ist die Frage nach der tatsächlichen Verbreitung der Arbeitersiedlung vom Typ Kuchen uninteressant.

[5] Mit Bibelversen ließ sich dies leicht legitimieren: »Beispiel wirkt mächtiger als Vorschrift! Vorleben ist besser als Vordocieren (1 Tim. 4, 12; Petr. 5, 37)« (vergleiche Meyer 1976, 83, der diesen Bibelvers allerdings in einem anderen Zusammenhang verwendet). Der Pädagogikunterricht selbst orientierte sich, wie zum Beispiel eine Verfügung aus dem Jahr 1892 zeigt, an dem Prinzip der »Darbietung lebendiger Bilder hervorragender Meister der Erziehung und des Unterrichts . . .« (Meyer 1976, 134).

[6] Es verdient festgehalten zu werden, daß »die Wirkung der Volksschullehrer (. . .) für die etablierte politische Herrschaft und gesellschaftliche Ordnung nicht nur und immer stabilisierend (war)« (Blessing 1974, 563).

[7] Zu den konkreten Bedingungen dieser Variante einer »totalen Institution« vergleiche Blessing 1974, 521, 522, 526; Bölling 1978, 17; Meyer 1976, 69ff; zur Frühform des Lehrerseminars vergleiche Petrat 1979, 204–210. Nicht selten wurden solche Seminare in ehemaligen Klöstern eingerichtet. Ein anschauliches Beispiel hierfür gibt Petrat (1979, 204ff). Auch Meyer (1976, 77) verweist auf die Vorbildfunktion des Klosters bei der Seminarerziehung und sieht »in der pessimistischen Anthropologie der pietistischen Pädagogik« (a.a.O., 251, Fn 50) eine weitere »Wurzel« der in den Seminaranstalten praktizierten Kontrollmechanismen.

[8] In der Wilhelminischen Epoche wurde dieses Leitbild über die Institution des Reserveoffiziers – diese Laufbahn stand seit 1896 den Volksschullehrern bzw. den Seminarabsolventen (Bölling 1978, 26; Meyer 1976, 95f) offen – zur »neudeutschen Lebensform« (Kehr) veredelt.

[9] Firmenfeste wie die erwähnte Christbaumfeier stellen den Versuch dar, in der gemeinsam gestalteten Feier rudimentäre persönliche Beziehungen zwischen Unternehmer und Arbeiter sichtbar werden zu lassen, um über sie Anknüpfungspunkte für eine Ethik des Dienens zu gewinnen – nur die patriarchalische Beziehung des Herrn zum persönlichen Diener läßt sich nämlich ethisch verklären (Weber 1922, 799ff.) – ein Verlangen, das sich um so dringlicher einstellt, als im Kapitalismus »alle echt patriarchalischen Beziehungen ihres genuinen Charakters entkleidet und 'versachlicht' werden« (Weber 1922, 801).

Teil I

[1] Das Gliederungsprinzip des geometrischen Plans demonstriert anschaulich die Abbildung der von Staub geplanten, aber nicht verwirklichten Anlage.

[2] Dies besagt nicht, daß die im Arbeiterquartier gewählten Bauformen nicht den Eindruck einer kleinbürgerlichen Idylle erweckten. Wie Günter (1970, 151) am Beispiel der Kruppschen Siedlung »Margarethenhöhe«, insbesondere an den Bauformen der um den Marktplatz zentrierten Gebäude (Konsumanstalt, Gasthof) nachweist, herrscht dort eine merkwürdige, aber dennoch bezeichnende »Mischung von absolutistischer Herrschafts- und Ordnungsarchitektur mit kleinbürgerlicher Idylle« vor.

[3] Vergleiche die Abbildung bei Konetzke 1965, 277; weitere Literatur zum System der Reduktionen: bei Reinhard 1976, 574ff. und Schempp 1969, 149–161.

[4] Die strenge Zucht und Ordnung im Untertagebereich der Zeche – diese vom Brauchtum geprägte Zucht und Ordnung »vermilitarisierte« sich durch die von den Unternehmern geübte Praxis, gediente Unteroffiziere bei der Rekrutierung der Vorarbeiter zu bevorzugen (Rimlinger 1967, 297, Fn 50), die den »Kasernenhofstil« pflegten – wurde im Laufe der Zeit auch auf den häuslichen Bereich ausgedehnt, so daß sich auf diese Weise der ursprünglich patriarchalische Arbeits- und Lebenszuschnitt zunehmend militarisierte.

[5] Vergleiche auch Hue 1913, 74ff., 154ff.; Imbusch 1908, 251; Kiefer 1912, Oldenberg 1890, 665f.

6 Diesen Bezug stellt auch Zänker (1973, 34) her. Über die Arbeiter-siedlung Crespi d'Adda (Oberitalien) schreibt er: »So ist das ganze Ge-bilde (...) weder als Stadt, Dorf oder Siedlung anzusprechen, sondern am ehesten der venezianisch-lombardischen Villa mit anstelle landwirt-schaftlicher nunmehr industrieller Produktion vergleichbar, oder besser noch: südamerikanischen Latifundien vom Typ der quasi-industriellen Hazienda.«

7 Zur Herrschaftsarchitektur der »Direktorenvilla« vergleiche Sturm 1977, 104ff. und Suhrbier 1976.

8 Belege hierfür bei Caspard 1979, 132f., der auch von den typischen Schwierigkeiten bei der Umschulung von Landarbeitern zu »guten« Fabrikarbeitern berichtet (133). Zu den Auswirkungen der Zeitplanung auf das Verhältnis und die Einstellung des Fabrikarbeiters zur Arbeit vergleiche ebenfalls Caspard 1979, 133f.

9 Vergleiche auch Borscheid 1978, 362ff.; Freudenberger/Cummins 1976; Morgan 1974; Pollard 1967, 161; Reid 1976; Reulecke 1976, 207ff., Scherer 1968, 32ff., Thomas 1964; Thompson 1967, 56ff.

10 Vergleiche auch bei Scherer (1968, 49ff.) das Kapitel »Methoden der Kontrolle«; ferner Carson 1974.

11 Vergleiche auch Elias 1969, 120–221; Elias 1976; zur Lippe 1974, Bd. 2, 15ff., Osterloh 1976.

12 Man könnte die Sehweise von Elias auch in ihr Gegenteil verkehren und behaupten, daß die von Kirche und puritanischen Sekten geleistete Erziehungsarbeit zur Ausbildung einer »Selbstzwangsapparatur« die Voraussetzung für die Errichtung des Gewaltmonopols schuf. Zur Kritik an Elias vergleiche Münch 1980, 18f.

13 Staub hatte zwei Probleme zu lösen: 1. bei dem in der Textilindustrie vorherrschenden Arbeitskräftemangel (Jeggle et. al. 1973, 226), der in der ersten Gründungsphase (Anfang 19. Jahrhundert) am spürbarsten war (Borscheid 1978, 29ff.), überhaupt Arbeitskräfte zu rekrutieren (Schlandt 1970, 96ff.) und 2. die rekrutierten Arbeitskräfte, die in erster Linie dem Handwerk entstammten (Borscheid 1978, 149ff.; Killinger 1940, 139f.; Vatter 1943, 72) für die Arbeit in der Fabrik zu disziplinieren. Beide Probleme löste Staub mit der Errichtung des Arbeiterquartiers, wobei durch die vorgenommene Standortwahl von Fabrik und Arbeiterquartier im ländlichen Gebiet der Voralb, konkret auf der »grünen Wiese« zwi-schen Gingen und Kuchen, der Rückgriff auf den dort vorhandenen Stamm an geübten Handwerkern (Handweber) ermöglicht werden sollte (Borscheid 1978, 151f., der auch zeigt, daß dieses Kalkül zunächst nicht aufging, u.a. durch die Weigerung von einheimischen Webern, in den 60er Jahren in die Fabrik einzutreten (Borscheid 1978, 153f., 156f.)). Die Standortwahl war jedoch hier nicht nur durch den Faktor Arbeitskraft bestimmt (das heißt hier: durch die Chance des Zugriffs auf billige – (ländliche Region!) – und dennoch qualifizierte Arbeitskräfte (Hand-weber)), von ausschlaggebender Bedeutung war auch das in der Voralb-Region vorhandene Angebot an Primärenergie (Wasserkraft) und die unmittelbare Nähe zu der sich im Ausbau befindenden Eisenbahn-strecke Stuttgart–Ulm (Dreher 1971, 174ff.). Die Errichtung von Fabrik und Arbeiterquartier auf der »grünen Wiese« zwischen Kuchen und Gingen hängt mit den Grundstückspreisen zusammen und hat ferner mit dem Bau von Kanälen (Borscheid 1978, 45) und den damit verbundenen komplizierten wasserrechtlichen Regelungen (vergleiche Die Markt-gemeinde Kuchen 1978, 200f.) zu tun (vergleiche auch Kellenbenz 1965, 186).
Sowohl die oben genannten Schwierigkeiten bei der Rekrutierung, noch mehr das relativ hohe Ausmaß an Fluktuation unter den Bewohnern des

Arbeiterquartiers (vergleiche hierzu das Verzeichnis der Wohnsteuer-pflichtigen) legen eine Interpretation nahe, die ganz auf die mit der Er-ziehungsanstalt des Arbeiterquartiers verbundenen Intentionen und nicht auf die tatsächlich erzielten Wirkungen abstellt.

14 Vergleichbar damit ist auch die Publikation von L. Piette aus dem Jahre 1840. Zu Piette vergleiche Hellwig 1962, zu Harkort: Berger 1926, Däbritz 1929, Köllmann 1964, Kratzsch 1969/70.

15 Zur Entstehung der Freizeit vergleiche Nahrstedt 1972, zum Freizeit-verhalten von Fabrikarbeitern (der Textilindustrie) vergleiche Bernays 1910, 234ff.

16 Die Auswirkungen der neuen Zeitdisziplin beispielsweise auf die den Geschlechtern arbeitsteilig zugeschriebenen Rollenverpflichtungen bei der landwirtschaftlichen Arbeit in der Anfangsphase der Industriali-sierung mit den dabei typischerweise auftretenden Konflikten, die primär zu Lasten der Frau gingen und von ihr – wie es scheint nicht gerade selten – in pietistischen Zirkeln aufgefangen wurden, hat Sabean (1977, 151) am Beispiel des Dorfes Neckarhausen (Kreis Nürtingen) beschrie-ben. Sabean's Schlußfolgerung in diesem Zusammenhang: »(Es) ... wird erkennbar, daß der Pietismus einen wesentlichen Faktor der Ent-wicklung innerer Disziplin darstellt; dies gilt (im Fall Neckarhausen) besonders für die Frauen ...« (Sabean 1977, 151; unsere Hervor-bung).

17 Für die älteren Kinder bedeutete der Schulbesuch eine zusätzliche Belastung. In Kuchen »arbeiten die Kinder 1866 in einwöchigem Wech-selturnus: entweder bei Tag 10 Stunden oder bei Nacht 7 Stunden. Ein Jahr später wurde die Arbeitszeit jeder Schicht auf 10 bis 11 Stunden erhöht. Nach der Schichtarbeit mußten die Kinder noch 2 ½ bis 3 Stun-den (7–10 Uhr bzw. 13–16 Uhr) die Schule besuchen, so daß sie täglich bis zu 14 Stunden beansprucht waren« (Bauer, ohne Jahresangabe, 355). Durch diese »Doppelbeanspruchung« wurde den Kindern der sparsame Umgang mit der Zeit bereits in der Schule beigebracht (ver-gleiche Borscheid 1978, 376).

18 Heinrich Staub (der Vater Arnold Staubs) und seine Familie wurden als reformierte Schweizer offenbar ohne weiteres in die evangelische (lutherische) Landeskirche Württembergs aufgenommen. Jedenfalls legt der Eintrag in das evangelische (lutherische) Familienregister der Kirchengemeinde von Geislingen/Steige (S. 275 f.) eine solche Deutung nahe. Diesen Hinweis verdanken wir G. Wunder.

19 Zur industriefördernden Bedeutung des Pietismus in Württemberg vergleiche Borst 1966, 110ff.; Lehmann 1972; Scharfe 1976; Trautwein 1972, 50ff.

20 Über die Folgen des Wegfalls dieser Form der zeitlichen Struktur-ung des Alltags informiert noch immer am eindrucksvollsten die klassi-sche Studie über die »Arbeitslosen von Marienthal« (Jahoda et al. 1975, 83–92).

21 Den historischen Entwicklungsprozeß, der schließlich zu der uns heute vertrauten Struktur der Zeit geführt hat, hat Nahrstedt (1972) am Beispiel Hamburgs anschaulich beschrieben. Die ältere Zeitstruktur des »ganzen Hauses« wurde weitgehend vom Sonnenaufgang und -unter-gang, von der Festsetzung der Predigten und vom Willen des Haus-vaters, der als »Hausuhr« die einzelnen Tagesabschnitte »ansagte«, bestimmt, mit Ausnahme der zeitlich fixierten Predigtzeiten also von nicht-rationalen Faktoren. Diese »natürliche« Ordnung der Zeit nach dem Sonnenrhythmus wurde allmählich abgelöst durch die künstliche Ordnung der Zeit nach der Uhr. Voraussetzungen hierfür waren u.a. die Erfindung der Schlaguhren im 14. Jahrhundert, die Erfindung und Ver-

breitung der Taschenuhr (seit dem 16. Jahrhundert) und die Einführung der Straßenbeleuchtung im 17. Jahrhundert (in Hamburg). Die neue Zeitstruktur entfaltete sich vollends im 18. Jahrhundert; ihre Ausbreitung wurde gefördert sowohl durch die »Entdeckung« der Klöster, den Arbeitsgedanken mit der Zeit zu verbinden, als auch durch den »Zerfall des ganzen Hauses«, der mit der damit einhergehenden Trennung von Wohnung und Arbeitsstätte neue »Wegzeiten« entstehen ließ und auf diese Weise zu einem rechenhaften Umgang mit der Zeit zwang. Auch der Tagesrhythmus veränderte sich: seit dem 17. und 18. Jahrhundert zuerst für die »Bürger« (Kaufleute und »Gelehrte«), dann schließlich auch für die Handwerker und Arbeiter. Die ältere »Mischlage« von Berufsarbeit und Nicht-Arbeit wurde zunehmend abgelöst durch eine Wachzeitstruktur, die auf eine strikte Trennung von Arbeitszeit und Freizeit aus war und sich durch die Tendenz zur Herausbildung in sich geschlossener Zeitblöcke auszeichnete (u.a. wurden mit dem Vordringen des Arbeitsgedankens die Pausen innerhalb der Arbeitszeit beträchtlich verkürzt und es wurde aus der Arbeitszeit alle Nicht-Arbeit (wie Spiel oder »nebenberufliche« politische Betätigung) ausgeschieden und in die Freizeit, für die der Abend reserviert wurde, verlegt).

22 Weitere Belege der genannten Streiks bei Borscheid 1978, 154, Fn 55.

23 Bei der hier interessierenden Problematik kann die Frage Max Webers, »wie weit der Mensch tatsächlich an die Maschine gefesselt ist und in wie weit er die Maschine beherrscht oder zumindest beeinflußt« (Weber 1924a, 148), vernachlässigt werden. Zu dieser Fragestellung vergleiche die klassische Arbeit von Popitz et. al. (1964) mit der dort entwickelten Typologie der »teamartigen« und »gefügeartigen Kooperation«. Die oben zitierte Frage Webers schließt auch jene Fälle mit ein, bei denen die regelmäßige Fabrikarbeit beeinträchtigt wird durch die Anfälligkeit der Maschinen beziehungsweise der gesamten Anlage für Störungen. Solche den Fabrikarbeitern Erleichterung verschaffende Pausen ändern nichts an der mit der Einführung von Maschinen verbundenen Steigerung der »Zeitdisziplin«.

Teil II

1 Es handelt sich um den Versuch, die Strukturbedingungen und Funktionsweisen der Klosterdisziplin idealtypisch zu rekonstruieren. Dies besagt, daß die einzelnen Orden von dieser idealtypischen (Re-) Konstruktion mehr oder weniger »entfernt« sind (vergleiche Southern 1976, 203ff.). Eine große Nähe zu dieser idealtypischen Konstruktion besitzen beispielsweise die Zisterzienser.

2 Zu einer anderen Sehweise Benthams vergleiche Himmelfarb 1968 und Huxley 1950.

3 Vergleiche auch Prinz 1976, 1 (Einleitung) mit dem dort gegebenen Hinweis auf Wundts Formel von der »Heteronomie der Zwecke«.

4 Vergleiche unter anderem Ranke-Heinemann 1964, 13f.; Frank 1975, 20f.; Heussi 1936, 132ff.; Lohse 1969, 186.

5 Zu diesem Begriff vergleiche Troeltsch 1925, 96ff.; Frank 1975, 1ff.; Lohse 1969.

6 Auch jene Mönche, die asketische Bravourstücke ablehnen, sind – verglichen mit den Laien – als »religiöse Virtuosen« anzusehen.

7 Das Klosterleben wurde um 320 durch Pachomius (292–346) begründet, der an die Stelle des ungeregelten Lebens in der Einsamkeit (Anachoreten- oder Eremitenleben) das geregelte Leben in einer Gemeinschaft (Cönobitentum) setzte. Basilius (gestorben 379) gilt ebenfalls als Systematiker des gemeinsamen Klosterlebens, beeinflußte jedoch das östliche Cönobitentum außerhalb Ägyptens und schuf jenen Klostertyp, der heute noch innerhalb der östlichen Kirche vorherrschend ist. Für die Verbreitung des Mönchtums im Abendland war der vom hl. Benedikt von Nursia (gestorben 547 (?)) für seine Mönchsgemeinschaft in Monte Cassino verfaßte Regel ausschlaggebend.

8 Das Schweigegebot dient darüber hinaus auch dem vorsorglichen Schutz vor »Meuterei« der Gottesdiener, indem es die Verabredung zur Unbotmäßigkeit erschwert (Guttandin 1980, 40). Symmetrische Kommunikation erscheint als permanente »Störquelle«, was auch darin zum Ausdruck kommt, daß asymmetrische Kommunikation in der passiven Form des Zuhörens (Lesung) umgekehrt gefördert wird.

9 Die totale Isolierung von der sozialen Umwelt mit ihrer Vielzahl an konkurrierenden Realitäts- und Sinnentwürfen schafft auch die Voraussetzung dafür, innerhalb der Klostermauern eine eigene Realität zu produzieren, die durch von außen importierte Gegenentwürfe nicht gefährdet war (Guttandin 1980, 39). Die Errichtung eines solchen Interpretations- und Sinndeutungsmonopols erleichtert die Aufgabe der Seelenlenkung beträchtlich.

10 Braunfels (1969) unternimmt den beachtenswerten Versuch, aus den Regeln ein Bauprogramm abzuleiten, das sich dadurch auszeichnet, daß sich Funktionen und Bauformen entsprechen. Es handelt sich also um den Versuch, die Klosterarchitektur als »geronnenen Geist«, wie er in den Regeln präsent ist, zu begreifen.

11 Der Hinweis Bachts (1975, 203) – auch Ranke-Heinemann (1964) weist wiederholt darauf hin – verdient an dieser Stelle Beachtung: »Auch wenn der Mönch in seiner einsamen Zelle der 'Meditation' oblag, wußte er sich in Christus allen seinen Brüdern und vor allem der himmlischen Kirche verbunden. Die Spannung von privater und öffentlicher Sphäre wurde noch gar nicht empfunden. Für Menschen, welche in ihrem wachen Glaubenssinn die jenseitige Welt Gottes und der Engel für ebenso real und nahe hielten wie die Dinge, welche an die Sinne reichen, konnte es diese dem modernen Subjektivismus entspringende Isolierung gar nicht geben.«

12 Bei Heussi (1936, 122ff.) und Lietzmann (1944, 140) findet sich dieser Gedanke ebenfalls: »Äußerlich gesehen, verschafft (das Mönchtum) eine Sicherstellung ihres (= ägyptischen Bauern) irdischen Daseins, Schutz gegen Hunger und Obdachlosigkeit und Gewöhnung an regelmäßige, wenn auch meist recht mechanische Arbeit. Die Klöster wurden zu Fabriken von Flechtwaren aller Art ...«

13 Vergleiche auch Troeltsch 1975, 88, Fußnote 3: »Erst in Askese und Kloster wurzelt die 'christliche Bedeutung und Heiligung der Arbeit' ... Die Bedeutung der Askese für die Ausbildung der Arbeitsgesinnung ist von den Nationalökonomen längst beobachtet worden, während die 'Historiker' der christlichen Ethik davon nichts gemerkt haben.« Und Weber: »... dem Abendlande (war) die so folgenschwere Behandlung der Arbeit als asketischen Mittels zwar nicht allein vorbehalten, aber doch dort, aus Gründen historischer Art, weit konsequenter und universeller entwickelt und (wurde) praktisch« (1922, 787f.).

14 Aufzeichnungen über den Alltag hinter Klostermauern sind in der Regel nur über diejenigen erhältlich, die über die »Klostermauer gesprungen« sind (dies ist der Titel eines Buches von Monica Baldwin

(Ich springe über die Mauer. Zurück in die Welt nach 28 Jahren Kloster-leben, Heidelberg 1952). Die Überläufer verfügen über ein detailliertes insider-Wissen, sind aber durch das Faktum des Überlaufens leicht angreifbar, zumal dann, wenn wie im Fall Gottschling der Überläufer erhebliche Affinitäten zum Nationalsozialismus zeigt, die allerdings erst in seinem zweiten Buch (zum gleichen Thema) voll zutage treten. Aus Gottschlings erstem Buch (Zwei Jahre hinter Klostermauern. Aus den Aufzeichnungen eines ehemaligen Dominikaners, Leipzig 1935) zitie-ren wir auszugsweise und nur solche Passagen, deren Inhalt mit den Aufzeichnungen anderer Überläufer (z.B. Baldwin) übereinstimmt. Eine Überprüfung der »Überläuferliteratur« ermöglicht das Buch der Journa-listin Marcella Bernstein (1977, insbesondere 73ff.; 166ff.).

[15] Gottschling präsentiert auch einen Katalog typischer Selbstanklagen, die identisch sind mit typischen Regelverstößen, wie z.B.: »Ich habe das Stillschweigen täglich 2 bis 3 mal gebrochen . . . Ich habe die Tür zuschlagen lassen . . .« (Gottschling 1935, 39).

[16] Dies bedeutet, daß die Steigerung der Fabrikdisziplin über die Me-thoden des Taylorschen »scientific management« (vergleiche Braverman 1977, insbesondere Teil I und II) hier keine Berücksichtigung erfährt, so sehr gerade ein Vergleich dieser Methoden mit jenen der Gestaltung des Exerzierens (Hahlweg 1942, 30ff.) äußerst reizvoll wäre.

[17] Von der in Sparta praktizierten kadettenartigen militärischen Erzie-hung unterscheidet sich die philosophisch-literarische Form asketi-scher Lebensgestaltung, wie sie der antike Stoizismus lehrte, vor allem dadurch, daß diese Lehre nicht in dem Ausmaß zum Gegenstand eines »methodischen Betriebs« erhoben worden und nicht an viele adressiert worden war; im Gegenteil, der Stoizismus blieb die Ethik einer Intellek-tuellenschicht, deren Mitglieder in Orientierung am Vorbild des »idealen Weisen« das Gentleman-Ideal einer »ausgeglichenen« Persönlichkeit, die sich durch ein hohes Maß an Selbstvervollkommnung und Selbst-kontrolle auszeichnet, zu verwirklichen suchten, ganz im Sinne einer höchst individuellen »Freizeitbeschäftigung« der »leisure classes« (ver-gleiche Bremond 1975, 91).

Teil III

[1] Die Kapitelüberschrift haben wir dem Titel der deutschen Über-setzung von C.S. Lewis' »Screwtape Letters« (Dienstanweisung für einen Unterteufel, Freiburg 1975 (Herder)) entlehnt, in denen im schließlichen Versagen des Unterteufels ebenfalls die für unsere Kritik hier zentrale Frage deutlich wird, ob sich solche mehr oder weniger gutgemeinten Dienstanweisungen von den so Instruierten auch in effektive Kontrolle umsetzen lassen.

[2] Weitere Belege hierzu bei Lekai 1958, 232ff., insbesondere 239f. und Svoboda 1930, 68ff., insbesondere 70f. sowie: Die Zisterzienser 1980, insbesondere 203–236. Verbreitet waren Bergwerksbetriebe und Ham-merwerke. Svoboda führt auf anschauliche Weise vor, wie sich das Schweigegebot auf die Steigerung der Produktivität ausgewirkt hat: »In Verbindung mit dem Schweigegebot ist die körperliche Arbeit (und auch die geistige) gleichsam gehoben worden. Das Schweigegebot bietet nicht zuletzt die Gewähr für eine hochentwickelte Konzentriertheit der einzelnen Verrichtungen. Bei mechanischen Arbeitsakten soll gebe-tet werden, um jede 'Ablenkung' durch weltliche Gedanken zu vermeiden. Es darf nur an genau bezeichneten Stellen der Werkstätten stehend und leise mit dem Meister über einen Verrichtungskomplex gesprochen

werden . . . . Vergleiche hierzu die heutzutage geltende Auffassung in Fabrik- und Bürobetrieben usw., Verbot 'privater Gespräche'. Techni-sche Einrichtungen, die das 'unnötige Herumlaufen' der Angestellten vermeiden sollen. Viele Probleme der Rationalisierung sind von ähn-lichem Geist erfüllt« (Svoboda 1930, 122f. und 123 Fn. 48 und 49).

[3] Vergleiche hierzu das Schaubild auf Seite 95, das typische Adä-quanzverhältnisse wiederzugeben versucht, die bestimmten Phasen der Entwicklung von Wirtschaft und Gesellschaft im Mittelalter entsprechen. Die Phaseneinteilung wurde von G. Duby (Krieger und Bauern. Die Entwicklung von Wirtschaft und Gesellschaft im frühen Mittelalter, Frank-furt 1977) entnommen. Interessant ist, daß der von den religiösen Virtuo-sen jeweils gewählte »Gegenentwurf« bei aller Ablehnung (Protest) immer auch Anlehnung an vorherrschende Sozialtypen zum Ausdruck bringt.

[4] In den Schilderungen der Lage der Arbeiter durch Engels (1845) und Marx (zum Beispiel 1867, 13. Kapitel) steht dieser Aspekt der Not und der Nötigung völlig im Vordergrund, von »Disziplin« ist da wenig Rede. Das mag daran liegen, daß das durch Sozialpolitik und organisierte Arbeiter-bewegung disziplinierte Proletariat zu ihren Lebzeiten sich der Wahr-nehmung noch entzog. Das Verhältnis der organisierten Arbeiterbe-wegung zu Disziplin und Selbstdisziplin wäre übrigens dringend eine eigene Untersuchung wert.

Teil IV

[1] Vergleiche Paulsen 1919, 416; Schröteler 1940, 91f.; Stichwort Inter-natserziehung im Jesuiten-Lexikon (Herausgeber L. Koch), 1962, 882ff.; Steinhuber 1906, Band 1: 26, 52, 105, 125, 177, 199 und Band 2: 155ff., 163, 171, 465, 470. Die Vorbildinstitution der Jesuitenkollegs, das Kolle-gium Germanikum in Rom, war ursprünglich in einem ehemaligen Kloster (S. Saba bei Rom) untergebracht.

[2] Ein solcher Tagesablauf findet sich bei Mertz 1898, 56, der sich dabei auf die »Erinnerungen eines ehemaligen Jesuitenzöglings« beruft.

[3] Von 1564 – 1569 Rektor des Kollegium Germanikum, der nach den in seiner Amtszeit gemachten Erfahrungen die Regeln und Statuten des Kollegiums (niedergelegt in 5 Bänden) verbesserte und sich zu diesem Problemkomplex gutachtlich äußerte.

[4] Noch in meiner eigenen Rekrutenzeit (1961) habe ich (H.T.) dieses System kennengelernt: jeder von uns Rekruten hatte ein Büchlein, in das die Regelverstöße eingetragen wurden. Die Schwere des Regelver-stoßes wurde nach Punkten bemessen, der am Wochenende jeweils erreichten Höhe der »Punktebilanz« entsprach die Schwere der jeweils verhängten Sanktion, wie die Streichung des Wochenendausganges. Gerade diese Sanktion trifft die Insassen von totalen Institutionen empfindlich, da die – wenn auch nur zeitweilige – Entlassung aus der totalen Institution eine der höchsten Gratifikationen darstellt, die das System der totalen Kontrolle gewähren kann.

[5] Von Alfred Krupp ist der Satz überliefert: »Der Zweck der Arbeit soll das Gemeinwohl sein, dann bringt Arbeit Segen, dann ist Arbeit Gebet« (vergleiche Günter 1970, 163). Und die Industriesiedlung Crespi d'Adda stand unter der Vergil-Losung: »Labor Omnia Vincit« (vergleiche Zänker 1973, 33).

[6] Zu den Mechanismen pietistischer Erziehungsarbeit (Zwang zur Selbstdisziplin, Gewöhnung an bestimmte Handlungen, gern gewollte Internalisierung bestimmter Aktivitäten etc.) vergleiche Petrat 1979, insbesondere 66ff.

7   Vergleiche Eichler 1970; E. Schmidt 1965, 187ff.; Sothmann 1970, 5f.; Stekl 1978, 56. Zur Verbreitung des Waisenhauses in Deutschland vergleiche Kroel 1921 (Anhang).

8   Die ungeheure Wirkung der sozialen Kontrolle, wie sie von puritanischen Sekten praktiziert wurde, demonstriert Erikson (1978) am Beispiel des Umgangs der Puritaner (in der Bucht von Massachusetts) mit »Abweichlern« und sozialen Außenseitern; Eriksons Arbeit unterstreicht also die Brauchbarkeit des »Kontroll-Paradigmas«.

9   Diese steht in Widerspruch zu der von Troeltsch vorgenommenen allgemeinen Charakterisierung des Pietismus als einer »nur die Herzen, aber nicht die allgemeinen Verhältnisse« reformierenden Bewegung.

10 Der Zweck der systematischen Bemühungen zur Herbeiführung des »Bußkampfes« besteht darin, das einmalige Erlebnis der Bekehrung, das Francke an sich erfahren hatte, für sich und damit auch für andere wiederholbar zu machen. Auf der Wiederholbarkeit und damit Nachvollziehbarkeit eines einmaligen religiösen Erlebnisses baut sowohl die Pädagogik der Jesuiten als auch die der Pietisten letztlich auf, worauf Mertz (1899) hingewiesen hat. »Schon in der Lebensführung der Männer, die als Begründer der Schulanstalten bei den Pietisten und Jesuiten angesehen werden müssen, trifft man auf einen Punkt, der für beide bestimmend war, ihr Augenmerk auf die Erziehung der Jugend zu richten ... Den Weg, den sie dabei die Zöglinge zu führen hatten, zeigte ihnen die eigene Bekehrung. Beide gingen darauf aus, den Schüler durch methodische Anweisungen dazu zu bringen, den Entwicklungsgang ihrer eigenen Person durchzumachen« (Mertz 1899, 401). Insofern sind die beiden Beispiele des direkten (Jesuiteninternat) und indirekten Weges (pietistisches Waisenhaus) der Verweltlichung klösterlicher Askese nicht willkürlich gewählt.

Rutschky verdanken wir eine psychoanalytische Erklärung des Bekehrungserlebnisses bei Francke: »Was Francke berichtet, wirkt wie eine Illustration zu Freuds Thesen über den Zusammenhang zwischen der Anerkennung des Vaters (als des Erzeugers, der nicht, wie die Mutter, durch Augenschein zu bestimmen ist), den Fortschritten der Intellektualität und der Ausbildung einer psychischen Struktur, in der sich das Ich dem Über-Ich (der verinnerlichten väterlichen Autorität) unterordnet und von ihr leiten läßt. Wer diese psychische Erwerbung getan hat, mag sich in die Rolle des Erziehers gedrängt fühlen. Vielleicht bedarf es dazu aber noch der euphorischen Erfahrung, die weniger die Unterwerfung als die glückhaft erlebte Übereinstimmung von Ich und verinnerlichter Autorität anzeigt. Diese Übereinstimmung wird nicht von Dauer sein, wenn nicht immer wieder der Bekehrte als Erzieher dem Zögling gegenübertreten kann, als seinem früheren Selbst, das immer neu unterworfen werden muß. Wenn diese Ableitung richtig ist, erklärt sie das 'natürliche' Interesse an Erziehung bei bestimmten moralischen Eliten, ja den Erziehungszwang selbst, dessen Mechanik bei Francke noch so klar zu erkennen ist« (Rutschky 1977, XLVII).

11 Zur Entwicklung der Arbeitsauffassung des Christentums und zur pietistischen Arbeitsethik vergleiche Tönnies 1971, insbesondere 100ff. und Schwemmler 1926, 68ff.

12 Der Pietismus hat dadurch die Selbstdarstellung des Individuums in Autobiographien gefördert und auf diese Weise auch die Autobiographie als literarische Gattung wesentlich beeinflußt (vergleiche hierzu Neumann 1970 und Vogel 1924).

13 In diesen Zusammenhang gehört auch die Kontroverse über die Folgen der pietistischen Berufsethik zwischen Hinrichs und Max Weber einerseits (Deppermann 1961, 177ff., Hinrichs 1971, 342ff.) und Bondi und Hinrichs andererseits (Bondi 1977, 289ff.). Im Gegensatz zu Max Weber sieht Hinrichs den entscheidenden Unterschied zwischen Puritanismus und Pietismus darin, daß »der angelsächsische Puritaner die Arbeit 'an und für sich' (heiligt), der deutsche Pietist die Arbeit 'für andere'« (Hinrichs 1971, 12, 342f), und zieht hieraus den weitreichenden Schluß, in England beginne mit dem Puritanismus auch der Kapitalismus, in Deutschland dagegen mit dem Pietismus der Sozialismus (Hinrichs a. a. O., 12). Diese Schlußfolgerung weist Bondi zurück, indem er geltend macht, daß das durch den Puritanismus sanktionierte resp. gebotene »Erwerbsstreben« (als heilige Berufpflicht) den in England damals gegebenen materiellen und klassenmäßigen Voraussetzungen (zum Beispiel Existenz einer selbstbewußten englischen Bourgeoisie) entsprach, wogegen »für eine offene Verklärung eines hemmungslosen Bereicherungstriebes (in Deutschland) ... die materiellen ..., klassenmäßigen und geistigen Voraussetzungen (fehlten). Die neue, die bürgerliche Welt kündigte sich zwar an, die sie tragenden Kräfte waren aber nur erst embryonal entwickelt. Sie zu verkünden – und dies wirksam zu tun – war vor allem möglich, wenn man sich der Sprache der geistigen Großmacht der Zeit, der Kirche, bediente, wenn man die ethischen Normen des lutherischen Protestantismus in einer Weise interpretierte und modifizierte, daß sie dem Anliegen der neuen, kommenden Ordnung zu dienen vermochten. (...). Um die Arbeit und das durch sie erworbene Eigentum sittlich zu rechtfertigen, mußte man Zuflucht suchen bei dem Gebot der 'christlichen Nächstenliebe', dessen Erfüllung die solcherart erworbenen Reichtümer zu dienen hatten« (Bondi 1977, 290f). Gegen Bondi ist nur einzuwenden, daß er die von Weber immer wieder kritisierte Gleichsetzung von Kapitalismus und »Erwerbsstreben« (vergleiche RS I, 4ff.) vornimmt.

Auch Foucault berührt die von Bondi erwähnte Rolle der Religion, wenn er schreibt: »... in allen protestantischen Teilen Europas erbaut man die Festungen der moralischen Ordnung – Zuchthäuser oder workhouses –, wo von der Religion das gelehrt wird, was zur Erhaltung der Ruhe in den Städten nötig ist« (Foucault 1961, 95).

14 »Bei (den Jesuiten und Pietisten) waren die Schüler an der freien Bewegung gehindert. Die Beaufsichtigung artete in ein förmliches Spioniersystem aus. Beiden kam es hierbei darauf an, nicht allein stets über Fleiß und Aufführung der Schüler unterrichtet zu sein, sondern auch die Gedanken und die innersten Regungen ihres Herzens kennen zu lernen« (Mertz 1899, 409).

15 Auf die Gefängnisarbeit bezogen, lautet das vollständige Zitat: »... die um so leichter akzeptiert werden und sich um so tiefer in das Verhalten der Sträflinge einprägen, als sie ein und derselben Logik angehören: mit der Arbeit 'tritt die Regel in ein Gefängnis ein, sie herrscht dort mühelos und ohne Anwendung von Unterdrückung oder Gewalt. Indem sie den Häftling beschäftigt, gibt sie ihm die Gewohnheiten von Ordnung und Gehorsam, macht sie ihn, der einst faul war, eifrig und tätig ... Mit der Zeit findet er in der regelmäßigen Bewegung des Hauses und in den körperlichen Arbeiten denen er unterworfen ist, ein sicheres Heilmittel gegen die Abweichungen seiner Einbildungskraft' (Bérenger 1836)« (Foucault 1975, 309f.).

16 Zum Beispiel die Kriminalität betreffend: Rothman 1971, 69ff.; den Wahnsinn betreffend: a. a. O., 113ff.; die Armut betreffend: a. a. O., 159ff.

17 Vergleiche auch Foucault 1975, 294ff; Ignatieff 1978, 174ff.

18 Zur Verbreitung des Quäkermodells (in Deutschland) vergleiche die anschauliche Einzelstudie von Freßle 1970.

Teil V

1 Dieser Orden, der vom heiligen Vinzenz von Paul gegründet wurde, eignet sich infolge der ihm eigenen Freizügigkeit und relativen Ungebundenheit seiner Angehörigen – der Orden verzichtet wegen der ihm zugewiesenen diakonischen Aufgaben auf Profeß, Klausur und die vita contemplativa (vergleiche Höfner/Rahner 1957, 802; Heimbucher 1934, 461ff.) – vorzüglich für die ihm vom Fabrikherrn zugewiesene Disziplinierungsaufgabe. Die beiden Schwestern, die das 1872 gegründete Fabrikinternat in Neufra zuerst leiteten, kamen von Straßburg (Elsaß). Dort schliefen die Schwestern in einem großen Schlafsaal, der in einzelne Schlafboxen unterteilt war (Mitteilung der Schwester Archivarin vom Kloster Untermarchtal); im Fabrikinternat von Neufra wurde das Übernachtungsproblem nach diesem Vorbild gelöst. Wie Murard/Zylberman (1976, 109ff.) in ihrem lesenswerten Buch belegen, war in Frankreich der Typ des von Ordensschwestern betriebenen Fabrikinternats durchaus verbreitet. Die Herkunft der Kongregation der Barmherzigen Schwestern aus Frankreich könnte möglicherweise erklären, warum sich dieser Orden auch in Deutschland mit der Aufgabe befaßte, Fabrikinternate zu betreiben. Außer dem in Neufra unterhaltenen Fabrikinternat, führten die Barmherzigen Schwestern (des Mutterhauses Untermarchtal) auch in Wangen (Allgäu) einen Internatsbetrieb, der seit 1907 der dortigen Baumwollspinnerei angegliedert war. Die Hausordnung des »Marthaheims« in Wangen (1907/1909) spiegelt den Internatscharakter des Arbeiterinnenwohnheims wider, das von jungen deutschen und italienischen Mädchen bewohnt wurde.

2 In dem von den Barmherzigen Schwestern geführten »Tagebuch« (das uns vom Mutterhaus Untermarchtal freundlicherweise zur Verfügung gestellt wurde) wird das Ziel der im Fabrikinternat Neufra zu leistenden Erziehungsarbeit wie folgt beschrieben: »Der Zweck der Anstalt ist die Beschäftigung und Heranbildung fleißiger, gesitteter Mädchen, die sich einer regelmäßigen und angemessenen Arbeit bei christkatholischer Lebensweise unter Leitung und Beaufsichtigung der Schwestern außer der Fabrikzeit unterziehen ... Die Mädchen sind 10 Stunden während des Tages in der Fabrik beschäftigt, die übrige Zeit teilt sich in Kirchenbesuch, Haus und Industrie, Arbeiten, Freizeit, Erholung, an Sonntagen im größeren Spaziergang, Sonntagsschule, worin das für die Mädchen Passende und Notwendige gelehrt und gelernt wird ... Mädchen im Alter von 14 bis 17 Jahren, die häufig für einen landwirtschaftlichen oder Haushaltungsdienst noch zu schwächlich sind, haben hier Gelegenheit bei einer angemessenen Beschäftigung unter Aufsicht von Schwestern sich an regelmäßige Arbeit, an Ordnung und Reinlichkeit zu gewöhnen und sich ein gesittetes religiöses Leben anzueignen. Wie sehr diese Eigenschaft gerade heute geschätzt wird, bezeugt wohl der Umstand, daß die nach Ablauf der 3 Jahre die Anstalt verlassenden Mädchen überall gern in Dienst genommen und gesucht werden« (Tagebuch 1872/73, S. 1 f.). Wie die Tagebucheintragungen mehrfach dokumentieren, wurde von den Schwestern der Auslese beziehungsweise Auswahl große Aufmerksamkeit geschenkt; so heißt es beispielsweise auf Seite 20 des Tagebuches: »Das Jahr verlangte viel Opfer, es kamen fast lauter bösartige Mädchen herein. Kaum waren sie 1/4 Jahr da, brachten diese alles untereinander ... Wir waren genötigt schnell zu entlassen und so ging es Monat für Monat, so daß von 23 Aufnahmen an, nur noch kaum 3 gerettet werden konnten.« Der »klösterliche Geist« drückt sich nicht nur in der Sprache aus (»gerettet«), er macht sich auch in anstaltsspezifischen Gepflogenheiten bemerkbar: der Betriebsausflug wurde als Wallfahrt organisiert.

3 Der hier herausgestellte Zusammenhang von »außerweltlicher« und »innerweltlicher« Arbeitsaskese läßt sich mit dem Hinweis auf die soziale Funktion der Heiligenverehrung zusätzlich absichern. Als Beispiel (aus jüngster Zeit) soll hier der Kult um die Kreuzschwester Ulrika Nisch herangezogen werden, der eine Karriere von der Küchenschwester zur Nothelferin gelang (die Kreuzschwestern sind ebenfalls den Barmherzigen Schwestern zuzurechnen): »Für den Ulrika-Kult vorrangig wichtig ist die Interpretation, die ihr von den Biographen zugelegt wurde. Und diese Interpretation stellt alle Demütigungen, alle Beleidigungen menschlicher Natur als Mittel zur Erlangung der Heiligkeit heraus und predigt den Lesern der Vita in bekannter Weise Sichfügen, Verzicht, Verdrängung als höchste Tugend: 'Dienst (schlechthin) ist Gottesdienst', so lautet die fatale Gleichung, auf die dieses Leben gebracht ist. Über ihren Tod hinaus ist Ulrika Nisch so noch als disziplinierendes Leitbild verwendbar« (Assion 1973, 48; vergleiche Korff 1973a). Wie sehr die Tugend des Dienens geschätzt wurde, belegt unter anderem eine Tagebucheintragung aus dem Jahre 1892: »Die Mädchen zeigten guten Willen und lassen sich leiten, so daß der Aufenthalt in der Anstalt für viele eine gute Vorschule ist, so daß sie, wenn sie in die Welt hinauskommen, als gute Dienstmädchen und brave Jungfrauen ihre Stelle ausfüllen« (Tagebuch 1892, S. 6).

4 Da die Sprache ein empfindlicher Indikator ist für Verweisungszusammenhänge, mag als Hinweis hier zunächst genügen, daß die AEG-Turbinenhalle von Peter Behrens in Berlin (1909) den Namen »Kathedrale der Arbeit« erhielt (Suhrbier 1976, 7/9). Noch offensichtlicher demonstriert die Anlage der von Ledoux konzipierten und gebauten Salinenstadt diese Bedeutung der Arbeit: »Das Haus des Direktors in der Mitte der gesamten Anlage ist durch seine zentrale Lage exponiert. Es erhält eine Bedeutung darüber hinaus insofern, als im Haus eine zweite Apotheose der Arbeit sich verwirklichen soll. Es ist die Stätte der religiösen Weihe der Arbeit. Im Zentrum des Hauses befindet sich eine über eine breite Treppe erreichbare Kapelle. Hier vereinigen sich wie in einem Brennpunkt alle Vorstellungen und Ideen und erhalten eine religiöse Transzendierung« (Sturm 1977, 119). An den von Foucault gegebenen Hinweis (Foucault, 1975, 311f.) auf die Gefängnisarbeit in der Frauenwerkstatt von Clairvaux, wo die Regelstrenge des früheren Klosters wieder vorherrsche, sei in diesem Zusammenhang ebenfalls erinnert.

Die von uns angebotene Interpretation erfährt eine dramatische Bestätigung durch die am 17.8.1902 anläßlich des 30-jährigen Bestehens des Fabrikinternats gehaltene Festrede des Pfarrers von Neufra. Diese Rede dient den Arbeiterinnen das Arbeitsethos der religiösen Virtuosen als handlungsanleitende Maxime an. Im Tagebuch der Barmherzigen Schwestern findet sich auf Seite 9 die Eintragung: »Der hochwürdige Herr Vikar G. richtete ehrende und aufmunternde Worte an die Anwesenden, indem er ausführte, daß die Anstalt einen guten und edlen Zweck verfolge; um ihn zu erreichen, sei sie auf eine feste Grundlage gestellt worden, auf die Grundlage: bet' und arbeit'. Ehre darum dem Andenken des Gründers. Die 30 Jahre hätten gezeigt, daß Gottessegen auf der Anstalt ruhe, daß um des Guten willen, das mit ihr erreicht werden soll, Gott auch dem ganzen Geschäft das Gedeihen giebt. Gottessegen werde auch ferner auf der Anstalt ruhen, wenn der Zweck der gleich gute und edle bleibe »(eigene Hervorhebung). Im übrigen ist diese Festrede ein schönes Beispiel dafür, daß selbst die Alltags-Ethik des Katholizismus die Bewährung im Beruf verherrlichen kann und im Erfolg der geschäftlichen Unternehmung den sicheren Hinweis erblickt, daß Gottes Segen auf diesem Werk ruht – eine Rückversicherung wie sie der hallesche Pietismus ebenfalls kannte.

5 Doch auch hier, wo das militärische Vorbild auf den ersten Blick augenfällig zu sein scheint, ist das klösterliche Vorbild, wie Bollerey (1977, 45) nachweist, präsent: »Die Squarebebauung hatte in England eine lange Tradition. Die Ursprünge des englischen Square mit der regelmäßigen Anordnung von Gebäuden um einen Rasenplatz sind im romanischen Klosterbau zu suchen. Eine konsequente Weiterentwicklung erfährt diese Planungsidee zum Beispiel in den Colleges von Cambridge und Oxford.« Die bauliche Anlage der Certosa di Pavia (vergleiche Hiorns 1956, 91) ist ein schönes Beispiel für die Squarebebauung und veranschaulicht auch die These von der Vorbildfunktion des Klosters für die räumliche wie bauliche Konzeption von Arbeiterquartieren. Noch augenfälliger ist dieser Zusammenhang zwischen der Vicar's Close in Wells (Somerset) (vergleiche Hiorns 1956, 145) und den von John Wood erbauten Arbeitersiedlungen. Diese beiden Hinweise verdanken wir Günther Kokkelink (Hannover).

6 Auch hier behauptet das Prinzip der Paradoxie der Wirkung gegenüber dem Wollen seine Geltung: die Möglichkeiten, die die Arbeitersiedlungen zur Entfaltung von »Lebensqualität« bieten, sind im Laufe der Zeit von ihren Bewohnern entdeckt und genutzt worden. An die Stelle der vom Fabrikherrn installierten »Ordnung« und »Kontrolle« trat, bedingt durch die bauliche Anlage und das dichte Sozialgefüge, die »Kommunikation im Freiraum« (Boström/Günter 1972, 1672ff.; Günter/Weisser 1973, 52ff.; Projektgruppe Eisenheim 1972/1973; Weisser 1975, 39ff.). Durch Sanierungsmaßnahmen sind mittlerweile diese kommunikativen Beziehungsgefüge, die die Wohnungsnachbarn eng aneinander banden, mit zerstört worden.

7 Erörtert werden in diesem Zusammenhang in der Regel die Erziehungsutopien beziehungsweise Siedlungsentwürfe von Robert Owen (1771–1858) und Charles Fourier (1772–1837). Scheiterte Owen, der seine ersten Erfahrungen mit kollektiven Wohnformen in der Arbeitersiedlung von New Lanark (Bollerey 1977, 29ff.) sammelte, – von einigen mißglückten Versuchen abgesehen – letztlich an der Umsetzung seiner komplexen Erziehungsutopie, so gibt es zu Fouriers Utopie einer Gemeinschaftssiedlung in verschiedenen Ländern zahlreiche Umsetzungsversuche, von denen das von Fouriers Schüler Godin in Guise (Dept. Aisne) verwirklichte Projekt wohl das bekannteste ist (Bollerey 1977, 150ff.; Honegger 1919). Für unseren Zusammenhang interessanter ist der Tatbestand, daß in Frankreich das Kloster Citeaux in der Bourgogne zu einem »Phalanstère« umfunktioniert wurde (Bollerey 1977, 140) und in Amerika, wo seit 1843 fourieristische Projekte kleineren Umfangs verwirklicht wurden, der Fourierismus in der Regel eine Verbindung mit protestantischen Sekten einging (Bollerey 1977, 140). Das »Phalanstère« kann somit als die »Klostergründung« puritanischer Sekten gelten (vergleiche Schempp 1969, 93ff.). Zu den Theorien und Experimenten der utopischen Sozialisten vergleiche Bollerey/Hartmann 1973, Bollerey 177 und Sturm 1977, 118ff.

8 Günter schreibt: »Es ist auffallend, daß man auf eine militärische Wohnform zurückgreift: nur das Heer hatte bis dahin mit der Organisation von Massen zu tun. Daß mit der Übertragung der Form die Übernahme von inhaltlichen Vorstellungen parallel geht, ist leicht nachzuweisen: die enorme Disziplin, die der Industriebetrieb von den Arbeitern fordert und die von Alfred Krupp in extremer Weise entwickelt wird, hat dort ihr Vorbild« (*Günter* 1970, 139). Daß der Parallelität von Form und Inhalt nicht die Kategorie der Notwendigkeit innewohnt, demonstriert auf anschauliche Weise der im 19. Jahrhundert im Osten (hier in der Magdeburger Börde) verbreitete Typ der »Schnitterkaserne«; sie fand sich vornehmlich dort, wo sich in der Landwirtschaft der Gutsbetrieb zum ländlichen industriellen Unternehmen entwickelt hatte und die Produktion weitgehend mit Hilfe von Saisonarbeitern bestritten wurde. Der Bautyp der »Schnitterkaserne« kopiert das militärische Vorbild zwar, von der Übernahme militärischer Prinzipien kann auf keinen Fall die Rede sein. Dieser Bautyp verweist auf den Zusammenhang von Kultur respektive Lebensweise und sozioökonomischen Bedingungen einerseits, andererseits aber auch auf die Möglichkeit des Überdauerns überkommener (patriarchalisch geprägter) Autoritätsstrukturen. Zum Bautyp der »Schnitterkaserne« vergleiche *Rach* 1974.

Auch bei Marx (1867, 446f.) findet sich bei der Darstellung des Fabriksystems, die ebenfalls auf den Zusammenhang von disziplinierter Lebensführung (»kasernenmäßige Disziplin«) und monotonen Arbeitsprozessen an den Maschinen abstellt, die Analogie zum militärischen Bereich.

VI. Literaturverzeichnis

Adelmann, G., (1962), Die soziale Betriebsverfassung des Ruhrbergbaus vom Anfang des 19. Jahrhunderts bis zum 1. Weltkriege unter besonderer Berücksichtigung des Industrie- und Handelskammerbezirks Essen (Rheinisches Archiv 56), Bonn

Ahrbeck-Wothge, R., (1964), Zu Fragen der Arbeitserziehung und der Allgemeinbildung bei A. H. Francke, in: August Hermann Francke. Festreden und Kolloqium über den Bildungs- und Erziehungsgedanken bei A. H. Francke aus Anlaß der 300. Wiederkehr seines Geburtstages, Halle-Wittenberg, 116-126

Anderson, P., (1974), Lineages of the Absolutist State, London (NLB); zitiert nach der deutschen Ausgabe Frankfurt (Suhrkamp), 1979

Arbeiterquartier Kuchen, JHG: Jahresberichte der Handels- und Gewerbekammern in Württemberg 1867, 91f. WJB: Württembergische Jahrbücher 1876, III, 119ff.

Arbeiterstadt (cité-ouvrière) zu Mülhausen (Elsaß) (1858), in: Rombergs Zeitschrift für praktische Baukunst, 183-189, insbesondere 186

Assion, P., (1973), Ein Kult entsteht. Untersuchungen zur Verehrung der Ulrike Nisch von Hegne am Bodensee, in: Forschungen und Berichte zur Volkskunde in Baden-Württemberg 1971-1973, Stuttgart, 43-63

Bacht, H., (1975), Antonius und Pachomius. Von der Anachorese zum Coenobitentum, in: K. S. Frank (Herausgeber), Askese und Mönchtum in der Alten Kirche, Darmstadt, 183-229

Baldwin, M., (1952), Ich springe über die Mauer. Zurück in die Welt nach 28 Jahren Klosterleben, Heidelberg, übersetzt von M. Schuster/ H. Hachenburg

v. Balthasar, H., U., (Herausgeber) (1961), Die großen Ordensregeln, Zürich/Köln

Bauer, K.-H., (ohne Jahresangabe), Geschichte der Stadt Geislingen an der Steige, Geislingen, (Band 2: Vom Jahre 1803 bis zur Gegenwart) (»Geislinger Heimatbuch«)

Bayley, D. H., (1975), The police and political development in Europe, in: Ch. Tilly, (ed.), The Formation of National States in Western Europe, Princeton (University Press), 328-379

de Beaumont, G.,/de Tocqueville, A., (1845), Système pénitentiaire aux Etats-Unis et de son application en France, Paris (Charles Gosselin, 3. Auflage)

Bendix, R., (1964), Max Weber. Das Werk. Darstellung, Analyse, Ergebnisse, München

Bentmann, R.,/Müller, M., (1970), Die Villa als Herrschaftsarchitektur. Versuch einer kunst- und sozialgeschichtlichen Analyse, Frankfurt

Berger, L., (1926), Der alte Harkort. Ein Westfälisches Lebens- und Zeitbild, Leipzig (5. Auflage)

Berger, S. B., (1973), Die Sekten und der Durchbruch in die moderne Welt: Zur zentralen Bedeutung der Sekten in Webers Protestantismus-These, in: C. Seyfarth/W. M. Sprondel (Herausgeber), Seminar: Religion und gesellschaftliche Entwicklung. Studien zur Protestantismus-Kapitalismus-These Max Webers, Frankfurt (stw. 38), 241-263

Bernays, M., (1910), Auslese und Anpassung der Arbeiterschaft der geschlossenen Großindustrie. Dargestellt an den Verhältnissen der »Gladbacher Spinnerei und Weberei« AG zu München-Gladbach im Rheinland, Leipzig (Schriften des Vereins für Socialpolitik, Band 133)

Berndt, H., (1968), Das Gesellschaftsbild bei Stadtplanern, Stuttgart

Bernstein, M., (1977), Nonnen. Leben in zwei Welten, München

Blaich, F., (1973), Die Epoche des Merkantilismus, Wiesbaden (Steiner)

Blessing, W., (1974), Allgemeine Volksbildung und Politische Indoktrination im Bayerischen Vormärz. Das Leitbild des Volksschullehrers als mentales Herrschaftsinstrument, in: Zeitschrift für Bayerische Landesgeschichte, 37, 479-568

Bölling, R., (1978), Volksschullehrer und Politik. Der Deutsche Lehrerverein 1918-1933, Göttingen

Bollerey, F. (1977), Architekturkonzeption der utopischen Sozialisten. Alternative Planung und Architektur für den gesellschaftlichen Prozess, München (Heinz Moos Verlag)

Bollerey, F.,/Hartmann, K., (1973), Kollektives Wohnen. Theorien und Experimente der utopischen Sozialisten Robert Owen (1771-1858) und Charles Fourier (1772-1837), in: archithese, Heft 8, 15-26

Bondi, G., (1977), Der Beitrag des Hallischen Pietismus zur Entwicklung des ökonomischen Denkens in Deutschland, in: M. Greschat (Herausgeber), Zur neueren Pietismusforschung, Darmstadt, 259-293

Borkenau, F., (1971), Der Übergang vom Feudalen zum Bürgerlichen Weltbild. Studien zur Geschichte der Philosophie der Manufakturperiode, Darmstadt (Nachdruck der Ausgabe von 1934)

Borscheid, P., (1978), Textilarbeiterschaft in der Industrialisierung. Soziale Lage und Mobilität in Württemberg (19. Jahrhundert), Stuttgart (Industrielle Welt, Band 25)

Borst, A., (1979), Lebensformen im Mittelalter, Frankfurt (Ullstein TB)

Borst, O., (1966), Staat und Unternehmer in der Frühzeit der württembergischen Industrie, in: Tradition (11), 105-126, 153-174

Boström, J.,/Günter, R., (1972), Arbeitersiedlung Eisenheim, in: Bauwelt 43, 1625-1631

Braunfels, W., (1969), Abendländische Klosterbaukunst, Köln

Braverman, H., (1977), Die Arbeit im modernen Produktionsprozess, Frankfurt/New York

Bremond, A., (1975), Der Mönch und der Stoiker, in: K. S. Frank (Herausgeber), Askese und Mönchtum in der Alten Kirche, Darmstadt, 91-106

Brentano, L., (1875), Gutachten erstattet von Prof. L. Brentano in Breslau, in: Schriften des Vereins für Socialpolitik, X: Die Reform des Lehrlingswesens, Leipzig (Duncker & Humblot), 49-94

Breuer, S., (1978), Die Evolution der Disziplin. Zum Verhältnis von Rationalität und Herrschaft in Max Webers Theorie der vorrationalen Welt, in: Kölner Zeitschrift für Soziologie und Sozialpsychologie, Heft 3, 409-437

Britzelmayer, J., (1978), Die Geschichte der Firma Baumwollspinn- und -weberei Arnold Staub, in: Die Marktgemeinde Kuchen, herausgegeben von der Gemeinde Kuchen im Jahre 1978 aus Anlaß der 750-Jahr-Feier, Kuchen, 199-206

Brooke, C., (1976), Die große Zeit der Klöster 1000-1300. Die Geschichte der Klöster und Orden und ihre religions-, kunst- und kulturgeschichtliche Bedeutung für das werdende Europa. Freiburg/Basel/Wien.

Brückner, J., (1977), Staatswissenschaften, Kameralismus und Naturrecht. Ein Beitrag zur Geschichte der Politischen Wissenschaft im Deutschland des späten 17. und frühen 18. Jahrhunderts, München (Münchner Studien zur Politik, Band 27)

Carson, W.G., (1974), Symbolic and instrumental dimensions of early factory legislation, in: R. Hood (ed.), Crime, Criminology, and Public Policy, London (Heinemann), 107-138

Caspard, P., (1979), Die Fabrik auf dem Dorf, in: D. Puls (Herausgeber), Wahrnehmungsformen und Protestverhalten. Studien zur Lage der Unterschichten im 18. und 19. Jahrhundert, Frankfurt (ed 948), 105-142

Conze, W., (1967), Vom »Pöbel« zum »Proletariat«. Sozialgeschichtliche Voraussetzungen für den Sozialismus in Deutschland, in: W. Fischer/ G. Bajor (Herausgeber), Die Soziale Frage. Neuere Studien zur Lage der Fabrikarbeiter in den Frühphasen der Industrialisierung, Stuttgart, 17-48

Däbritz, W., (1929), Unternehmergestalten aus dem rheinisch-westfälischen Industriebezirk. Friedrich Krupp und Franz Dinnendahl, Friedrich Harkort, Friedrich Grillo, Jena

Darnton, R., (1968), The Grub Street style of revolution: J.-P. Brissot, police spy, in: Journal of Modern History, 11, 301-327

Darnton, R., (1971), The High Enlightenment and the low-life of literature in pre-revolutionary France, in: Past and Present, no. 51, 81-115

Delbrück, H., (1900), Geschichte der Kriegskunst im Rahmen der politischen Geschichte. Erster Theil. Das Alterthum, Berlin

Delbrück, H., (1920), Geschichte der Kriegskunst im Rahmen der politischen Geschichte. Vierter Theil. Neuzeit, Berlin

Deppermann, K., (1961), Der hallesche Pietismus und der preußische Staat unter Friedrich III. (I.), Göttingen

Dittrich, J., (1976), Pietismus und Pädagogik im Konstitutionsprozeß der bürgerlichen Gesellschaft. Historisch-systematische Untersuchungen der Pädagogik August Hermann Franckes (1663-1727), Bielefeld (Diss. ms)

Dösseler, E., (1968), Die Entwicklung des sozialen Wohnungsbaus. Mit besonderer Berücksichtigung der Arbeiterwohnungen in Westfalen und im angrenzenden niederrheinisch-bergischen Raum, in: Tradition (13), 133-141

v. Domaszewski, A., (1972), Die Principia des römischen Lagers, in: A. v. Domaszewski, Aufsätze zur römischen Heeresgeschichte, Darmstadt, 234-256

Dreher, A., (1971), Göppingens Gewerbe im 19. Jahrhundert, Stuttgart

Eichler, H., (1970), Zucht- und Arbeitshäuser in den Mittleren und Östlichen Provinzen Brandenburg-Preussens. Ihr Anteil an der Vorbereitung des Kapitalismus. Eine Untersuchung für die Zeit vom Ende des 17. bis zum Ausgang des 18. Jahrhunderts, in: Jahrbuch für Wirtschaftsgeschichte, Teil I, 127-147

Elias, N., (1976), Über den Prozeß der Zivilisation. Soziogenetische und psychogenetische Untersuchungen, Band 2., Wandlungen der Gesellschaft. Entwurf zu einer Theorie der Zivilisation, Frankfurt (stw 159)

Elias, N., (1969), Die höfische Gesellschaft. Untersuchungen zur Soziologie des Königtums und der höfischen Aristokratie mit einer Einleitung: Soziologie und Geschichtswissenschaft, Neuwied und Berlin

Engels, F., (1845), Die Lage der arbeitenden Klasse in England. Nach eigner Anschauung und authentischen Quellen, MEW, Band 2, 225-506

Erikson, K., (1978), Die widerspenstigen Puritaner. Zur Soziologie abweichenden Verhaltens, Stuttgart

Falk, G./ Steinert, H., (1975), Über den Soziologen als Konstrukteur von Wirklichkeit, das Wesen der sozialen Realität, die Definition sozialer Situationen und die Strategien ihrer Bewältigung, in: H. Steinert, (Herausgeber), Symbolische Interaktion – Arbeiten zu einer reflexiven Soziologie, Stuttgart (Klett), 13-45

Fassbinder, M., (1926), Der Jesuitenstaat in Paraguay, Halle

Finer, S. E., (1975), State- und nation-building in Europe: The role of the military, in: Ch. Tilly, (ed.), The Formation of National States in Western Europe, Princeton (University Press), 84-163

Fischer, T., (1976), Städtische Armut und Armenfürsorge im Wandel des 16. und 17. Jahrhunderts. Sozialgeschichtliche Untersuchungen am Beispiel der Städte Basel, Freiburg i. Br. und Straßburg, Diss. Freiburg (nunmehr als Buch erschienen)

Forster, K.-W., (1973), Sozialer Wohnungsbau: Geschichte und Gegenwart, in: archithese, Heft 8, 2-8

Foucault, M., (1961), Histoire de la Folie, zitiert nach der deutschen Ausgabe Frankfurt (Suhrkamp), 1969

Foucault, M., (1975), Surveiller et Punir – Naissance de la Prison, zitiert als (SP) und nach der deutschen Ausgabe Frankfurt (Suhrkamp), 1977

Foucault, M., (1976), Histoire de la Sexualité, I: La Volonté de Savoir, zitiert als (VS) und nach der deutschen Ausgabe Frankfurt (Suhrkamp), 1977

Frank, K., (1975), Grundzüge der Geschichte des Christlichen Mönchtums, Darmstadt

Freßle, P., (1970), Die Geschichte des Männerzuchthauses Bruchsal, Diss. Freiburg

Freudenberger, H., (1968), Die Struktur der frühindustriellen Fabrik im Umriß (mit besonderer Berücksichtigung Böhmens), in: W. Fischer (Herausgeber), Wirtschafts- und sozialgeschichtliche Probleme der frühen Industrialisierung, Berlin, 413-433

Freudenberger, H.,/Cummins, G., (1976), Health, work and leisure before the industrial revolution, in: Explorations in Economic History, 13, 1-12

Fröhlich, F., (1890), Das Kriegswesen Cäsars. II. Teil. Ausbildung und Erhaltung der Kriegsmittel, Zürich; III. Teil. 2. Gebrauch und Führung der Kriegsmittel, Zürich (1891)

Gauldie, E., (1974), Cruel Habitations. A History of Working-Class Housing 1780-1918, London (George Allen & Unwin)

Gaxotte, P., (1951), Ludwig XIV. Frankreichs Aufstieg in Europa, München

Gerth, H. H., (1976), Bürgerliche Intelligenz um 1800. Zur Soziologie des deutschen Frühliberalismus, Göttingen

Gimpel, J., (1980), Die industrielle Revolution des Mittelalters, Zürich (Artemis); französisches Original Paris (Seuil), 1975

Gloria, E., (1933), Der Pietismus als Förderer der Volksbildung und sein Einfluß auf die preußische Volksschule, Diss. phil. Halle

Goffman, E., (1973), Asyle. Über die soziale Situation psychiatrischer Patienten und anderer Insassen, Frankfurt (es 678)

Gottschling, E., (1935), Zwei Jahre hinter Klostermauern. Ein ehemaliger Dominikaner berichtet über seine Erlebnisse in den Jahren 1932-34, Leipzig

Gottschling, E., (1936), Frommer Schein und Wirklichkeit. Das Doppelgesicht des Mönchtums, Leipzig

Gregor, Dialoge, (1933) zitiert nach: Des heiligen Papstes und Kirchenlehrers Gregor des Großen vier Bücher Dialoge, aus dem Lateinischen übersetzt von Prälat Joseph Funk, Domkapitular in Augsburg, Bibliothek der Kirchenväter, 2. Reihe, Band III, München (Verlag Kösel & Pustet)

Günter, R., (1970), Krupp und Essen, in: M. Warnke (Herausgeber), Das Kunstwerk zwischen Wissenschaft und Weltanschauung, Gütersloh, 128-174

Günter, R./Weisser, M., (1973), Eisenheim in Oberhausen. Die Untersuchung der ältesten Arbeitersiedlung Westdeutschlands (1884-1901). Eine Herausforderung an Kunstwissenschaft und Baugeschichte, in: archithese, Heft 8, 45-54

Gurjewitsch, A., (1978), Das Weltbild des mittelalterlichen Menschen, Dresden

Guttandin, F., (1980), Genese und Kritik des Subjektbegriffs. Zur Selbstthematisierung der Menschen als Subjekte. Marburg (Reihe Metro).

Haase, J.-E., (1920), Das innere Verhältnis des Pietismus zum Berufsgedanken und zur Realschule, Diss. phil. Leipzig

Hahlweg, W., (1941), Die Heeresreform der Oranier und die Antike. Studien zur Geschichte des Kriegswesens der Niederlande, Deutschlands, Frankreichs, Englands, Italiens, Spaniens und der Schweiz vom Jahre 1589 bis zum Dreissigjährigen Kriege, Berlin

Hampson, N., (1963), A Social History of the French Revolution, London (Routledge)

Harnack, A. D., (1895), Das Mönchthum. Seine Ideale und seine Geschichte, Giessen

Hartmann, K. L./Nyssen, F./Waldeyer, H. (Herausgeber), (1974), Schule und Staat im 18. und 19. Jahrhundert. Zur Sozialgeschichte der Schule in Deutschland, Frankfurt (ed 694)

Hassemer, W., (1978), Das schlechte Gewissen und der klare Kopf, in: Kriminalsoziologische Bibliographie, 5. Jahrgang, Heft 19/20, 47-51

Heimbucher, M., (1934), Die Orden und Kongregationen der katholischen Kirche, Paderborn, Band II

v. Heiseler, J., (1966), Militär und Technik. Arbeitssoziologische Studien zum Einfluß der Technisierung auf die Sozialstruktur des modernen Militärs, in: G. Picht (Herausgeber), Studien zur Politischen und Gesellschaftlichen Situation der Bundeswehr, Zweite Folge, 66-158

Hellwig, F., (1962), Louis Piettes Entwurf einer Fabrikordnung, in: Tradition 7, 124-140

Hermann, C.H., (1979), Deutsche Militärgeschichte. Eine Einführung, München (3. Auflage)

Heussi, K., (1936), Der Ursprung des Mönchtums, Tübingen

Hill, C., (1964), Society and Puritanism in Pre-Revolutionary England, London (Secker & Warburg).

Himmelfarb, G., (1968), The Haunted House of Jeremy Bentham, in: G. Himmelfarb, Victorian Minds, London (Weidenfeld & Nicolson), 32-81

Hinrichs, C., (1971), Preußentum und Pietismus. Der Pietismus in Brandenburg-Preußen als religiös-soziale Reformbewegung, Göttingen

Hinrichs, C., (1977), Der hallische Pietismus als politisch-soziale Reformbewegung des 18. Jahrhunderts, in: M. Greschat (Herausgeber), Zur Neueren Pietismusforschung, Darmstadt, 243-258

Hiorns, F. R., (1956), Town-Building in History. An Outline Review of Conditions, Influences, Ideas, And Methods Affecting »Planned« Towns Through Five Thousand Years, London/Toronto/Wellington/Sydney (George G. Harrap & Co)

v. Hippel, R., (1932), Die Entstehung der modernen Freiheitsstrafe und des Erziehungsstrafvollzugs, Jena

Hirschfeld, P., (1889), Württembergs Großindustrie und Großhandel, Leipzig

Höfner, J./Rahner, K., (Herausgeber) (1957), Lexikon für Theologie und Kirche, Freiburg (2. Auflage), (Barmherzige Schwestern 1249-1250, Vinzenz v. Paul 801-802)

Holl, A., (1979), Der letzte Christ, Stuttgart

Holl, K., (1965), Die Geschichte des Worts Beruf, in: K. Holl, Gesammelte Aufsätze zur Kirchengeschichte, Darmstadt, 189-219

Honegger, H., (1919), Godin und das Familistère von Guise. Ein praktischer Versuch der Verwirklichung von Fouriers Utopie. Ein Beitrag zum Problem der industriellen Demokratie und zum Problem der Organisierung von Arbeitersiedlungen, Phil. Diss. Zürich

Horkheimer, M./Fromm, E./Marcuse, H., u. a. (Herausgeber), (1936), Studien über Autorität und Familie. Forschungsberichte aus dem Institut für Sozialforschung, Paris

Hue, O., (1913), Die Bergarbeiter. Historische Darstellung der Bergarbeiter-Verhältnisse von der ältesten bis in die neueste Zeit, Stuttgart, Band II (Band I, 1910)

Huxley, A., (1950), Variations on the Prison, in: A. Huxley, Collected Works, London, vol. 26, 192-208

Jahoda, M./Lazarsfeld, P. F./Zeisel, H., (1975), Die Arbeitslosen von Marienthal. Ein soziographischer Versuch, Frankfurt, (ed 769)

Jeggle, U./Löbs, U./Hänel, B., (1973), Die Kinder der Gastarbeiter, in: Forschungen und Berichte zur Volkskunde in Baden-Württemberg 1971-1973, Stuttgart, 225-236

Ignatieff, M., (1978), A Just Measure of Pain. The Penitentiary in the Industrial Revolution 1750-1850, London (The Mac Millan Press)

Imbusch, H., (1908), Arbeitsverhältnis und Arbeiterorganisationen im deutschen Bergbau. Eine geschichtliche Darstellung, Essen

Kallert, H., (1964), Waisenhaus und Arbeitserziehung im 17. und 18. Jahrhundert, Diss. Frankfurt

Kellenbenz, H., (1965), Unternehmertum in Südwestdeutschland, in: Tradition (10), 163-188

Kestner, H., (Dr. med.) (1863), Die Arbeiterstadt zu Mülhausen im Elsaß, in: Zeitschrift des Architecten- und Ingenieur-Vereins für das Königreich Hannover, Band IX, 464-472

Kiefer, P., (1912), Die Organisationsbestrebungen der Saarbergleute, Diss. Straßburg,

Killinger, A., (1927), Baumwollspinnerei und Weberei in Kuchen. Gründung und Entwicklung 1857 bis 1927. Vortrag anläßlich der 70-jährigen Wiederkehr der Gründung der Niederlassung, Geislingen

Killinger, A., (1940), Die ehemaligen Leinenweber in Kuchen, in: Geschichtliche Mitteilungen von Geislingen und Umgebung, 8. Heft, 138-143

Koch, L., (1962), Jesuiten-Lexikon, Löwen-Heverlee (2. Auflage), Stichwort: Internatserziehung Sp. 882-887, Schule und wissenschaftlicher Unterricht, Sp. 1619-1624

Köllmann, W., (1964), Friedrich Harkort, Band 1: 1793-1838, Düsseldorf (Beiträge zur Geschichte des Parlamentarismus und der politischen Parteien, Band 27)

v. König, F., (1875), Gutachten erstattet von Friedrich von König, Fabrikbesitzer in Oberzell bei Würzburg, in: Schriften des Vereins für Socialpolitik, X: Die Reform des Lehrlingswesens, Leipzig (Duncker & Humblot), 1-8

Konetzke, R., (1965), Süd- und Mittelamerika I. Die Indianerkulturen Altamerikas und die spanisch-portugiesische Kolonialherrschaft, Frankfurt (Fischer Weltgeschichte, Band 22)

Korff, G., (1973), Die Spinnereisiedlung (Unterhausen/Kreis Reutlingen). Volkskundlich-Soziologische Beobachtungen an einer alten Siedlung (Auf der Suche nach dem Proletariat), in: Forschungen und Berichte zur Volkskunde in Baden-Württemberg 1971-1973, Stuttgart, 215-225

Korff, G., (1973a), Heiligenverehrung und soziale Frage, in: G. Wiegelmann (Herausgeber), Kultureller Wandel im 19. Jahrhundert. Verhandlungen des 18. Deutschen Volkskunde-Kongresses, Göttingen, 102ff.

Kratzsch, G., (1969/1970), Friedrich Harkort, ein märkischer Liberaler: Bemerkungen zur regionalen Bedingtheit und sozialen Funktion seiner politisch-sozialen Gedankenwelt, in: Westf. Forschungen, 22, 63-77

Kroel, F., (1921), Die Entwicklung der Waisenhäuser in Deutschland seit der Reformation, Diss. Heidelberg

Lafarque, P., (1922)[2], Der Jesuitenstaat in Paraguay, in: K. Kautsky, Vorläufer des neueren Sozialismus, Stuttgart/Berlin, Band III, 123-172

Lambert, W. R., (1979), Alkohol und Arbeitsdisziplin in den Industriegebieten von Südwales 1800 bis 1870, in: D. Puls (Herausgeber), Wahrnehmungsformen und Protestverhalten. Studien zur Lage der Unterschichten im 18. und 19. Jahrhundert, Frankfurt, 296-316

Lechner, G.M., (1980), Der heilige Benedikt in der Ikonographie, in: 1500 Jahre St. Benedikt Patron Europas, Katalog der V. Sonderschau des Dommuseums zu Salzburg Mai bis Oktober 1980, 21–45

Lehmann, H., (1972), Pietismus und Wirtschaft in Calw am Anfang des 18. Jahrhunderts. Ein lokalhistorischer Beitrag zu einer universalhistorischen These von Max Weber, in: Zeitschr. für Württbg. Landesgesch. 31, 249-277

Lehmann, H., (1977), Zur Definition des Pietismus, in: M. Greschat (Herausgeber), Zur Neueren Pietismusforschung, Darmstadt, 82-90

Lekai, L.J., (1958), Geschichte und Wirken der Weissen Mönche. Die Orden der Cistercienser, hg. v. A. Schneider, Köln.

Le Roux, A., (1868), Das besondere Preisgericht und die neuerschaffenen Preise für Pflege der Eintracht in Fabriken und Ortschaften und die Sicherung des Wohlstands, der Sittlichkeit und Intelligenz in den Arbeiter-Kreisen, Stuttgart

Leschinsky, A.,/Roeder, P.M., (1976), Schule im historischen Prozeß. Zum Wechselverhältnis von institutioneller Erziehung und gesellschaftlicher Entwicklung, Stuttgart

Lietzmann, H., (1944), Das Mönchtum, in: H. Lietzmann, Geschichte der Alten Kirche. 4. Die Zeit der Kirchenväter, Berlin, 116-192

zur Lippe, R., (1974), Naturbeherrschung am Menschen. Frankfurt, Band I, Körpererfahrung als Entfaltung von Sinnen und Beziehungen in der Ära des italienischen Kaufmannskapitals; Band II, Geometrisierung des Menschen und Repräsentation des Privaten im französischen Absolutismus

Lohse, B., (1963), Mönchtum und Reformation. Luthers Auseinandersetzung mit dem Mönchsideal des Mittelalters, Göttingen

Lohse, B., (1969), Askese und Mönchtum in der Antike und in der Alten Kirche, München

Lüdtke, A., (1979), Die »gestärkte Hand« des Staates. Zur Entwicklung staatlicher Gewaltsamkeit – das Beispiel Preußen im 19. Jahrhundert, in:Leviathan, Heft 2, 199-226

Die Marktgemeinde Kuchen, (1978), hg. v. der Gemeinde Kuchen im Jahre 1978 aus Anlaß der 750-Jahr-Feier, Kuchen

Marrou, H. I., (1977), Geschichte der Erziehung im klassischen Altertum, München

Marx, K., (1867), Das Kapital, Band I, MEW Band 23

McCreary, E., C., (1968), Sozialpolitik und Wirtschaft: Das Kruppsche Wohlfahrtsprogramm 1860-1914, in: Business History Review 42, 24-49

McKendrick, N., (1961), Josiah Wedgwood and Factory Discipline, in: The History Journal, IV, 1, 30-55

Merton, R. K., (1949), Social Theory und Social Structure. Toward the Codification of Theory and Research, Glencoe, Ill. (Kap. 14: Puritanism, Pietism and Science (329-346, 400-404))

Mertz, G., (1898), Die Pädagogik der Jesuiten nach den Quellen von der ältesten bis in die neueste Zeit, Heidelberg

Mertz, G., (1899), Die Pädagogik der Jesuiten und der Pietisten, in: Neue Jahrbücher für die Pädagogik, 2. Jahrgang, Heft 8, 401-416

Meyer, F., (1976), Schule der Untertanen. Lehrer und Politik in Preußen 1848-1900, Hamburg

Michaud, M., (1854), Biographie Universelle Ancienne et Moderne, Paris

Morgan, K. E., (1974), The ethos of work in 19th century literature, in: English 23, 47-54

Münch, R., (1980), Über Parsons zu Weber: Von der Theorie der Rationalisierung zur Theorie der Interpenetration, in: Zeitschrift für Soziologie Heft 1, 18-53

Mumford, L., (1979), Die Stadt. Geschichte und Ausblick, München, Band 1

Murard, L.,/Zylberman, P., (1976), Le Petit Travailleur infatigable ou le prolétaire régénéré. Villes-usines, habitat et intimités au XIXe siècle, Fontenay-sous-Bois

Nagel, P., (1966), Die Motivierung der Askese in der Alten Kirche und der Ursprung des Mönchtums, Berlin

Nahrstedt, W., (1972), Die Entstehung der Freizeit zwischen 1750-1850. Dargestellt am Beispiel Hamburgs. Ein Beitrag zur Strukturgeschichte und zur strukturgeschichtlichen Grundlegung der Freizeitpädagogik, Göttingen

Nelson, B., (1977), Eros, logos, nomos, polis. Die wechselnde Gewichtsverteilung zwischen eros, logos, nomos, polis und die Wandlungen von Gemeinschaften und Zivilisationen, in: B. Nelson, Der Ursprung der Moderne. Vergleichende Studien zum Zivilisationsprozeß, Frankfurt, 140-164

Neumann, B., (1970), Identität und Rollenzwang. Zur Theorie der Autobiographie, Frankfurt

Niethammer, L., (unter Mitarbeit von F. Brüggemeier), (1976), Wie wohnten Arbeiter im Kaiserreich? in: Archiv für Sozialgeschichte, Band XVI, 61-134

Nigg, W./Loose, H.N., (1979) Benedikt von Nursia. Der Vater des abendländischen Mönchtums, Freiburg (Herder)

Oestreich, G., (1957), Soldatenbild, Heeresreform und Heeresgestaltung im Zeitalter des Absolutismus, in: Schicksalsfragen der Gegenwart, Handbuch der Politisch-Historischen Bildung, Band 1, Tübingen, 295-321

Oestreich, G., (1969), Justus Lipsius als Theoretiker des neuzeitlichen Machtstaates, in: G. Oestreich, Geist und Gestalt des früh-modernen Staates, Berlin, 35-79

Oestreich, G., (1969a), Der römische Stoizismus und die oranische Heeresreform, in: G. Oestreich, Geist und Gestalt des frühmodernen Staates, Berlin, 11-34

Oestreich, G., (1969b), Politischer Neustoizismus und Niederländische Bewegung in Europa und besonders in Brandenburg-Preußen, in: G. Oestreich, Geist und Gestalt des frühmodernen Staates, Berlin, 101-156

Oestreich, G., (1969c), Justus Lipsius in sua re, in: G. Oestreich, Geist und Gestalt des frühmodernen Staates, Berlin, 80-100

Oestreich, G., (1969d), Strukturprobleme des europäischen Absolutismus, in: G. Oestreich, Geist und Gestalt des frühmodernen Staates, Berlin, 179-197

Oestreich, G., (1976), Policey und Prudentia civilis in der barocken Gesellschaft von Stadt und Staat, in: A. Schöne (Herausgeber), Barock-Symposion 1974, Stadt-Schule-Universität-Buchwesen und die deutsche Literatur im 17. Jahrhundert, München, 10-21

Oldenberg, K., (1890), Studien über die rheinisch-westfälische Bergarbeiterbewegung, in: Jahrbuch für Gesetzgebung, Verwaltung und Volkswirtschaft im Dt. Reich, 14. Jg., 603-673

Oschlies, W., (1969), Die Arbeits- und Berufspädagogik August H. Franckes, Witten

Osterloh, K.-H., (1967), Die Entstehung der westlichen Industriegesellschaft und die Revolution der Interaktionsweisen. Europäischer Kulturwandel als psychosoziales Problem, in: Archiv für Kulturgeschichte, Band 58, Heft 2, 340-370

Pankoke, E., (1970), Sociale Bewegung – Sociale Frage – Soziale Politik. Grundfragen der deutschen Socialwissenschaft im 19. Jahrhundert, Stuttgart

Paulsen, F., (1919), Geschichte des gelehrten Unterrichts auf den deutschen Schulen und Universitäten vom Ausgang des Mittelalters bis zur Gegenwart mit besonderer Rücksicht auf den klassischen Unterricht, herausgegeben von R. Lehmann, Leipzig, Band 1, (3. Auflage)

Pearson, G., (1977), Goten und Vandalen. Verbrechen in historischer Perspektive, in: Kriminologisches Journal (KrimJ), Heft 4, 279-296

Petrat, G., (1979), Schulunterricht. Seine Sozialgeschichte in Deutschland 1750-1850, München.

Piette, L., (1840), Die Nützlichkeit der Maschinen für die Abnehmer und Arbeiter nebst einigen Bemerkungen über die gegenseitigen Pflichten der Fabrikherren und Arbeiter, Köln

Piven, F. F.,/Cloward, R. A., (1977), Regulierung der Armut. Die Politik der öffentlichen Wohlfahrt, Frankfurt (ed 872)

Plodeck, K., (1976), Zur sozialgeschichtlichen Bedeutung der absolutistischen Polizei- und Landesordnungen, in: Zeitschrift für bayerische Landesgeschichte, 79-125

Pohlenz, M., (1978), Die Stoa I.. Geschichte einer geistigen Bewegung, Göttingen, (5. Auflage)

Pollard, S., (1967), Die Fabrikdisziplin in der industriellen Revolution, in: W. Fischer/G. Bajor (Herausgeber), Die soziale Frage. Neuere Studien zur Lage der Fabrikarbeiter in den Frühphasen der Industrialisierung, Stuttgart, 159-185

Popitz, H., (1968), Über die Präventivwirkung des Nicht-Wissens, Tübingen (Reihe Recht und Staat, Heft 350)

Popitz, H.,/Bahrdt, H.-P.,/Jüres, E.-A.,/Kesting, H., (1964), Technik und Industriearbeit. Soziologische Untersuchungen in der Hüttenindustrie, Tübingen, (2. Auflage)

Prahl, H.-W., (1978), Sozialgeschichte des Hochschulwesens, München

Prinz, F., (1976), Einleitung, in: F. Prinz (Herausgeber), Mönchtum und Gesellschaft im Frühmittelalter, Darmstadt

Projektgruppe Eisenheim mit Jörg Boström und Roland Günter: Eisenheim 1844-1972. Gegen die Zerstörung der ältesten Arbeitersiedlung des Ruhrgebiets (Bielefeld 1972; Westberlin 1973, Verlag für das Studium der Arbeiterbewegung GmbH)

Pross, H., (1966), Bürgerlich-Konservative Kritik an der kapitalistischen Gesellschaft. Zur Theorie Lorenz von Steins, in: Kölner Zeitschrift für Soziologie und Sozialpsychologie, 131-138

Puppke, L., (1966), Sozialpolitik und soziale Anschauungen frühindustrieller Unternehmer in Rheinland-Westfalen, Köln (Schriften zur Rheinisch-Westfälischen Wirtschaftsgeschichte, NF Band 13)

Rach, H.-J., (1974), Bauernhaus, Landarbeiterkaten und Schnitterkaserne. Zur Geschichte von Bauen und Wohnen der ländlichen Agrarproduzenten in der Magdeburger Börde des 19. Jahrhunderts, Berlin (Akademie Verlag), Veröffentlichungen zur Volkskunde und Kulturgeschichte der Akademie der Wissenschaften der DDR, Band 58

Ranke-Heinemann, U., (1964), Das frühe Mönchtum. Seine Motive nach den Selbstzeugnissen, Essen

Reid, D. A., (1976), The decline of Saint Monday 1766-1876, in: Past and Present Nr. 71, 76-101; zitiert nach: Der Kampf gegen die Blauen Montag, 1766-1876, in: D. Puls, (Herausgeber), Wahrnehmungsformen und Protestverhalten (1979). Studien zur Lage der Unterschichten im 18. und 19. Jahrhundert, Frankfurt, (ed 948), 265-295

Reinhard, W., (1976), Gelenkter Kulturwandel im Siebzehnten Jahrhundert. Akkulturation in den Jesuitenmissionen als universalhistorisches Problem, in: HZ, Band 223, 529-590

Reulecke, J., (1976), Vom blauen Montag zum Arbeitsurlaub. Vorgeschichte und Entstehung des Erholungsurlaubs für Arbeiter vor dem Ersten Weltkrieg, in: Archiv für Sozialgeschichte, Band XVI, 205-248

Rimlinger, G. V., (1967), Die Legitimierung des Protestes. Eine vergleichende Untersuchung der Bergarbeiterbewegung in England und Deutschland, in: W. Fischer/G. Bajor (Herausgeber), Die Soziale Frage. Neuere Studien zur Lage der Fabrikarbeiter in den Frühphasen der Industrialisierung, Stuttgart, 284-304

Robinson, J. P./Converse, P. E./Szalai, A., (1972), Everyday life in twelve countries, in: A. Szalai, (ed.) The Use of Time, The Hague (Mouton), 113-144

Rosenbaum, H., (Herausgeber), (1978), Seminar: Familie und Gesellschaftsstruktur. Materialien zu den sozioökonomischen Bedingungen von Familienformen, Frankfurt, (stw. 244)

Rothert, L., (1976), Umwelt und Arbeitsverhältnisse von Ruhrbergleuten in der 2. Hälfte des 19. Jahrhunderts, Münster

Rothman, D., (1971), The Discovery of the Asylum. Social Order and Disorder in the New Republic, Boston/Toronto (Little Brown)

Rusche, G./Kirchheimer, O., (1974), Sozialstruktur und Strafvollzug, Frankfurt (EVA)

Rutschky, K., (Herausgeber), (1977), Schwarze Pädagogik. Quellen zur Naturgeschichte der bürgerlichen Erziehung, Frankfurt/Berlin/Wien

Sabean, D., (1977), Intensivierung der Arbeit und Alltagserfahrung auf dem Lande – Ein Beispiel aus Württemberg, in: Sozialwissenschaftliche Informationen für Unterricht und Studium (SoWi), Jahrgang 6, Heft 4, 148-152

Scharfe, M., (1976), Pietistische Moral im Industrialisierungsprozeß, in: B. Gladigow (Herausgeber), Religion und Moral, Düsseldorf, 27-47

Schempp, H., (1969), Gemeinschaftssiedlungen auf religiöser und weltanschaulicher Grundlage, Tübingen

Scheerer, S./Steinert, H., (1979), Discourses on Violence, Vortrag auf der 7th Conference of the European Group for the Study of Deviance and Social Control, Copenhagen

Scherer, H. I., (1968), Fabrikdisziplin in der Frühindustrialisierung mit besonderer Berücksichtigung der rheinisch-westfälischen Schwerindustrie, Münster (Diplomarbeit am Institut für Wirtschafts- und Sozialgeschichte)

Schlandt, J., (1970), Die Kruppsiedlungen – Wohnungsbau im Interesse eines Industriekonzerns, in: H. G. Helms/J. Jansen (Herausgeber), Kapitalistischer Städtebau, Neuwied/Berlin, (Sammlung Luchterhand, 29), 95–111

Schmid, (1872), Die Fabrikschule in Kuchen, in: Die Volksschule, Jahrgang XXXII, 193–201

Schmidt, E., (1965), Einführung in die Geschichte der Deutschen Strafrechtspflege, Göttingen, (3. Auflage)

Schmidt, F., (1913), Der christlich-soziale Staat der Jesuiten in Paraguay in wirtschaftlicher und staatsrechtlicher Bedeutung, Mönchen-Gladbach

Schneider, A./Wienand, A./Bickel, W./Coester, E., (Herausgeber), (1974), Die Cistercienser. Geschichte, Geist, Kunst, Köln

Schomerus, H., (1977), Die Arbeiter der Maschinenfabrik Esslingen. Forschungen zur Lage der Arbeiterschaft im 19. Jahrhundert, Stuttgart (Industrielle Welt, Band 24)

Schröteler, J., (1940), Die Erziehung in den Jesuiteninternaten des 16. Jahrhunderts, Freiburg

Schulte, W., (1954), Volk und Staat. Westfalen im Vormärz und in der Revolution 1848/49, Münster

Schwabe, H., (1964), Zur Klassenfrage im Werk A. H. Franckes, in: August Hermann Francke. Festreden und Kolloquium über den Bildungs- und Erziehungsgedanken bei A. H. Francke aus Anlaß der 300. Wiederkehr seines Geburtstages, Halle-Wittenberg, 25–73

Schwemmler, F., (1926), Die Staats- und Soziallehren des deutschen Pietismus im 17. Jahrhundert und ihre Bedeutung für das deutsche Bürgertum, Wirtschafts- und sozialwissenschaftliche Dissertation, Frankfurt

Simmel, G., (1906), Zur Soziologie der Armut, in: Archiv für Sozialwissenschaft und Sozialpolitik, N. F., XXII, 1–30

Simmel, G., (1957), Soziologie der Mahlzeit, in: G. Simmel, Brücke und Tür. Essays des Philosophen zur Geschichte, Religion, Kunst und Gesellschaft, herausgegeben von M. Landmann (im Verein mit M. Susman), Stuttgart, 243–250

Simmel, G., (1958), Soziologie. Untersuchungen über die Formen der Vergesellschaftung, Berlin, (4. Auflage)

Sothmann, M., (1970), Das Armen-, Arbeits-, Zucht- und Werkhaus in Nürnberg bis 1806, Nürnberg/Erlangen

Southern, R. W., (1976), Kirche und Gesellschaft im Abendland des Mittelalters, Berlin/New York.

Spitzer, S., (1979), The rationalization of crime control in capitalist society, in: Contemporary Crises, 3, 187–206

Staub, A., (1868), Beschreibung des Arbeiter-Quartiers und der damit zusammenhängenden Institutionen von Staub & Co. in Kuchen bei Geislingen in Württemberg, Stuttgart

Steinert, H., (1973), Über Objektivierung, Reifikation und die Ansätze einer reflexiven Sozialwissenschaft, in: H. Walter, (Herausgeber), Sozialisationsforschung, Band 1, Stuttgart (Frommann-Holzboog), 103-117

Steinert, H., (1978), Ist es denn aber auch wahr, Herr F.? – »Überwachen und Strafen« unter der Fiktion gelesen, es handle sich dabei um eine sozialgeschichtliche Darstellung, in: Kriminalsoziologische Bibliographie, Heft 19/20, 30-45

Steinert, H./Treiber, H., (1975), Die Revolution und ihre Theorien, Opladen (Westdeutscher Verlag)

Steinert, H./Treiber, H., (1978), Versuch, die These von der strafrechtlichen Ausrottungspolitik im Spätmittelalter »auszurotten«, in: Kriminologisches Journal, 10, 81-106

Steinhuber, A., (1906), Geschichte des Kollegium Germanikum Hungarikum in Rom, Freiburg (2. Auflage). 2 Bde.

Stekl, H., (1978), Österreichs Zucht- und Arbeitshäuser 1671-1920. Institutionen zwischen Fürsorge und Strafvollzug, München

Strathmann, H., (1914), Geschichte der frühchristlichen Askese bis zur Entstehung des Mönchtums im religionsgeschichtlichen Zusammenhange, 1. Band, Die Askese in der Umgebung des werdenden Christentums, Leipzig

Sturm, H., (1977), Fabrikarchitektur, Villa, Arbeitersiedlung, München (Heinz Moos Verlag)

Suhrbier, H., (1976), Abseits von Villa Hügel. Herrschaftsarchitektur im Ruhrgebiet, in: kritische berichte, 4. Jg., Heft 1, 5-14

Svoboda, H., (1930), Die Klosterwirtschaft der Cistercienser in Ostdeutschland, Nürnberg (Nürnberger Beiträge zu den Wirtschaftswissenschaften, hg. v. W. Vershofen u. H. Proesler).

Szasz, T. S., (1976), Die Fabrikation des Wahnsinns, Frankfurt

Thomas, K., (1964), Work and leisure in pre-industrial society, in: Past and Present, 29, 50-66

Thompson, E. P., (1973), Zeit, Arbeitsdisziplin und Industriekapitalismus, in: R. Braun/W. Fischer/H. Großkreutz/H. Volkmann (Herausgeber), Gesellschaft in der industriellen Revolution, Köln, 81-112, aus: Past and Present 38 (1967), 56-97

Tigar, M. E./Levy, M. R., (1977), Law and the Rise of Capitalism, London (Monthly Review Press)

de Tocqueville A., (1856), L'Ancien Régime et la Révolution, zitiert nach der deutschen Ausgabe Reinbek (Rowohlt), 1969

de Tocqueville, A., (1962), Über die Demokratie in Amerika, Stuttgart, Band 2

Tönnies, J., (1971/1972), Die Arbeitswelt von Pietismus, Erweckungsbewegung und Brüdergemeinde, Ideen und Institutionen. Zur religiössozialen Vorgeschichte des Industrialisierungszeitalters in Berlin und Mitteldeutschland, in: Jahrbuch für die Geschichte Mittel- und Ostdeutschlands 20 (1971), 89-133; 21 (1972), 140-183

Trautwein, J., (1972), Religiosität und Sozialstruktur. Untersucht anhand der Entwicklung des württembergischen Pietismus, Stuttgart, (Calwer Hefte 123)

Treiber, H., (1973), Widerstand gegen Reformpolitik. Institutionelle Opposition im Politikfeld Strafvollzug, Düsseldorf

Treiber, H., (1973a), Entlastungseffekte des Dunkelfelds. Anmerkungen zu einer Dunkelzifferbefragung, in: KrimJ, Heft 2, 97-115

Treiber, H., (1973b), Wie man Soldaten macht. Sozialisation in »kasernierter Vergesellschaftung«, Düsseldorf

Troeltsch, E., (1925), Gesammelte Schriften, Band IV: Aufsätze zur Geistesgeschichte und Religionssoziologie, hg. v. H. Baron, Tübingen, 96-118

Troeltsch, E., (1966), Gesammelte Schriften, Band IV: Aufsätze zur Geistesgeschichte und Religionssoziologie, hg. v. H. Baron, Aalen (Neudruck der 1925 erschienenen Ausgabe)

Troeltsch E., (1975), Askese, in: K. S. Frank (Herausgeber), Askese und Mönchtum in der Alten Kirche, Darmstadt, 69-90

Troeltsch E., (1977), Gesammelte Schriften, Band I: Die Soziallehren der Christlichen Kirchen und Gruppen, Aalen, (3. Auflage der Ausgabe von 1922)

Ure, A., (1835), The Philosophy of Manufactures: or, An exposition of the scientific, moral, and commercial economy of the factory system of Great Britain, London (C. Knight)

Vatter, (1943), Wirtschaftliche Verhältnisse im Oberamt Geislingen vor 100 Jahren, in: Geschichtliche Mitteilungen von Geislingen und Umgebung, 10. Heft, 69-73

Vogel, L., (1942), Autobiographische Studien zur Geschichte der religiösen Erziehung der Jugend im protestantischen Deutschland von der Mitte des 17. bis zur Mitte des 19. Jahrhunderts, Diss. Frankfurt

Der Volksstaat v. 28.2.1872: Das Arbeiter-Paradies von Staub & Comp. in Kuchen (Ober-Amt-Geißlingen, Württemberg).

Vontobel, K., (1946), Das Arbeitsethos des deutschen Protestantismus von der nachreformatorischen Zeit bis zur Aufklärung, Bern

Walesrode, L., (1868), Eine Arbeiter-Heimstätte in Schwaben, in: Über Land und Meer. Allgemeine Illustrierte Zeitung, Nr. 35: I, 555ff.; Nr. 36: II, 574ff.; Nr. 44: III, 706ff.; Nr. 45: IV, 716ff.

Watson, G. D., (1969), The Roman Soldier, London

Weber, M., (1922), Wirtschaft und Gesellschaft, Tübingen, (Abkürzung: WuG), stellenweise zitiert nach der Ausgabe Köln (Kiepenheuer) 1964

Weber, M., (1924), Wirtschaftsgeschichte. Abriß der universalen Sozial- und Wirtschaftsgeschichte (aus den nachgelassenen Vorlesungen, hg. v. S. Hellmann/M. Palyi), München/Leipzig

Weber, M., (1924a), Gesammelte Aufsätze zur Soziologie und Sozialpolitik, Tübingen

Weber, M., (1924b), Gesammelte Aufsätze zur Sozial- und Wirtschaftsgeschichte, Tübingen

Weber, M., (1956), Wirtschaft und Gesellschaft, Tübingen, (Abkürzung: WuG)

Weber, M., (1965), Die protestantische Ethik und der »Geist« des Kapitalismus, hg. v. J. Winckelmann, München/Hamburg (Siebenstern Taschenbuch, 53/54)

Weber, M., (1968), Die protestantische Ethik II. Kritiken und Antikritiken, hg. v. J. Winckelmann, München/Hamburg (Siebenstern Taschenbuch Verlag).

Weber, M., (1972), Gesammelte Aufsätze zur Religionssoziologie, Tübingen, Band I, (Abkürzung: RS I) 6. Auflage

Weber-Kellermann, I., (1974), Die deutsche Familie. Versuch einer Sozialgeschichte, Frankfurt (st. 185)

Weisser, M., (1975), Arbeiterkolonien – Über die Motive zum Bau von Arbeiterwohnungen durch industrielle Unternehmen im 19. und frühen 20. Jahrhundert in Deutschland, in: J. Petsch (Herausgeber), Architektur und Städtebau im 20. Jahrhundert, Westberlin, 7-56

Welp, M., (1977), Die Willensunterweisung bei August Hermann Francke unter besonderer Berücksichtigung der Erziehungspraxis in den Franckschen Anstalten (Diss. Päd. Hochschule Ruhr, ms)

Woodcock, G., (1977), The tyranny of the clock, in: G. Woodcock, (ed.), The Anarchist Reader, Glasgow (Fontana), 132-136

Zänker, J., (1973), Non Amor, sed »Labor Omnia Vincit« – Crespi d'Adda, eine Industriesiedlung des 19. Jahrhunderts in Oberitalien, in: archithese, Heft 8, 27-38

Zarebska, T., (1973), Théories militares et habitations collectives, in: archithese, Heft 8, 9-14

Die Zisterzienser (1980). Ordensleben zwischen Ideal und Wirklichkeit. Eine Ausstellung des Landschaftsverbandes Rheinland, Rheinisches Museumsamt Brauweiler, Bonn (darin: D. Kurze, Die Bedeutung der Arbeit im zisterziensischen Denken, 179–202; W. Ribbe, Die Wirtschaftätigkeit der Zisterzienser im Mittelalter: Agrarwirtschaft, 203–215; W. Schich, Die Wirtschaftätigkeit der Zisterzienser im Mittelalter: Handel und Gewerbe, 217–236).

»Ordnungs-Vorschriften für das Arbeiterquartier« und »Fabrik-Ordnung«. Aus der von Arnold Staub 1867 zur Pariser Weltausstellung eingereichten Schrift »Beschreibung des Arbeiter-Quartiers und der damit zusammenhängenden Institutionen von Staub & Co. in Kuchen bei Geislingen in Württemberg«.

Beilage a.

Ordnungs-Vorschriften für das Arbeiterquartier.

Ordnung ist die Grundlage alles sittlichen und materiellen Wohls.

Von dem Wunsche geleitet, dass sich unsere Arbeiter diese Grundlage aneignen, bestimmen wir in deren eigenem Interesse Folgendes:

§. 1.

Jeder Familie wird beim Einzug in das Arbeiterquartier eine Wohnung in gutem Zustande mit allem nöthigen Zubehör übergeben.

§. 2.

Dieselben sind verpflichtet ihre Wohnungen stets reinlich und in gutem Zustande zu erhalten. Zu dem Zwecke sind solche wenigstens einmal in der Woche mit Wasser zu fegen.

Die Plätze vor den Wohnungen müssen stets rein und gut gekehrt sein und es ist ausdrücklich verboten, Kehricht, Russ oder andern Unrath auf die Strasse oder an irgend einen andern Ort als den dazu bestimmten zu schütten. — Die Gärten vor den Wohnungen müssen gut angepflanzt und in schöner Ordnung gehalten werden.

Jeder Garten soll etwas Blumen enthalten.

An diejenigen, welche die schönsten Blumen ziehen, werden Prämien verabreicht.

§. 3.

Alles in den Wohnungen oder in dem Arbeiterquartier überhaupt durch Nachlässigkeit oder Muthwillen Zerstörte oder abhanden Gekommene muss reparirt oder ersetzt werden.

22

Wenn diess der Betreffende nicht sofort aus eigenem Antriebe thut, so geschieht es auf dessen Kosten und wird ihm ausserdem noch eine Strafe von sechs Kreuzer bis zu zwei Gulden auferlegt. — Gleichfalls werden auf Kosten der dieser Anordnung Zuwiderhandelnden deren Wohnungen gefegt, die Vorplätze vor denselben gereinigt und die Gärten in Ordnung gehalten.

Dagegen werden Denjenigen Belohnungen ertheilt, die sich während des Jahres durch die beste Erhaltung ihrer Wohnungen und Führung ihrer Haushaltungen hervorgethan haben.

§. 4.

Jeder Familie wird ferner zur Aufbewahrung des Brennmaterials ein Holzschuppen übergeben.

Dieses darf vor demselben nicht länger als 24 Stunden nach dessen Abladen liegen gelassen werden.

Zuwiderhandelnden wird ihr Brennmaterial auf ihre Kosten weggeschafft und in den Schuppen gebracht.

§. 5.

Die Wäsche muss in dem öffentlichen Waschhaus gewaschen und darf nur an den zu diesem Zwecke bezeichneten Orten getrocknet werden.

§. 6.

Die Kündigung der Wohnungen ist eine gegenseitig sechswöchentliche. — Derjenige jedoch, welcher seine Arbeit eigenmächtig ohne Grund verlässt, verliert jedes Anrecht auf diese Kündigungsfrist.

§. 7.

Nach 10 Uhr Abends darf sich kein Arbeiter mehr im Wirthschaftslokal bei Strafe von 12 Kreuzer bis zwei Gulden aufhalten.

Lärm, welcher die Bewohner des Arbeiterquartiers stören könnte, oder anstössige und unsittliche Handlungen sind bei Strafe verboten.

Es ist gleichfalls untersagt, Kinder ungewaschen, ungekämmt und in zerrissenen Kleidern oder überhaupt in verwahrlostem Zustande innerhalb dem Gebiete der Fabrik umhergehen zu lassen.

§. 8.

Die Eltern sind für allen durch ihre Kinder angerichteten Schaden verantwortlich und haftbar.

§. 9.

Zur Handhabung dieser Ordnung ist eine Aufsichtsperson aufgestellt, deren Mahnungen Folge zu leisten ist.

Beilage k.

Fabrik-Ordnung.

§. 1.

Jeder Arbeiter soll sich zur bestimmten Stunde, welche je nach dem Wechsel der Jahreszeit und nach den Verhältnissen festgesetzt wird, bei der ihm angewiesenen Arbeit in der Fabrik einfinden.

§. 2.

Durch eine Glocke oder durch ein anderes zur Kenntniss gebrachtes Zeichen wird die Ein- und Ausgangszeit der Arbeiter angekündigt und nach Belieben der Fabrikvorsteher noch durch einen besondern Anschlagzettel bekannt gemacht, zu welcher Zeit sich jeder Arbeiter an seinem Arbeitsplatze einzufinden hat. — Es ist jedem Arbeiter verboten, seinen Platz zu verlassen, bevor zum Ausgang und zur Schliessung des Fabrikgebäudes das Zeichen gegeben wird.

§. 3.

Keinem Arbeiter ist gestattet, sich ohne besondere Erlaubniss in der Zwischenzeit, wenn nicht gearbeitet wird, in dem Fabrikgebäude aufzuhalten.

§. 4.

Kein Arbeiter darf sich ohne vorhergehende Bewilligung von seiner ihm angewiesenen Arbeit in einen andern Arbeitssaal begeben oder sich gar aus der Fabrik entfernen. Eben so wenig ist einem Arbeiter gestattet, von seiner Arbeit auszubleiben, ohne dass ihn Krankheit oder andere dringende Ursachen entschuldigen, welche aber jedesmal vorher oder sogleich angezeigt werden müssen.

---

39

§. 5.

Jeder Arbeiter ist verbunden, sich der Reinlichkeit bei seiner Arbeit und bei den Maschinen oder Werkzeugen, mit denen er umgeht, zu befleissen und keinen Werkzeug, keinen Arbeitsstoff u. s. w. nachlässiger- oder gar vorsätzlicherweise zu verderben.

§. 6.

Jeder Arbeiter ist für die ihm anvertrauten Gegenstände persönlich verantwortlich. Wenn er dieselben bei Nachfragen nicht gleich vorweisen kann, werden sie auf seine Kosten durch neue ersetzt.

§. 7.

Wenn in einem Arbeitssaal während der Arbeitszeit, wo alle Arbeiter zugegen sind, ein Gegenstand beschädigt wird, und der Thäter Verhehlung wegen nicht auszumitteln ist, so sind die Arbeiter des ganzen Saals bis zur Nachweisung des Thäters für den Schaden haftbar.

§. 8.

Ein friedliches Betragen wird den Arbeitern zur strengen Pflicht gemacht. Wer bei Streitigkeiten, Beschimpfungen und Thätlichkeiten zu Schulden kommen lässt, unterwirft sich der Strafe, welche der Fabrikaufseher oder Inhaber gegen ihn erkennen wird.

§. 9.

Ferner werden bestraft (ausser den in §. 22 erwähnten Fällen, in welchen die Fabrikvorsteher ohne Aufkündigung zur augenblicklichen Entlassung des Arbeiters berechtigt sind):

1) Unehrerbietiges Betragen gegen die Aufseher.
2) Verhehlung von Untreue.
3) Eigenmächtige Abänderung an den Maschinen, der Beleuchtung, Heizung und Werkzeugen.
4) Störung anderer Arbeiter.
5) Verspätung und Versäumnisse, besonders der Unfug des blauen Montags und das Herbeiholen von Speisen und Getränke, ausserhalb der für die Mahlzeiten festgesetzten Stunden.
6) Unvorsichtigkeit mit Feuer und Licht.

---

40

7) Das Tabakrauchen.
8) Lärm machen auf dem Weg zu und von der Fabrik.
9) Beschädigung an Häusern, Gärten, Bäumen, Zäunen, Brunnen u. dgl.

§. 10.

Um Entwendung vorzubeugen oder zu entdecken, werden die Aufseher von den Fabrikbesitzern beauftragt, in Gegenwart aller, jeden Arbeiter, der in der Fabrik angestellt ist, beim Ausgang anzuhalten und zu durchsuchen, so oft es für zweckmässig erachtet wird; alle Arbeiter sind verbunden, sich diesen Untersuchungen zu unterwerfen, welche zuweilen sowohl im Interesse der Fabrikbesitzer als der ehrlichen Arbeiter nothwendig sind.

§. 11.

Der Arbeiter, welcher durch einen andern Weg als den gewöhnlichen Eingang in die Fabrik kommt, oder sie verlässt, wird als verdächtig angesehen und bestraft.

§. 12.

Die Strafen bestehen in Lohnabzügen, welche sich nach Verhältniss und Umständen richten, und im Wiederholungsfall erhöht werden, jedoch den Betrag von vier Gulden nicht übersteigen.

§. 13.

Die erhobenen Geldstrafen (worunter aber die Entschädigungen nicht verstanden sind) fallen der Krankenkasse zu.

§. 14.

Der Arbeitslohn wird von den Fabrikinhabern am ersten Zahltag nach dem Eintritt des Arbeiters festgesetzt und später nach Umständen erhöht oder erniedrigt. Jede Erhöhung oder Erniedrigung desselben, sowie die Arbeitsstunden, sollen den Arbeitern vorher an einem Zahltage angezeigt werden. Bei Lohnerniedrigung hat der Arbeiter jedoch das Recht einer vierzehntägigen Aufkündigung, von welcher aber am nächsten Arbeitstag Gebrauch gemacht werden muss, indem sonst die sechswöchentliche Aufkündigung in Kraft bleibt.

---

§. 15.

Jedem Arbeiter bleibt jeden Zahltag der Ertrag der letzten Woche (ob solche mehr oder weniger Arbeitstage umfasse) rückständig (Decompte). Die Zahltage finden alle zwei Wochen statt.

Nur bei ordnungsmässigem Austritt wird Lohn und Decompte bezahlt.

§. 16.

Ansprüche eines Arbeiters auf den Lohn eines andern Arbeiters wegen Schulden des Letztern werden nicht angenommen, ausgenommen wenn ein gerichtliches Arrestdekret vorgewiesen wird.

§. 17.

Der Arbeiter, welcher seinen Dienst in der Fabrik aufgeben will, ist verpflichtet, seinen Austritt sechs Wochen vorher, und zwar an den zwischen die Zahltage fallenden Samstagen (Schlusstage), den Fabrikinhabern oder einem Aufseher anzuzeigen; bei Kindern wird die Aufkündigung nur von den Eltern oder Vorsorgern angenommen.

§. 18.

Diese sechswöchentliche Aufkündigung wird auch von den Fabrikinhabern gegen jeden Arbeiter beobachtet werden, bei dem keine besondern Klagen vorhanden sind.

§. 19.

Sofortige Aufkündigung sowohl von den Fabrikvorstehern als von den Arbeitern darf stattfinden bei Eintreten ausserordentlicher Ereignisse, durch elementarische oder politische Verhältnisse, falls die Arbeit nicht binnen 14 Tagen aufs Neue beginnen kann; oder die Arbeiter nicht zu einem verhältnissmässigen Taglohn auf andere Weise beschäftigt werden können.

§. 20.

Bei andauernder Krankheit oder bei dringenden Familienverhältnissen, welche aber beglaubigt sein müssen, kann dem Arbeiter sein unmittelbarer ordnungsmässiger Austritt nicht verweigert werden.

6

---

§. 21.

Fernere Ausnahmen von der sechswöchentlichen Aufkündigung finden nur dann statt, wenn Lehrlinge aufgenommen werden, denen eine besondere Probezeit gestattet ist, oder wenn besondere schriftliche Verträge abgeschlossen sind.

§. 22.

Die Fabrikbesitzer sind jedoch zur augenblicklichen Entlassung des Arbeiters ohne Vergütung von Lohn und Decompte berechtigt, wenn dieser das eine oder das andere der nachstehenden Vergehen sich zu Schulden kommen lässt.

1) Diebstahl oder Untreue.
2) Prügelei, Unzucht oder Betrunkenheit im Fabrikgebäude.
3) Komplote oder Auflehnung gegen die Fabrikordnung.
4) Beschimpfung der Aufseher.
5) Thätliche Widersetzlichkeit.
6) Weigerung der Uebernahme einer ordentlichen Arbeit in der Fabrik.
7) Eigenmächtiges Verlassen der Arbeit.
8) Wiederholte Nachlässigkeit in Erfüllung seines Geschäftes.
9) Beharrlicher Ungehorsam.
10) Absichtliche oder bedeutende Verletzung des anvertrauten Arbeitsgeräthes oder Arbeitsstoffes.

§. 23.

Wer ohne ordnungsmässige Aufkündigung und ohne Einwilligung der Fabrikvorsteher austritt, dem wird der Abschied verweigert, er verliert allen Anspruch auf seinen ihm noch zukommenden Lohn und Decompte.

§. 24.

Veruntreuungen, Entwendungen, Komplotte und boshafte Beschädigungen und andere bedeutende Vergehen werden höhern Orts zur weitern Bestrafung angezeigt.

§. 25.

Bevor einem austretenden Arbeiter sein Lohn und Decompte und der Abschied ertheilt wird, hat er sich schriftlich auszuweisen, dass sein Kostherr befriedigt sei.

§. 26.

Sowohl den Aufsehern als den Arbeitern ist verboten ohne Erlaubniss der Fabrikinhaber jemand in die Fabrik einzuführen.

§. 27.

Im Uebrigen kommen die Landesgesetze in Anwendung.

Damit sich kein Arbeiter mit Unkenntniss dieser Fabrikordnung entschuldigen kann, wird sie in den Arbeitssälen angeschlagen; und die Einhaltung dieser Ordnung ist die Bedingung unter welcher jeder Arbeiter beschäftigt wird.

6*

Bildnachweis

Bei der Beschaffung und Reproduktion von Bildmaterial haben uns geholfen: die Niedersächsische Landesbibliothek (Hannover), die Universitäts- und Landesbibliothek Sachsen-Anhalt (Abt. Archiv der Frankeschen Stiftungen) (Halle), das Bildarchiv Foto Marburg im Forschungsinstitut für Kunstgeschichte (Marburg).

Frau Marie Gröber (Geislingen) und Hans-Jörg Treiber (Riedlingen) stellten uns freundlicherweise Privatphotos zur Verfügung.

Ziffern bezeichnen Seiten.
Albrecht-Bild, Innsbruck: 68 oben links und rechts, unten rechts; 69 oben rechts; 70 oben; 71; 72 unten rechts. – Autoren: 8; 12; 14; 15; 22 unten rechts; 25; 39 unten; 45 oben links und rechts; 48; 50; 52 unten links und rechts; 68 oben Mitte, unten Mitte und links; 69 oben Mitte und links, unten; 70 unten, 72 oben, unten links; 80 oben rechts; 92 Mitte; 98 Mitte; 101; 108 unten links und rechts; 109; 118; 119 unten links; 120; 122; 125 unten links und rechts; 140; 141; 142. – Bayerische Staatsbibliothek München: 62 oben rechts; 106 unten. – Bildarchiv Foto Marburg: 34 oben; 55; Umschlagseite 3. – Dr. Cornelia Kemp, München: 62 unten links und rechts; 98 oben links. – Königsbronn, Torbogenmuseum: 52 oben. – Kreisarchiv des Landkreises Göppingen: 18; 22 unten links; 26; 27; 28; 30; 31; 39 oben; 44; 45; 46 (teils wurden diese Aufnahmen von Traute Uhland-Crauss, Esslingen angefertigt). – Landesdenkmalamt Baden-Württemberg, Außenstelle Karlsruhe: 2. – Landshut, Kloster Seligenthal: 62 oben links. – Nürnberg, Germanisches Landesmuseum: 92 oben. – Universitäts- und Landesbibliothek Halle, DDR: 108 oben. – Verlagsarchiv: 22 oben links und rechts; 34 unten links und rechts; 35; 58; 64; 76; 80 oben links und unten; 88; 92 unten; 93; 103; 106 oben; 114; 115; 119 oben links und rechts; 125 oben. – Zentralinstitut für Kunstgeschichte, München: 98 unten links.

Denkmalpflege / Architekturgeschichte / Stadtgestaltung

Franziska Bollerey	Architekturkonzeption der utopischen Sozialisten	DM 28.-
Bollerey / Hartmann	Wohnen im Revier - 99 Beispiele aus Dortmund	DM 28.-
Bollerey / Hartmann	Denkmalpflege und Umweltgestaltung	DM 24.-
Bollerey / Hartmann	Kappes - Kohle - Kolonie	DM 34.-
Braun/Seifert (Hrsg.)	Bamberg - Die Altstadt als Denkmal	DM 28.-
Michael Brix (Hrsg.)	Lübeck - Die Altstadt als Denkmal	DM 28.-
Manfred Bültemann	Akademie für Deutsche Jugendführung	DM 28.-
Johannes Cramer	Ladenburg - Die Altstadt als Denkmal	DM 28.-
Damus / Rogge	Fuchs im Busch und Bronzeflamme	DM 34.-
Regine Dölling u.a.	Denkmalpflege in der Bundesrepublik Deutschland	DM 28.-
Günther L. Eckert	Die Röhre	DM 28.-
Alexander Fils	Das Centre Pompidou in Paris	DM 24.-
Fischer / Grundmann	Architektur und Denkmalpflege	DM 28.-
Kristiana Hartmann	Deutsche Gartenstadtbewegung	DM 28.-
Volker Hütsch	Der Münchner Glaspalast 1854-1931	DM 24.-
Norbert Huse	"Neues Bauen" 1918-1933	DM 28.-
Prévert / Urhausen	Die Hallen - Der Bauch von Paris	DM 24.-
Christian Schneider	Stadtgründung im Dritten Reich	DM 28.-
Richard Strobel	Regensburg - Die Altstadt als Denkmal	DM 28.-
Hermann Sturm	Fabrikarchitektur - Villa - Arbeitersiedlung	DM 38.-
Treiber / Steinert	Fabrikation des zuverlässigen Menschen	DM 28.-
Klaus R. Uhlig	Stadterhaltung - Band I USA	DM 44.-
Klaus R. Uhlig	Stadterhaltung - Band II Frankreich	DM 36.-

Grenzgebiete Naturwissenschaft - Kunst / Kulturgeschichte

Christopher Bird	Die weissagende Hand - Mysterium Wünschelrute	DM 48.-
Helmut Böhme (Hrsg.)	Ingenieure für die Zukunft	DM 180.-
Georg Büchner	Über Schädelnerven	DM 28.-
Robert Herrlinger	Geschichte der medizinischen Abbildung Band I	DM 78.-
Marielene Putscher	Geschichte der medizinischen Abbildung Band II	DM 78.-
Herbert L. König	Unsichtbare Umwelt	DM 68.-
Johannes Paul	Colormusic - Farbton und Tonfarbe	DM 20.-
Emil Ernst Ploss u.a.	Alchimia - Ideologie und Technologie	DM 96.-
Emil Ernst Ploss	Ein Buch von alten Farben	DM 38.-
Marielene Putscher	Die fünf Sinne	DM 78.-
Hans Wiswe	Kulturgeschichte der Kochkunst	DM 87.-

Monographien und Zeitgeschichte

Karl J.R. Arndt	Der Freundschafts- und Handelsvertrag von 1785 zwischen Preußen und den USA	DM 48.-
Bongard/Geyso/Mende	Dürer heute - Zum 450. Todestag 1978	DM 24.-
Schreyl / Thiel	Werke Dürers auf Briefmarken der Welt	DM 24.-
Edmund F. Dräcker	Ministerialdirigent a.D.Dr.h.c.Edmund F.Dräcker	DM 29.-
Armin Hermann	Die neue Physik - Der Weg in das Atomzeitalter	DM 28.-
Armin Hermann (Hrsg.)	Deutsche Nobelpreisträger	DM 28.-

Armin Hermann (Hrsg.)	Wilhelm Conrad Röntgen 1845/1923	DM 12.-
Peter de Mendelssohn	Thomas Mann und seine Zeit 1875/1975	DM 18.-
Thomas Piltz (Hrsg.)	Die Deutschen und die Amerikaner	DM 20.-
Karin Reich	Carl Friedrich Gauß 1777/1977	DM 18.-
Karl Josef Rivinius	Die soziale Bewegung in Deutschland	DM 28.-
Horst Ueberhorst	Turner unterm Sternenbanner	DM 48.-
Horst Ueberhorst	Friedrich Ludwig Jahn 1778/1978	DM 18.-
Franz Wigard	Reden für die deutsche Nation 1848/1849 IX Bände	DM 1.602.-
Johann H. Detmold	Thaten und Meinungen des Herrn Piepmeyer Abgeordneten zur Constituirenden National-versammlung zu Frankfurt am Main	DM 28.-
Rüdiger Wersich	Carl Schurz - Revolutionär und Staatsmann	DM 48.-

Beiträge zur Wahrnehmungs-Psychologie und zum Schrift- und Buchwesen

Bardenheuer u.a.	"Wie seh' ich denn da aus?!"	DM 28.-
Böckler / Boße	Radierbüchlein - Faksimile-Nachdruck von 1689	DM 28.-
J.H.G.Ernesti	Die wohleingerichtete Buchdruckerei - Faksimile	DM 68.-
Bruno Ernst	Der Zauberspiegel des M.C. Escher	DM 28.-
M.C. Escher	Graphik und Zeichnungen	DM 28.-
M.C. Escher	Postkartenmappe 8 x M.C. Escher	DM 4,50
M.C. Escher	Puzzles: Tag und Nacht, Belvedere, Wasserfall, Relativität jedes Puzzle	DM 20.-
Willi Fischer	Programmierter Unterricht Offsetdruck	DM 56.-
John P. Frisby	Sehen - Optische Täuschungen, Gehirnfunktionen	DM 38.-
Otto Hagenmaier	Der Goldene Schnitt	DM 20.-
Jörg M. Matthaei	Grundfragen des Grafik Design	DM 29.-
Georg Kurt Schauer	Die Einteilung der Druckschriften	DM 28.-
Schober/Rentschler	Das Bild als Schein der Wirklichkeit	DM 24.-
Alois Senefelder	Lehrbuch der Steindruckerey - Faksimile	DM 120.-

Heinz Moos Verlag München,
Rottenbucher Straße 30
8032 Gräfelfing vor München
Telefon 089/851311